지배에서 통치로 :
근대적 통치성의 탄생

다층적 통치성 총서 1

지배에서 통치로 :
근대적 통치성의 탄생

이동수 편

인간사랑

서문

인류에게 근대의 출현은 역사적 전환점으로서의 큰 의미를 지닌다. 현재 인류는 근대성(modernity)의 세계에 살고 있으며, 이는 문예부흥, 종교개혁, 대항해 시대, 산업혁명 등을 거치면서 신 중심의 사고에서 인간 중심의 사고, 신의 계시와 신비적 체험으로부터 합리적 이성과 인간적 경험을 중시하는 태도로의 변화에 기초하였다.

정치적 측면에서도, 근대는 전근대의 군주 주권 시대를 넘어 인민 주권 시대로의 전환을 초래하였다. 이는 초월적 존재이며, 현실적 권력을 장악한 군주가 강제적인 물리력을 사용해 신민을 지배하는(dominate) 체제가 무너지고, 그 대신 사회를 구성하는 실제 인민들이 만든 법과 제도를 통해 사회를 통치하는(govern) 체제로 변화한 것이다. 즉 권력의 주권자인 군주가 자신의 영토와 신민을 지배하는 전근대적 정치체제에서 벗어나, 근대엔 인민이 주권자가 되어 새로운 형태의 근대 국가를 형성해 정치체가 통치하는 방식으로 바뀌었다는 것이다. 이는 단순히 왕이나 영주 같은 권력자가 지배하는 것이 아니라, 국가의 통치라는 양식으로 변화했음을 의미한다.

따라서 근대의 통치는 전근대의 지배와는 다른 종류의 사회통합 방식을 필요로 한다. 대표적으로 법의 지배인 법치, 제도 및 관료제의 확립, 의견의 수렴과 타협을 진행하는 의회의 구성 등이 그것이다. 또한 이런 방식으로 통치하기 위해서는 인민들의 사고방식과 문화의 변화가 동반되어야 한다. 여기엔 인민주권과 자치를 수행할 수 있는 주인의식, 어떤 초월성에 의존하는 대신 인민 상호 간의 심의와 타협을 통한 공론의 형성, 과정과 절차에 대한 신뢰 및 복종 등이 포함된다. 그리고 이런 변화가 근대 민주주의의 탄생을 추동한 것이다.

이러한 문제의식 아래, 이 책은 전근대에서 근대로 이행한 근대적 통치성의 탄생과정을 '1부 통치성 이론과 문화'와 '2부 통치성 제도와 정책'으로 나누어 살핀다. 먼저 1장은 르네상스 시대 공화정의 성립과 특징에 대해, 2장은 중세부터 태동된 인민주권에 대해, 3장은 자치권의 역사적 전개에 대해, 그리고 4장은 통치성의 문화적 토대로서 말하기 방식과 품행에 대해 다룬다. 또한 5장은 근대국가의 등장과 행정에 대해, 6장은 법치와 헌정주의에 대해, 7장은 정치와 경제 및 시장의 연관성에 대해, 그리고 8장은 통치를 위한 분배 문제에 대해 다룬다.

이 책은 2019년도부터 2022년까지 진행하는 〈한국연구재단〉『인문사회연구소지원사업』인 "다층적 통치성(governmentality)과 넥스트 데모크라시: 폴리스, 국가 그리고 그 너머" (NRF-2019S1A5C2A02083124) 프로젝트의 일환으로 출판하게 되었다. 각 장들은 이 프로젝트에 참여하는 분들이 각각의 전공에 맞추어 집필하였으며, 특히 매달 진행된 세미나와 콜로키움에서의 토론과 수 차례에 걸친 학술회의 발표를 통해 전체적인 통일성을 기하였다. 항상 모임에 참석해 장시간에 걸친 열띤 토론과 진지한 고민을 나눈 연구자들에게 진심으로 고마움을 느낀다. 그리고 이 책의 출판을 지원해준 〈한국연구재단〉과 사명의식을 갖고 출판을 기꺼이 수락해준 도서출판 인간사랑 관계자들, 그리고 책 교정에 도움을 준 〈공공거버넌스연구소〉조교들에게 깊은 감사의 말씀을 전한다.

2021년 6월

경희대학교 공공거버넌스연구소장 이동수

차례

1부

통치성 이론과 문화

1장 공화주의적 통치성: 르네상스기 이탈리아 도시국가를 중심으로*

이동수

Ⅰ. 서론

17세기 서구에서 비롯된 근대 국민국가 체제는 오늘날에도 유효하지만, 21세기 탈근대시대로 접어들면서 정부 외에 다양한 초국가적 집단들, 예컨대 다국적기업, 국제기구, 지역공동체, 세계시민사회와 국가 내의 다양한 집단들, 예컨대 지방자치단체, 이익집단, 시민단체들이 정치에 커다란 영향을 미치고 있다. 이와 같은 변화는 기존의 국가 통

* 이 글은 『OUGHTOPIA』 35권 2호(2020)에 게재된 "공화주의적 통치성: 르네상스기 이탈리아 도시국가를 중심으로"를 수정·보완한 것이다.

치 개념에 새로운 연구방법의 필요성을 대두시킨다. 즉 과거와 같이 단순히 정부(government)나 정부와 시민사회 간의 거버넌스(governance)가 아닌, 다양한 층위와 형태를 아우르는 새로운 통치성(governmentality) 개념을 중요 분석틀로 살펴볼 필요가 있다는 것이다.

여기서 통치성이란 다양한 층위에서 작동하는 정치와 행정의 통치 능력을 가리키는 것으로, 단순히 정치제도나 국가권력 혹은 공권력의 사용을 의미하는 것이 아니라, 국가의 제도(조직), 문화(가치, 사상, 관습), 역사(운영) 등을 통괄해 실제의 정치적 삶을 총괄하는 개념이다. 즉 어떤 문화적 배경 속에서 어떤 조직과 제도가 형성되었는지, 또 그것이 상호작용과 외부의 영향으로 어떻게 역사적으로 변화했는지에 따라 통치성의 특징이 다르게 나타난다는 것이다.

통치성은 프랑스 정치사회학자인 푸코(M. Foucault)가 먼저 사용한 바 있다. 그에 의하면, 통치성은 통치(govern/gouverner)와 사고 양식(mentality/mentalité)을 의미론적으로 연결시킨 것으로서 통치의 성질이나 성격을 지칭한다. 즉 통치성은 정치이성(political reason), 정치적 합리성(political rationality), 혹은 통치적 합리성(governmental rationality)과 같은 개념으로서, 초기의 권력이라는 다소 미시적이고 추상적인 개념을 대체해 권력에 통치의 형식과 방식을 덧붙여 사용한 용어다.[1]

---

1 푸코는 1976년 1월부터 1979년 4월까지 콜레쥬 드 프랑스(Collège de France)에서 통치성과 연관된 일련의 강의들을—이 강의록들은 후에 『사회를 보호해야 한다(1975–76)』, 『안전, 영토, 인구(1977–78)』, 『생명정치의 탄생(1978–79)』으로 출판되었다—진행하였다. 이때 푸코는 자신의 거대한 프로젝트를 '자유주의 3부작'이라 부르면서, 특히 국가 통치의 합리화 과정에 주목하였다.

그런데 푸코는 통치성이라는 형식이 자리잡은 것은 근대에 접어들면서라고 말한다. 예전엔 권력의 주권자가 자신의 영토와 신민을 지배한(rule) 데 비해, 근대엔 주권의 의미가 퇴색되고 권력형식도 복잡해지면서 근대국가라는 새로운 형태의 정치체가 통치하는(govern) 방식으로 바뀌었다는 것이다. 즉 근대로 이행하면서 단순히 왕이나 영주 같은 주권자의 지배가 아니라 국가의 통치라는 양식으로 변화했다는 것이다. 또한 푸코는 역사적 분석을 통해 근대 초기엔 고중세 기독교 교회에서 영향을 받은 기독교적(사목적) 통치성이 주를 이루었고, 이후 17−18c엔 국가이성에 근거하는 국민국가적(규율적) 통치성이 득세했으며, 18−19c 이후 오늘날까지는 자유주의적 통치성이 작동하고 있다고 덧붙인다. 더욱이 그는 오늘날 자유민주주의가 사실은 개인의 자유 그 자체를 목적으로 하는 것이 아니라, 국가와 권력이 인구(population)[2]를 관리하는 자유주의적 통치성으로서 통치성의 한 형태라고 주장한다. 따라서 인류는 어떤 사회에서든지 권력의 작용과 통치성의 굴레를 피할 수 없다는 것이다.

푸코에게 통치성은 개인들의 행동의 목적과 이를 이룰 수 있는 수단을 규정하는 정치적인 이성·합리성에 따라 주체들의 행동방식을 통솔하고자 하는 권력의 작용 혹은 형식이라고 볼 수 있다. 하지만 통치성 개념 스스로가 하나의 완결적이고 정합적인 분석틀이라기보다는, 근대국가 권력의 거대한 형식과 작동을 재구성하기 위해 도입한 일종의 잠정적 방법 혹은 이론적 도구다.

2 인구는 푸코가 인간, 인류 혹은 인민을 대신해 사용하는 용어로서, 인간의 존엄성, 계급적 차이 혹은 다양한 이해관계에 상관없이 전체 인구집단을 지칭할 때 사용하는 용어다.

그러나 필자에 보기에, 모든 통치성을 부정적인 것으로 간주할 필요는 없다. 즉 통치성은 정치공동체를 구성하고 유지하기 위한 권력의 형식 및 작동방식을 가리키는 것으로서, 인간을 통제하고 관리하는 부정적인 측면이 있지만 인간이 사회를 형성할 때는 필요불가결한 것으로 받아들여야 한다. 따라서 중요한 것은 각각의 통치성의 문제점을 파악해 그것을 개선하고자 하는 노력이며, 현재의 자유주의적 통치성의 문제점을 보완할 새로운 통치성을 탐색하는 것이다.

필자는 이런 새로운 통치성의 단초를 역사 속에서 다시 찾아보고자 한다. 그것은 푸코가 미처 주목하지 못했지만 전근대에서 근대로 이행하는 과정에서 나타났던 공화주의적 통치성(republican governmentality)[3]이다. 즉 근대 자유민주주의의 토대가 되었던 공화주의를 다시 살펴볼 필요가 있다. 이는 오늘날 서구사회에서 공화주의가 새롭게 대두되고 있는 것과 궤를 같이 한다. 공화주의는 원래 고대 로마와 르네상스기 이탈리아 도시국가에서 등장했다가 근대 자유민주주의 열풍 속에서 잊혀졌던 것인데, 현대사회에서 자유민주주의의 폐해가 드러나고 또 그 대안으로 등장했던 공산주의나 신자유주의, 포퓰리즘 역시 그 한계가 명확해 지자 1990년대부터 새롭게 주목받기 시작하였다.

---

3 어떤 점에서 공화주의적 통치성은 공화주의나 공화정과 같은 것으로도 들릴 수 있다. 하지만 공화주의는 이론 혹은 이념에 치우치고, 공화정은 제도에 국한되는 경향이 있어서 이를 피하기 위해 공화주의적 통치성이라는 관점을 채택하게 되었다. 공화주의적 통치성은 공화주의 이념을 정신 혹은 멘탈리티로 대체하고, 공화정이라는 체제를 단순히 제도가 아니라 역사 속에서 형성되고 변형되어온 형성물로 바라볼 수 있는 장점이 있다.

특히 르네상스기 이탈리아 도시국가들의 공화주의는 근대 자유민주주의 등장에 밑바탕이었으며, 근대 국민국가를 공화국 체제라고 부르는 원인이기도 하다. 이때 공화주의 도시국가들은 중세와 달리 새로운 공화주의적 통치성을 활용했는데, 이는 부족주의(tribalism)를 벗어나 시민주의(civicism) 문화로의 이행을 통해 목자나 군주가 백성을 돌보는 통치성이 아니라 시민들이 공동체를 공적으로 구성하는 시민적 권력(civic power)에 근거한 통치성으로, 통치성 자체를 지배와 피지배의 관계가 아닌 공동지배 혹은 자기통치 형태로 바꾸는 방식이었다.

이 글은 공화주의적 통치성을 푸코가 빠트린 중요한 통치성 개념으로 보고, 그 특성을 르네상스기 대표적인 이탈리아 도시국가들인 피렌체와 베네치아의 시민적 문화, 제도, 역사를 살펴, 오늘날 우리에게 필요한 공화주의적 통치성을 재발견하는 것을 목표로 삼는다. 이를 위해 서론에 이어, 2장 푸코에 있어서 통치성, 3장 공화주의적 통치성, 4장 공화주의적 통치성의 예로서 르네상스기 피렌체와 베네치아 공화정에 대해 알아보고, 마지막 결론을 맺고자 한다.

Ⅱ. 푸코에 있어서 통치성[4]

푸코는 초기에 정치사회 현상에 대한 분석을 주로 권력 개념에 의

4 푸코의 권력 개념과 통치성에 대한 자세한 설명은 필자의 졸고(2020)를 참조하라.

존하였다. 기존의 권력론이 국가나 지배자가 행사하는 물리력, 강제력, 행정력을 강조한 반면, 그는 모든 인간-사회관계에 내재하는 힘의 작용의 총체로서의 권력을 다루었다. 따라서 권력은 단순히 국가만의 문제가 아니라 사회 전반의 현상에 관한 것이다. 사회의 네트워크로 구성된 권력은 단순히 한 개인에 대한 물리적 강제력이 아니며, 사회의 담론과 가치 그리고 사회생활 전반을 유도하고 생산하는 힘이다. 그러므로 권력은 사회구조 전체를 둘러싸면서 또한 그 구조 안에 내재하는 "전체 사회체(social body)를 관통하는 생산적인 네트워크"(Foucault 1980, 199)이다. 권력은 모든 순간, 모든 지점, 모든 관계에서 생산되며, 바로 그런 모든 움직임들의 전체효과이다.

이런 푸코의 권력 분석은 기존의 권력론을 넘어서는 색다른 작업이었기 때문에 상당한 반향을 불러일으켰다. 하지만 동시에 지나치게 미시적 권력 분석에만 치우쳐 국가에 대한 분석을 놓치고 있다는 비판도 받았다. 그리하여 후기로 접어들면서 그는 좀 더 거시적인 시각에서 국가와 인구집단에 대한 연구로 방향을 옮긴다. 개별적 인간과 그에게 작동하는 미시적 권력으로부터 국가를 구성하는 인구집단의 생활과 행동에 영향을 미치는 국가의 통치성으로 주제를 전환한 것이다.

그런데 푸코가 통치성을 국가와 동일시하는 것은 아니다. 국가란 "이미 주어져 있는 요소와 제도의 고유한 본성, 연결, 관계 등을 사유하는 방식"의 일종이며, "이미 확정된 제도들로 이루어진 총체, 이미 주어져 있는 현실들로 이루어진 총체에 관한 인식가능성의 도식"(Foucault 2007, 286)이라 할 수 있다. 푸코는 이런 기존의 국가개념을 해체시키면서 통치성으로 대체한다. 그에게 통치성이란 "인구를 주요 목표로 설정하고 정치경제학을 주된 지식 형태로 삼으며, 안전장치를 주된 기술적 도구로 이용하는 지극히 복잡하지만 아주 특수한 형태의 권력을 행사케 해주는 제도, 절차, 분석, 고찰, 계측, 전술의 총체"(Foucault 2007, 108)를 의미한다. 이는 국가라는 하드웨어뿐만 아니라 권력과 통치라는 소프트웨어를 보다 총괄적으로 덧붙인 개념이다. 푸코는 이 분석틀에 따라 역사적으로 정치체들의 권력형식과 통치양식의 변화에 주목한다.

먼저 푸코는 초기 기독교 모델에서 제시된 양들에 대한 사목적 권력(pastoral power)에 대해 언급한다. 그에 의하면, 사목적 권력 양식은 3c경부터 기독교 목회자의 형식으로 서구 교회에 적용되어 집단적으로 강화되고 정교해졌다. 특히 16c 종교개혁 이후 사목적 권력의 요소들이 세속 국가의 통치양식으로 전유되기 시작해 근대국가 수립에 크게 기여하였다. 사목적 권력의 특징은 국가라는 공간보다 그 구성원인 인구집단에 주로 행사되며, 목자의 권력은 그 집단의 구원을 위한 시혜적인 권력으로서 목자가 인구집단 전체뿐만 아니라 각자를 돌보는 개인화된 권력으로 이해된다. 이런 맥락에서 근대국가 초기엔 국가란 개인들 위에 군림하는 것이 아니라 개인들을 통합하는 존재였다. 다만 목자와 양떼의 관계에서 알 수 있듯이 신민들이 왕 개인에게 의존하고 복종하는 형태였던 것이다(Foucault 2007, 125-130).

하지만 17-18c 근대국가는 국가이성(raison d'État)을 근거로 소위 규율적 권력(disciplinary power)을 통해 통치하였다. 마키아벨리(Machiavelli)의 『군주론』에 대한 찬반토론이 이루어지면서 새로운 권력 관점이 등장하고, 16c 이후 발전된 수학과 과학 덕분에 주권자의 자연적 통치 대신 통치의 합리성을 논하면서 국가이성이라는 관점이 생기기 시작하였다. 국가이성이란 국가 자체의 강화에 초점을 두는 것으로 규율, 감시, 금기 등을 통해 국민을 통치하는 것을 정당화하는 합리성이다. 국가는 타국과의 경쟁에서 생존하기 위해 국가의 안전과 부국강병을 목표로 삼아야 하는데, 이를 위해 자국의 안전을 도모하는 외교 군사적 측면과 국가를 세밀하게 관리하는 내치(police)의 측면이 강조된다. 즉 국가는 새로운 합리성으로서의 국가이성의 기획 아래 타국과 일정한 관계를 유지하면서 신민에게 내치적인 개입 즉 통제와 규율을 통해 통치하는 체제로 변화하게 되었다(Foucault 2008, 6–13).

중세의 통치자가 신민들이 내세에서 구원받을 수 있는 삶을 살도록 돕는 자에 가까웠다면, 이제 국가는 더 이상 내세에서의 구원에 조력할 필요없이 국가 자신을 위해, 국가 자신에 의해, 그리고 서로 경합하는 복수의 국가들로서만 존재한다(Foucault 2007, 297–298). 이런 국가들의 통치에 있어서 내치의 대상은 거의 무한이라고 생각될 만큼 무제한의 지배가 판옵티콘(Panopticon) 체제 하에서 추구된다. 국가는 이제 주권과 분리되어 통치만을 위한 자연스러운 존재가 되며, 국가이성은 국가 스스로를 다른 국가들과의 경쟁에서 보호함으로써 국가 그 자체를 강화하는 것을 목적으로 한다.

그런데 아담 스미스(A. Smith)가 '보이지 않는 손'을 주장한 이후 즉 18–19c 자유주의의 확장과 전환이 생기면서 소위 자유주의적(liberalist) 통치성으로의 변화가 나타난다. 이는 보다 효과적인 통치를 위한 변화로서, 규율과 억압뿐만 아니라 국민들에게 안전과 행복을 보장해 주기 위해 생명과 생활을 관리하는 방식으로의 전환이다. 이는 또한 국가 자체의 부강함보다는 시민사회의 이익을 증진시키기 위한 것이기도 한데, 개인에게 자유를 보장하고 인권을 신장시키면서도 사회적 공리주의 입장에서 '최대다수의 최대 행복'을 위해 인구를 관리하는 방식으로 통치하는 것이다. 그리하여 규율적 권력으로부터 생명관리 권력(bio power)으로의 전환이 이루어진다(Foucault 2008, 40–47).

자유주의적 통치성은 "통치의 과잉에 고유한 비합리성에 대한 비판"(Foucault 2008, 322)으로, 인간의 육체에 직접 영향을 미치는 국가이성 시대의 규율적 기술과 달리 전체의 생물학적 과정 안에서 육체와 생명을 관리하고 조절하는 생명관리 기술에 의존한다. 그리하여 통치란 외부에서 감시하고 통제하는 것이 아니라, 자유로운 운동을 보장할 수 있는 장치들을 마련하는 과정으로 간주된다.

푸코가 보기에, 자유주의란 어떤 이론이나 이데올로기가 아니라 사물들을 대면하는 방식이자 실천으로서, "극대화를 지향하는 경제의 내적 규칙에 순응하는 합리화의 원칙이자 방법"(Foucault 2008, 318)이다. 따라서 자유주의적 통치성이 추구하는 합리성은 가능한 한 비용을 절감하면서 결과의 극대화를 지향한다. 이는 인구를 중심으로 하는 지식, 실천 및 개입이 개개인과 인구 전체의 생명을 최적화하려는 규범에 의해 합리화될 때 발생한다. 이 과정에서 통치의 목적은 주권자의 권력으로부터 인구의 복지로 바뀐다.

생명관리를 통해서 권력은 더 이상 사법적인 것이 아니라 다분히 물질적인 것이 된다. 생명관리에서 권력은 반드시 살아있는 존재자들인 국민의 건강, 위생, 출산율, 장수 등에 직간접적으로 행사된다. 나아가 권력은 통계학과 같은 인구의 관찰기술과 국가 행정기관의 진화와 더불어 정교화되고, 급기야 인구가 스스로 결정할 수 있는 개인적인 실천으로부터 목적과 수단의 계산망을 구성하는 실천으로 이행함으로써 통치성의 문제로 이행된다. 어원적으로 통계학(statistics)이 국가학(statistik)에서 나왔듯이, 국가학으로서의 통계학이란 국력을 증대시키고 통합시키고 발전시키는 총체적인 집합체이자 그런 절차들의 요체인 것이다(Foucault 2007, 273-275).

한편 20c에 접어들면서 자유주의는 신자유주의로 진화한다. 18-19c 자유주의가 주어진 정치사회에서 시장이라는 자유공간 구축에 관심이 있었던 반면, 20c 신자유주의는 정치권력의 행사를 시장경제 원리에 맞추는 것에 관심을 갖는다(Foucault 2008, 131). 그리하여 국가가 시장 메커니즘에 직접 개입하는 대신 시장의 조건들에 개입해 사회의 조절자로서 보편적 시장의 구성을 목표로 삼는다. 즉 법과 질서를 통해 시장의 조건과 경쟁메커니즘의 유지를 도모하는 것이다. 이런 신자유주의는 개입이 없는 것이 아니라, 용의주도하고 능동적으로 보이지 않게 사회를 관리하고 유도하는 방식으로 통치를 하는 것이다.

이상과 같이, 푸코는 권력 개념을 보다 거시적인 국가의 통치와 연관시켜 통치성 개념으로 전환시켰다. 그에 따르면, 역사적으로 근대 초기는 고중세의 기독교적 전통에서 영향을 받았으며, 이후 국가이성에 바탕을 둔 국민국가적 통치성이 득세하였고, 18-19c 이후 오늘날까지는 자유주의적 통치성이 작동하고 있다는 것이다. 그리고 자유주의적 통치성은 경쟁을 바탕으로 인구를 관리하는 것에 불과하며, 따라서 인간은 진정한 자유를 얻은 것이 아니라고 비판한다.

그러나 필자에 보기에, 통치성은 피할 수 없지만 모든 통치성이 나쁜 것은 아니다. 즉 통치성은 정치공동체를 구성하고 유지하기 위한 권력의 형식 및 작동방식을 가리키는 것으로서, 인간의 자연적인 상태를 통제하는 부정적인 기능도 있지만, 인간이 사회를 형성할 때에는 어쩔 수 없이 사용해야 하는 것이다. 따라서 중요한 것은 각각의 통치성의 문제점을 파악해 개선하고자 하는 노력이며, 현재의 자유주의적 통치성의 문제점을 보완할 새로운 통치성을 탐색하는 것이다. 필자는 그 가능성을 푸코가 미처 주목하지 못한 그리고 근대의 형성과정인 르네상스기 도시국가에 등장했으나 이후 등한시한 공화주의적 통치성에서 찾아보고자 한다.

Ⅲ. 공화주의적 통치성

공화주의는 고대 로마 공화정에서 비롯된다. 로마는 초기 왕정 시절부터 공화정의 싹이 보였는데, 씨족들이 연합해 로마를 건설하면서 이를 단순히 씨족연합이나 씨족연맹이 아니라 씨족들의 사적인 것을 넘어서는 공적인 것 즉 레스 푸블리카(res publica)로 인식하였다.

로마 공화정을 가장 열렬히 지지했던 사람은 키케로(Cicero)이다. 그는 『공화국』에서 로마 공화정 즉 레스 푸블리카를 "국민의 사안(res populi)"이며, 이때 "국민은 단순히 함께 모인 집단이 아니라 질서를 위한 법을 인정하고(consensus iuris), 이익의 공유(communio utilitatis)를 위해 함께 모인 집단"(Cicero 2009, Ⅰ, 39)으로 정의한다. 여기서 공화정의 중요한 세 요소는 국민의 사안, 법의 인정, 그리고 이익의 공유로서 각각 공적 참여, 법치, 공동선을 의미한다.

로마 멸망 후엔 봉건주의가 이를 대체했으나, 12c경 도시국가 형태의 정치공동체들이 다시 이탈리아에 등장하면서 공화정이 부활한다. 이미 로마시대부터 발달한 도로와 건축기술 때문에 오래 전부터 도시들이 발달해 있었는데, 이 도시들이 봉건영주나 신성로마제국 황제 및 로마 교황으로부터 정치적으로 독립해 자치적인 도시국가인 코무네(commune)로 발전했던 것이다.

이 도시들은 모두 담을 쌓았는데, 그 이유는 단순히 국방과 안전 때문만이 아니라 영주가 지배하는 시골과 달리 도시는 자유의 공간이라는 것을 상징하기 위해서였다. 따라서 도시인은 곧 자유인을 의미했으며, 자신의 재산을 가질 수 있는 권리와 자신의 주인이 될 수 있는 권리를 가진 자를 뜻했다. 그리고 도시국가 시민인 키비스(civis)[5]가 뜻하는 바는 고대 로마적 의미의 정부에 참여하는 자로서의 시민이라는 의미보다, 도시에 사는 사람으로서의 시민 즉 자유를 가진 자로서의 시민이라는 의미가 더 강했다. 이 자유 시민들은 자치를 추구했으며, 자체의 군사력을 지니고, 자체의 세금제도, 법률제도, 행정체계를 갖추었다(Finer 1997, 952).

---

5 시민이란 자유로운 도시 거주민을 가리키는 말이다. 하지만 시민들 사이에는 정치적 영향력이 큰 유력한 가문의 시민이 있고 또 그렇지 않은 시민이 있었다. 유력 시민이 아닌 대다수의 일반시민들을 인민(popolo)이라 불렀다. 요컨대 시민은 유력시민과 일반시민을 포괄하는 용어이다.

대부분의 도시국가들은 자유 시민이 함께 통치하는 공화정 체제를 이루었다. 물론 밀라노처럼 비스콘티(Visconti)나 스포르차(Sforza) 같은 유력가문[6]이 지배하는 공국(公國) 형태도 존재했지만 대개는 공화정이었다. 이 공화정 코무네들은 봉건적 권력, 즉 로마 교황이나 신성로마제국 황제 혹은 봉건 영주들로부터의 독립과 자치를 얻는 것이 목표였기 때문에, 자유와 독립을 가장 큰 정치적 가치로 여겼다. 그리고 자유와 독립을 획득한 후엔 내부의 갈등과 대결을 피하고 통합을 이루는 것이 필요하므로 내부의 평화가 두 번째로 중요한 가치였다. 또한 자유와 평화를 위해서는 자의적인 권력행사가 없어야하기 때문에 공적인 권력행사 즉 법에 따른 통치인 법치가 중요한 통치 원리로 간주되었다. 그리고 이것들의 실현을 위해 정치체제를 새롭게 구성해야 하는데, 시민들이 참여하는 대의회가 정치의 중심이 되면서도 권력을 분립시키고, 군주정, 귀족정, 민주정의 장점을 혼합한 혼합정이 요구되었다. 또한 시민들에게는 공동선 추구와 애국심 같은 시민적 덕성(virtue)[7]이 요청되었다. 그러면 공화주의적 통치성을 구성하는 가치와 원리, 제도, 덕성들을 차례로 살펴보자.

---

6 비스콘티 가문과 스포르차 가문은 밀라노를 지배한 두 주요 가문이다. 전자는 1277년부터 1447년까지, 후자는 1450년부터 1535년까지 밀라노를 지배하였다.

7 공화정에서 말하는 덕성이란 고대의 도덕과 윤리를 대체하는 말이다. 도덕과 윤리는 보다 관조적, 철학적 특성이 있는 반면, 덕성은 행위적, 실천적 특성을 갖는다. 그런 점에서 덕성이란 일종의 실천윤리와도 같으며, 일반적인 윤리와는 구별된다.

먼저 르네상스기 이탈리아 공화정의 기본 가치와 통치 원리는 자유와 평화 그리고 법치이다. 앞서 말한 바와 같이, 이탈리아 도시국가들은 신성로마제국 황제와 로마 교황의 관할권 아래 있었기 때문에 크게는 이 두 권력으로부터의 독립을, 작게는 바로 곁에서 자신에게 영향을 미칠 수 있는 봉건 영주들로부터의 독립을 추구하였다. 이 독립과정은 150여 년간 진행되었으며 투쟁과 전쟁의 연속이었다.

신성로마제국 황제들은 항시 이탈리아 도시국가에 개입하고자 했는데, 특히 1154년 프리드리히 바르바로사(Friedrich Barbarossa) 황제는 '진정한 열락의 정원'인 롬바르디아 평원을 얻고자 북부 이탈리아 지역을 침략하였다. 당시 도시국가들은 '롬바르디아 동맹'을 구축해 이를 물리쳤으며, 1312년 최종적으로 밀라노와 피렌체의 활약으로 신성로마제국 세력을 완전히 몰아냈다. 또한 로마 교황의 간섭으로부터의 해방은 직접적인 전쟁 외에도 1342년 파도바(Padova)의 마르실리우스(Marsilius)가 『평화의 수호자』 출판의 중요한 계기가 되었다. 마르실리우스는 교회란 성도들의 모임인 콩그레가티오 피델리움(congregatio fidelium) 즉 그리스도를 믿고 따르는 신심있는 자들이 자발적으로 모인 것 이상이 아니기 때문에 정치적 관할권은 오직 세속적인 국가에 있다고 주장했는데, 이것이 호응을 얻어 정치에 대한 교회의 간섭을 종식시킬 수 있었다(Skinner 1978, 18–19).

이때 이탈리아 도시국가의 공화정은 한 국가의 독립뿐만 아니라 그 구성원인 시민들의 자유를 포함했는데, 여기서 자유는 단순히 '간섭으로부터의 자유'(freedom as non–interference)가 아니라 '지배로부터의 자유'(freedom as non–domination)를 의미하였다. 이는 봉건질서를 상징하는 여러 사적 형태의 주종관계에서 벗어나 아예 지배(domination)나 예속(dependency) 자체가 존재하지 않는 상태를 지향하는 비지배적 상태를 자유로 인식했던 것이다(Pettit 1997, 21–27).

시민이란 남에게 예속되는 것도 원치 않으며 또한 남을 사적으로 지배하려는 야심도 없는 사람을 말하는데, 이런 욕구가 바로 자유를 향한 욕구이다. 이는 벌린(I. Berlin 1998)이 말하는 '소극적 자유'(negative liberty)나 '적극적 자유'(positive liberty)와는 다르다. 전자는 간섭이나 억압으로부터 해방되고자 하는 자유주의적 의미의 자유를 가리키며, 후자는 민주주의적 자유로서 의사결정 과정에 직접 참여해 스스로 규범을 정할 수 있는 힘, 그리고 스스로 만든 규범이 아니면 어떤 규범에도 복종하지 않을 힘을 갖는 상태를 의미한다. 이런 민주주의적 자유는 다른 사람의 눈치를 보지 않으며, 압력이나 아부 또는 삶의 방향에 관한 환상들을 이겨낼 수 있고, 전혀 고분고분하지 않은 채 자기의사에만 따르는 자유를 가리킨다.

민주주의적 자유에 비하면 공화주의적 자유는 개인들이 예속에 벗어났을 때, 그리고 타인이나 다십난의 사의에 좌우되지 않을 때 누리는 일종의 소극적 자유이다. 하지만 공화주의적 자유는 그 역시 강요를 자유의 침해로 간주한다는 점에서는 의사의 자율성을 추구하는 민주주의적 자유에 가깝다. 그러나 공화주의적 자유와 민주주의적 자유의 가장 큰 차이는 전자는 자기의사의 자율성을 법과 동일시한다는 점이다. 요컨대 공화주의적 자유는 나의 의사가 자율적으로 되는 것은 나의 행동을 지배하는 법이나 규칙이 내 의사와 일치할 때가 아니라, 내가 남에 의해 강요받을 수 있는 끊임없는 위험성으로부터 법이 보호해 줄 때라고 본다는 점이다(Viroli 2006, 103).

자유란 내가 동의한 법에 의해서만 나의 행동이 규율되거나 내가 스스로 규칙을 만들어야 한다거나 또는 내가 만든 규칙만을 따를 수 있는 힘과 같은 것이 아니다. 법에 따르는 것 자체가 자유인데, 그 이유는 법이 자유에 대한 제한이라기보다는 오히려 자동차의 브레이크처럼 자유에 꼭 필요한 것이기 때문이다. 법은 모든 시민에게 똑같이 적용되는 공적이고 보편적인 명령이며, 따라서 법의 지배가 엄중하게 지켜지는 상황에서는 어떤 사람도 자신의 자의적인 의사를 타인에게 강요할 수 없다. 반면 법 대신 사람이 지배하는 경우엔 타인에게 자신의 의지를 강요할 수 있고, 억압하거나 방해함으로써 타인의 자유를 박탈할 수 있는 특정인들이 존재함으로써 자유를 훼손시킨다. 이는 다수파가 지배하는 민주주의에도 적용되는데, 다수의 지배는 결국 소수자를 비자유인으로 만드는 것이다(Viroli 2006, 108-109).

따라서 공화주의적 자유는 다수자의 지배보다는 법의 지배 즉 법치를 요구한다. 르네상스기 피렌체 공화정을 직접 이끌었던 브루니(L. Bruni)는 진정한 자유란 법에 의해 보장되는 평등이며, 자유가 존속하는 것은 오직 법이 시민들보다 힘이 셀 때뿐이라고 주장하면서, 피렌체에서는 어느 누구의 권력도 법 위에 군림할 수 없다고 주장한다(브루니 2002, 72-74; 김경희 2015, 319-320 재인용). 프랑스혁명기 루소(Rousseau)도 자유의 원칙으로 법치를 강조했는데, "자유로운 인민은 복종(obedience)은 하지만 예종(servitude)은 하지 않으며, 지도자(leader)는 두지만 주인(master)은 두지 않는"다면서 "자유로운 인민은 오직 법에만 복종하며, 타인에게 예종하도록 강제될 수 없는데, 이는 법의 힘 때문"

(Rousseau 1964, 842; Viroli 2006, 17 재인용)이라고 설파한다.

공화정에서 일단 자유가 성취되면 그 다음 등장하는 것은 평화의 문제이다. 이때 평화란 국제평화가 아니라 국내평화를 의미하는데, 외국과의 전쟁은 불가피한 경우가 있고 이것을 회피해서는 안 되지만, 도시 내부에서의 전쟁은 피할 수 있는 것으로서 도시의 붕괴를 방지하기 위해 평화가 공화정의 중요한 가치라는 것이다. 이때 내부의 전쟁은 여러 형태로 나타나는데, 여러 유력 가문들이 붕당을 형성해 패권을 다투는 대결, 그리고 유력 가문들과 포폴로에 속하는 인민들이 계층적으로 다투는 충돌 등이 있다.

실제로 독립을 획득한 도시국가들이 내부 전쟁 때문에 곤혹을 치루고 결국 쇠퇴한 경우가 많이 있다. 도시엔 시민들의 자치라는 대원칙이 존재하지만 실제에 있어서는 정치적 영향력을 미칠 수 있는 유력 가문들이 존재했으며, 그 가문들은 경쟁자들과 대립하고 투쟁하면서 권력을 독점하려는 욕심을 부렸다. 가장 대표적인 예는 제노바(Genova)이다. 제노바는 주요 해양국가로 국력이 강했으나, 유력 가문들이 파당을 지어 폭력투쟁을 벌인 결과 빈번한 정치변동으로 쇠락하였다. 당시 제노바에는 도리아, 스피놀라, 피에스키, 글리말디 등 유력한 4개 가문이 있었는데, 특히 도리아가는 스피놀라가와, 파에스키가는 글리말디가와 연합해 파당을 만들어 서로 대항하였다. 적과의 타협은 불가능했으며, 서로 타협하기보다는 차라리 외세(프랑스 왕이나 밀라노공)에게 권력을 넘겨주기까지 하였다(Shiono 2009, 369).

이러한 파당 간의 폭력적 대결을 방지하고 도시의 평화를 가져오기 위한 방편이 법치이다. 어떤 파당이 권력을 독점하고 이를 자의적으로 사용하지 못하게 하기 위해서는 반드시 법에 의한 통치가 필요하다. 공화정의 정치제도들은 모두 성문법에 따라 법제화되었는데, 그 핵심은 특정인이나 특정 집단의 자의적 권력행사를 방지하는 것이었다. 예컨대 시에나(Sienna)의 경우, 최고위직(9인위원회 위원)에 선출되는 정치가는 오직 2개월 동안만 그 직위에 재임할 수 있고, 다시 선출되려면 법에 따라 20개월을 기다려야 했다. 뿐만 아니라 선출이 추첨에 의해 이루어졌기 때문에 아무도 9인위원회에 선출되는데 자신할 수 없었다. 그리고 가족이나 친척 또는 동업자나 사업관계자가 다른 공직을 맡고 있는 경우에는 법에 따라 9인위원회 위원으로 선출되는 것이 엄격히 금지되었다.

또 다른 공화정의 제도적 특징은 권력분립과 혼합정부 구성이다. 특정 붕당의 권력독점을 막기 위해서는 행정과 입법, 심의 등의 정치적 권력을 분리시켜야 하고, 특정 계층의 독점적 지배를 막기 위해서는 군주정, 귀족정, 민주정의 요소들을 서로 혼합하는 것이 필요하다. 혼합정은 아리스토텔레스 때부터 이미 이상적인 정치제도로 받아들여졌다. 군주정, 귀족정, 민주정이 각각 참주정, 과두정, 중우정으로 타락하는 것이 자연스러운 순환관계로 인식되면서, 이러한 악순환의 고리를 끊기 위해서는 아예 처음부터 혼합정을 구성하는 것이 더 바람직하다는 것이다. 그리고 혼합정이 가장 좋은 정부인 이유는 특정인, 소수, 혹은 다수가 무한한 권력을 갖게 되면 곧 폭정을 초래하므로, 이 요소들을 혼합하여 권력을 분립시켜야만 공화정이 잘 작동할 수 있다고 보았던 것이다.

이탈리아 도시국가의 공화정은 시민들의 정치공동체이기 때문에 모든 시민이 참여하는 대의회가 기초를 이루었다. 하지만 최고 결정의 신속한 집행과 대외정책 및 기타 정부활동의 조율과 감독을 위해 1인 내지 소수의 행정 수반이나 행정위원회가 설치되었고, 경험 많고 존경받는 시민들의 심의가 필요하기 때문에 귀족정적 요소인 원로원 같은 기구가 구성되었으며, 독재나 당파적 이익을 막기 위한 방파제 및 모든 시민들이 참여함으로써 국력을 증진시킬 수 있는 대의회가 민주정적 요소로 필요했다(Viroli 2006, 77−78).

한편 공화정 시민들 모두에게는 시민적 덕성이 요구된다. 이것은 공화국 시민으로서 필요한 최소한의 실천적 자질을 의미한다. 먼저 사익 외에 공동선에 대한 인식과 추구가 필요하다. 자유로운 시민이 된다는 것은 사적인 이익이나 파당적 이익으로부터 탈피해 공적인 이익, 즉 공동선을 추구해야 함을 의미한다. 물론 그렇다고 해서 사적 이익을 추구하지 말라는 것은 아니다. 공적 이익과 사적 이익은 충돌하는 것이 아니며, 공동선을 추구하는 것은 곧 자신의 사적 이익을 보호하는데 도움이 된다. 그런 점에서 시민적 덕성은 도덕성과 다르며, 금욕, 희생, 검약 등을 강조함으로써 사생활을 포기시키는 것이 아니라, 사생활을 즐겁고 안전하게 만드는 사생활의 주춧돌이다. 요컨대 시민적 덕성은 공화국에 대한 봉사와 사생활의 균형을 추구하는 것이다.

시민적 덕성은 또한 이성만을 강조하는 것이 아니다. 이성으로 열정을 억누르지 않으며, 다만 다른 열정보다 시민적 우애가 상위에 서도록 독려한다. 여기서 시민적 우애란 정치적 우정을 의미하며, 이는 곧 애국심(patriotism)으로 연결된다. 공화정의 주체가 되려면 다른 시민들과 적어도 같은 공동체의 시민이라는 정치적 우정을 가져야 하며,

이는 곧 애국심으로 표현된다는 것이다. 여기서 정치적 우정은 감정적 우정이 아닌 자유에 대한 사랑을 공유하는 우정이며, 정치공동체와 동료시민에 대한 카리타스(caritas)이다. 이는 실제적 공동체인 이 도시의 중요한 것들(법, 자유, 공회당, 광장, 승리와 패배의 기억, 희망과 두려움)을 공유하는 자들 사이의 애착을 의미하며, 이것이 시민들로 하여금 애국심으로 이끈다(Viroli 2006, 164).

그런데 여기서 유의할 것은 공화주의적 애국심은 민족주의적 애국심과는 다르다는 것이다. 공화주의적 애국심은 정치적인 것으로서, 파트리아(patria)에 대한 애정, 즉 정치제도와 생활방식을 공유하는 공동체인 조국에 대한 애정이다. 이와 달리 민족주의적 애국심은 비정치적인 것으로서 나티오(natio) 즉 태생에 대한 애정으로서, 종족적·문화적·종교적인 동질성을 지닌 사람들 사이의 공통감이다. 그런데 시민공동체로서의 정치세계에서 필요한 것은 동질성이 아니라 서로 다른 이방인들 사이의 자유로운 공동체 자체에 대한 애정이다(Viroli 2006, 175-176). 이러한 공화주의적 애국심이 있어야 사적인 충성 대신 공적인 제도에 충성하게 되며, 사회 내부에 경쟁은 존재하지만 상호파괴적이지 않은 다원성이 보존될 수 있는 것이다.

이상과 같이 공화주의적 통치성은 자유와 평화, 법치 등을 정치적 가치와 원리로 여기고, 정치적 제도로는 권력분립과 혼합정부를 구성하며, 시민적 덕성으로는 공동선에 대한 인식과 정치적 우정으로서의 애국심을 그 내용으로 삼는다.

Ⅳ. 피렌체와 베네치아[8]

피렌체와 베네치아는 르네상스기 이탈리아에서 공화정을 채택한 대표적인 도시국가들이다. 피렌체는 중부 토스카나 지역의 핵심도시로서 일찍이 섬유산업을 중심으로 한 상공업과 금융업이 발달했으며, 높은 경제력 덕분에 문화예술 분야에서도 큰 업적을 일구었다. 한편 베네치아는 북동부 황무지인 석호지역에 건설된 해양국가로서 동부 지중해와 흑해에 이르는 거대한 무역권을 형성해 높은 경제력을 구가하였고, 이탈리아 도시국가로는 보기 드물게 천년 이상 존속할 정도로 안정적인 체제를 이루었다. 이 장에서는 가치와 제도 및 덕성을 중심으로 이 두 도시국가의 공화주의적 통치성에 대해 구체적으로 살펴보고자 한다.

1. 피렌체

피렌체에 공화정이 처음 들어 선 것은 12c경이며, 1328년 개혁 이후 비교적 안정적인 공화정 체제를 유지하였다. 특히 피렌체 공화정의 전성기는 14-15c로서, 이때 시민적 인문주의자들이 직접 정치를 담당

8 이 장은 필자의 졸고(2010) 4-5장을 참고해, 내용을 대폭 수정·보완하여 재구성하였다.

하기도 하였다. 재상(consul)이었던 살루타티(Salutati)와 브루니를 비롯해 팔미에리(Palmieri), 포지오(Poggio), 베르제리오(Vergerio) 등이 시민적 자유에 대한 비전을 공유하고 이를 실천하기 위해 노력하였다(Baron 1966, 28).

피렌체가 공화정을 택한 것은 외부 간섭으로부터의 자유 즉 독립을 유지하기 위해서였다. 앞서 말한 바와 같이 먼저 1154년 신성로마제국의 침략 이래 밀라노 등과 힘을 합쳐 1312년 황제권의 간섭으로부터 완전히 탈출할 수 있었다. 또한 교황의 간섭으로부터의 탈출은 1375년 프랑스 아비뇽에 유수된 교황청이 다시 이탈리아로 돌아오기 위해 도시국가들을 침략한 '8성인의 전쟁'을 계기로 크게 진전하였다. 결과적으로는 교황청이 승리해 다시 로마로 돌아오게 되었지만, 피렌체는 이 전쟁을 겪으면서 공화정을 더욱 공고히 다졌던 것이다. 당시 피렌체 재상 살루타티가 야만인 프랑스에 넘어간 교황청을 비난하면서 로마를 이어받은 피렌체의 자유정신을 강조했는데, 이것이 피렌체인들에게 전쟁에 참여하고 자신의 공화정을 더욱 사랑하게 만드는 계기가 되었던 것이다.

또한 이웃 군주정 국가인 밀라노와의 전쟁을 통해 피렌체인들은 공화정에 대한 정체성을 더욱 굳게 다지게 되었다. 당시 밀라노의 전제군주인 잔 갈레아초 비스콘티(Gian Galeazzo Visconti)는 이탈리아 통일에 대한 야심을 갖고 있었다.[9] 그는 여러 전쟁을 통해 북부 롬바르디아

9 로스키(A. Loschi) 같은 인문주의자는 평화(pax)와 통일(unitas)을 위해서는 자유(libertas)를 강조하는 공화정보다 일인 군주정이 낫다고 주장하면서 밀라

의 패권을 장악한 후, 1397년부터 피사와 루카, 볼로냐, 시에나 등 중부 도시들을 점령하고 피렌체에 대한 포위망을 구축했으나 1402년 사망하였다. 이후 피렌체는 베네치아와 동맹을 맺어 밀라노 군을 몰아냄으로써 자유와 공화정을 지킬 수 있었다.

이와 같이 피렌체가 여러 전쟁을 성공적으로 수행할 수 있었던 것은 무엇보다도 공화정 체제에서 시민들로 구성된 시민군이 자유와 독립을 위해 기꺼이 목숨을 바쳐 싸웠기 때문이다. 원래 피렌체는 상업 활동이 복잡해지고 발달함에 따라 대부분의 부유한 시민들은 국방을 직접 담당하지 않고 용병을 고용했는데, 몇 차례 용병의 배신을 경험한 후 시민군이 직접 전쟁을 수행한 것이 승리의 원동력이 되었던 것이다. 시민군 체제로의 전환은 살루타티의 제안이었는데, 그는 밀라노와의 전쟁에서 가장 주된 위협은 밀라노라는 외부의 적이 아니라, 전제적 횡포가 침범해 오는 데도 시민들이 자유를 위해 싸울 태세를 갖추지 않고 용병만 찾는 시민들 자신이라고 보았다. 또한 자신의 도시를 스스로 지키지 못하면서 오직 전리품에만 관심을 갖는 것은 남자답지 못한 행동이라고 비판하면서, 결국 시민들의 관심과 참여를 이끌어내 전쟁에서 승리했던 것이다(Skinner 1978, 74-75).

한편 살루타티에 이어 재상에 취임한 브루니는 피렌체에 법치를 확립시켜 공화정을 더욱 안정시켰다. 그는 피렌체가 로마 공화정을 이어받은 국가로서 어느 누구의 권력도 법 위에 군림할 수 없다고 주장

노를 옹호하기도 하였다(김경희 2015, 314-315).

하면서 자유 외에 정의와 법치를 강조하였다. 자유는 오직 법에 의해서만 제한될 수 있으며, 진정한 자유이자 공평은 법 앞에 평등하며, 이때에만 타인으로부터의 폭력과 해악으로부터 자유로울 수 있다. 요컨대 자유와 평등은 권력자들의 오만과 위선을 제어할 수 있는 강력한 법에 의해서만 가능하다는 것이다. 더욱이 그는 엄정하고 공정한 법집행을 위해 사법관을 외국인들로 충원하기도 하였다(김경희 2015, 319-320).

자유와 법치의 공화정은 시민들이 통치하는 체제이다. 이때 시민들에게는 앞서 말한 바와 같이 높은 수준의 도덕성은 아니더라도 실제적인 시민적 덕성이 요구된다. 르네상스의 중심 역할을 했던 피렌체에서는 시민을 소위 르네상스적 인간으로 교육하고자 하였다. 이는 어느 한 가지에만 전념하는 전문가나 그것을 골똘히 생각하는 관조적 인간이 아니라, 여러 일에 두루 관심을 갖고 생각에만 머물지 않고 행동으로 옮기는 인간이다. 즉 시민이라면 학문적 지식이 있을 뿐만 아니라 정치에 관심을 갖고 전쟁에도 참여하는 실천적인 사람이어야 한다. 이러한 능력의 총합은 비르투(virtù)[10]라는 용어로 표명되었는데, 시민은 운명(fortuna)을 개척하는 사람으로서 실천적인 비르투를 가진 사람이라는 것이다.

---

10 마키아벨리가 포르투나를 극복하는 비르투를 강조한 것은 자신의 독창적인 생각이 아니라 당시 이탈리아 공화정에서 공통으로 강조한 내용이었다. 다만 마키아벨리의 비르투가 다른 사람들의 비르투와 다른 점은 남자다움의 비르투에 술수의 능력도 포함시켰다는 점이다.

이를 바탕으로 피렌체는 강력한 행정체제를 구축하였다. 당시 프랑스나 영국의 고위직은 교회 성직자들이 차지하고 관료체제가 발달하지 않은 데 비해, 피렌체는 수사학자나 법률가들이 주요 업무를 담당하면서 관료체제를 정비해 나갔다. 전체 관료의 수가 증가했으며, 조세수입이 늘어남에 따라 행정서비스가 확대되었고, 기금을 조성해 대출을 원활히 해주는 금융업이 발달하는 등 시민에게 도움이 되는 정책이 다수 시행되었다. 그 결과 공적 권위는 날로 증대하고 공공성은 담보되었다(Finer 1997, 973).

그런데 관료조직의 힘과 권위가 강해졌음에도 불구하고 정부가 부패나 전제로 타락하지 않은 것은 공화정의 제도적 특성 때문이었다. 먼저 최고기관으로는 재상을 비롯한 9인으로 구성된 시뇨리아(signoria)가 있었으며, 여기에 조언하는 역할의 2개 위원회가 보좌하였다. 시뇨리아는 주로 명문가 출신들로 구성되었으며, 위원장 1인과 4지역 대표들이 각각 2인씩 참여하였다. 이들의 임기는 2개월밖에 되지 않았으며, 퇴임 후 즉시 재임명하는 것은 불가능했다. 시뇨리아를 보좌하는 두 위원회는 12인위원회와 16인의 곤팔로니에르(gonfalonier)로 구성된 행정위원회가 있었는데, 특히 후자는 각 지역으로부터 충원되며 내무와 보안을 담당하였다. 임기는 전자가 3개월, 후자는 4개월이었다.

그런데 위원회의 위원이 되려면 먼저 시민들의 심사(squittinio)를 통해 승인을 받아야 했다. 이 과정은 크게 두 단계로 이루어지는데, 우선 노미나토리(nominatori)라는 예비선정위원회가 있어서 최종심사에 올라갈 사람을 먼저 뽑았다. 이때 선정방식은 시민들 중 일정 수 이상의 표를 얻은 다수의 후보자들 이름을 주머니에 넣고 이 중 행정관이 될 사람의 이름을 추첨으로 뽑았다. 물론 후보자가 되는 과정에서 명문가문이나 대상인, 그리고 길드조합의 지도자들이 부분적으로 영향력을 미치기도 하였다. 명문가문이 아닌 사람(즉, 중간급 상인이나 기능인)도 관직에 오를 수는 있었지만, 이는 누가 심사받을지 결정하는 노미나토리를 지배했던 유력하고 부유한 사람들이 승인할 때에나 가능했다. 하지만 최종적으로 누가 심사에 올라갈지는 아무도 몰랐으며, 그런 점에서 공정성은 유지되었다(Manin 2005, 81).

노미나토리를 거쳐 최종심사에 회부된 사람들은 또 다시 심사를 받아야 했다. 이는 후보들에 대한 거부권을 행사하는 것인데, 시민들 중 추첨을 통해 선출된 수백 명에게 거부권이 주어졌다. 따라서 심사는 두 번에 걸쳐 이루어졌으며, 한번은 노미나토리에서 명문가문에 의해, 그리고 최종적으로는 보다 폭넓은 범위의 시민집단 전체로부터 승인을 받아야 했다. 이와 같이 복잡한 체제를 도입한 이유는 행정관을 선발하는 데 있어서 공평성을 보장하고 파당의 형성을 막기 위해서였다. 행정관 선출이 복잡한 과정을 거치기 때문에 어느 특정 개인이나 파당이 행정관 선출을 조작하는 것을 막을 수 있었던 것이다(Waley 1988, 41).

그러나 피렌체 공화정의 가장 큰 문제는 국내 평화를 이루지 못했다는 데 있다. 피렌체는 베네치아와 달리 포폴로(popolo) 계층이 상당히 성장하였는데, 이는 상공업이 발달해 여러 종류의 동업조합인 길드가 구성되어 각축을 벌였기 때문이다. 따라서 포폴로는 동질적인 집단이 아니라 상인, 장인, 자영업자, 의사, 법률가, 선생 등 여러 집단으로 이루어졌으며, 주로 상인과 장인을 지칭하는 용어였다(Zorzi 2004,

145; 김경희 2018, 146 주17) 재인용). 길드들은 자체 군대를 보유하면서 인치아니 혹은 프리오리 등의 지도자들이 이끄는 연맹을 결성하였다. 처음에 포폴로는 대상인이나 금융업자들이 지도하고 중소상인들이 참여해 구 귀족층과 기득권층에 승리를 거두었다. 하지만 기존의 기득권층이 제거되고 중소상인들의 요구가 늘어나면서, 대상인이나 금융업자들과 중소상인들이 분열하여 포폴로 계층 자체가 크게 동요했던 것이다(김경희 2018, 147–148).

이런 내부의 불안은 강력한 힘을 가진 시뇨레(signore)를 필요로 하게 되었다. 즉 시뇨리아 위원회에서 합의를 거쳐 결정하는 것이 아니라, 강력한 권한을 가진 일인 통치자의 결정이 필요해졌다는 것이다. 그리하여 1434년부터 혁명이 발생한 1494년까지 60년간 메디치(Medici) 가문의 전횡이 이어졌으며, 일시적으로 스페인에 망명했던 메디치가는 다시 복귀한 후 1532년 공화정을 폐지하고 토스카나 대공국을 열었다. 결론적으로, 피렌체는 포폴로들이 득세하여 보다 민중적인 공화정을 수립하는 데는 성공했으나, 귀족과 포폴로의 대결 및 여러 포폴로들 사이의 각축으로 인해 국내 평화가 무너지고 권력분립이 제대로 작동하지 않아 결국 안정을 추구하는 일인 지배체제로 회귀했던 것이다.

2. 베네치아

베네치아는 피렌체와 달리 1천여 년의 존속 기간(697–1797) 동안

단 2차례의 반란 음모[11]만 있었을 정도로 국내 평화가 안정적으로 이루어진 공화정 체제였다. 그 주된 이유는 베네치아가 비잔틴제국의 일부로서 봉건귀족과 부유한 상인계층 사이의 극단적인 충돌이 없었고, 주로 상인들로 구성된 국가지도층과 일반시민들 사이에 협력이 잘 이루어졌기 때문이다. 베네치아는 17c 영국 공화주의자 해링턴(J. Harrington)이 『오세아나』에서 이상적 모델로 삼을 정도로 모범적인 공화정 국가였다.

베네치아의 출발은 서로마 멸망 후 무정부상태에서 고향을 떠나 피난 온 사람들이 황무지에 도시를 건설한 데서 비롯된다. 이 지역은 석호와 섬들로 이루어져 농지와 자원이 부족했으며, 따라서 어업과 무역이 주된 경제활동이었다. 10-11c경에는 비잔틴제국의 서부인 아드리아해의 해적을 물리치는 경찰 역할을 하면서 지중해 무역을 장악하였고, 13c 4차 십자군 전쟁을 계기로 콘스탄티노플 동쪽의 흑해까지 무역을 확장하게 되었다. 그리하여 베네치아는 경제적으로 유럽의 가장 부유한 국가로 성장하였다. 15c엔 도시인구가 10-20만 명 정도였으며, 베네치아가 곳곳에 일군 제국 전체의 인구는 150만 명에 달했다. 당시 프랑스 인구는 베네치아의 10배나 되었지만, 수입은 베네치아의 절반밖에 되지 않았다(Finer 1997, 991).

이와 같은 베네치아 경제성장의 주요 원인 중 하나는 콜레간차(colleganza)라는 합자회사의 발전이다. 콜레간차는 예전에 유대인, 그리

11 두 차례의 반란 음모는 1310년 귀족인 퀴리니-티에폴로의 반정부 음모와 1335년 도제 마리노 파리엘의 궁정반란을 지칭한다.

스인, 아랍인들도 사용했던 제도이지만, 그들은 가족이나 친족에만 참여를 허용한 반면 베네치아는 타인의 참여도 허용하였다. 따라서 해외 무역의 경우 자본가뿐만 아니라, 상인이나 선원들도 함께 투자해 공동 이익을 얻으면서 공동체 의식을 높여갔다. 콜레간차에는 두 가지 방식이 있었는데 먼저 자본가가 2/3를 출자하고 경영자(선원 이자 상인)는 1/3을 출자해 경비를 제한 후 이익을 1/2씩 분배하거나, 혹은 자본가가 전액 출자하고 이익을 자본가는 3/4, 경영자는 1/4씩 분배하는 것이다. 그리고 경영자는 여러 자본가와 동시에 협업이 가능했기 때문에 자본가만 돈을 버는 구조가 아니라 무역에 관여하는 사람은 누구나 돈을 벌 수 있었다(Shiono 2009, 229–230).[12]

정치제도적 측면에서는 초기부터 종신직으로 선출된 도제(doge)[13]가 중심이 되어 통치했는데, 공화정 체제가 본격적으로 궤도에 들어선 것은 1297년 헌법을 제정한 이후이다. 베네치아 공화정은 세 요소로 이루어지는데, 도시의 공직을 대부분 임명하는 대의회(consilio grande), 외교와 재정에 관한 사무를 관장하는 원로원(senate), 그리고 대의회의

12 1267년 사망한 베네치아 도제 라니에리 제노의 유산 명세서는 다음과 같다(Shiono 2009, 232). 부동산 (10,000 리라), 현금 (3,388 리라), 귀금속 (3,868 리라), 채권 (2,264 리라), 국채 (6,500 리라), 콜레간차 (132종, 22,935 리라) 이상과 같이 베네치아에서는 합자투자인 콜레간차가 자산의 가장 큰 부분을 차지할 정도로 유행하였다.

13 도제(doge)는 군주정을 피하면서도 강력하고 통치능력이 뛰어난 통치를 위해 도입한 직제로서 흔히 통령으로 번역된다. 이 단어는 라틴어로 지도자를 뜻하는 dux가 어원이다.

보좌를 받으면서 선출직 정부수반으로 재직하는 도제가 그것이다. 이런 혼합정 체제 하에서 처음엔 참정권을 인정받지 못한 포폴로들이 봉기를 일으켰지만 즉시 진정되었고, 1335년 비밀공안위원회인 10인위원회가 상설기관으로 설립된 후에는 더 이상의 소란은 없었다.

오히려 베네치아인들은 도시의 정치적 안정이 혼합정 체제 덕분이라고 생각하고 이에 자부심을 가졌다. 특히 법률가인 베르제리오는 1394년 도제에게 보낸 편지에서 베네치아의 특징인 혼합정을 찬양하였다. 먼저 그는 플라톤이 『법률』에서 밝힌 주장, 즉 가장 건전하고 안전한 정부형태는 세 가지 '순수한' 형태가 결합한 결과 즉 군주정과 귀족정, 그리고 민주정이 융합된 상태라는 주장에 동조한다. 그리고 베네치아 헌법이 특별히 뛰어난 것은 군주정의 요소를 대변하는 도제와 귀족정을 대변하는 원로원, 그리고 민주정을 대변하는 대의회 등 서로 다른 세 요소가 융합해 하나의 안정된 혼합정을 엮어내는 데 성공했기 때문이라고 강조하였다.

또한 마키아벨리의 친구이며 베네치아에 망명한 적이 있는 피렌체 출신의 지아노티(Gianotti) 역시 베네치아 공화정의 진화과정을 서술하면서, 베네치아 사람들이 달성한 자유와 안전의 결합은 주요한 두 원인 때문이라고 설파한다. 첫째는 도제와 원로원, 대의회를 결합함으로써 베네치아 사람들이 일인지배와 소수지배 그리고 다수지배 사이의 균형을 유지할 수 있었다는 점이고, 둘째는 모든 관리의 선출과 정책 결정이 어떤 파당적 이익에 앞서 공동선을 극대화하는 목적에 따라 이루어지게끔 선거와 투표제도를 정교하게 고안해 시행했다는 점이다(Skinner 1978, 141).

물론 베네치아에는 귀족정 요소가 강하게 남아 있었는데, 100여 개의 명문가문이 존재하고 그 중 20-30개의 유력 가문들이 대가문을 이루었다. 그리고 1,500-2,000명의 시민으로 구성된 대의회에서 선출되는 주요 공직자가 될 수 있는 대상은 전체 인구의 5%에 불과하였다. 하지만 공직 선거과정, 특히 도제 선출과정이 복잡하게 구성되어 어느 특정인이나 특정 파당이 장악하는 것을 방지하였다.

먼저 도제는 1172년부터 원로원의 '40인 위원회'에서 선출하고 대의회의 승인을 받았는데, 1297년 개혁 이후엔 대의회에서 직접 선출하였다. 대의회의 예비추천위원회인 노미나토리가 후보를 추천하고, 대의회 위원으로 구성된 선거인단이 선출하는 방식을 택했다. 이때 선거인단이 오염되는 것을 방지하기 위해 복잡한 과정을 거쳤는데, 먼저 대의회에서 11명의 선거인을 임명하고, 그 가운데 스스로 4명으로 축소하며, 다시 이 4명이 40명(후에 41명)으로 선거인단을 확대한 후, 최종적으로 확대된 선거인단이 도제를 선출하였다.

이렇듯 선거인단 구성을 처음에 1,500명에서 11명, 11명에서 다시 4명으로 축소시키고, 그것을 다시 40-41명으로 확대하는 복잡한 과정을 거침으로써, 선출과정에서 어떤 파당이 형성되는 것이 불가능했다(Finer 1997, 993). 그리고 선거인단을 임명할 때에는 추첨과 선거를 모두 활용했는데, 여기서 추첨을 사용한 것도 파당을 막기 위해서였다(Lane 1973, 110). 이런 복잡한 과정을 거침으로써 선거인단은 결국 특정한 소수를 위하는 것이 아니라 전체를 대표하는 도제를 선출할 수 있었던 것이다.

한편 원로원 정원은 260명 정도였는데, 이 중 핵심은 120명으로 구성되며 나머지는 공직에서 물러나 보직을 받지 않은 참석자들에 불과했다. 이 120명의 핵심 중 절반인 60명은 대의회에서 선거로 선출되었고, 선출된 60명이 또 다른 60명을 선출하여 이를 대의회에서 확정하였다. 원로원을 구성할 때에는 여러 기준에 따랐는데, 지식, 책임감, 토론능력, 연속성 등이 주요한 기준이 되었다.

대의회가 민주정 요소를 지녔다고 하지만, 베네치아의 대의회 역시 인구의 작은 부분만 포함하고 있었다. 대의회의 위원 자격은 세습되었으며, 위원들은 대부분 1297년 개혁 때 입회했던 사람들의 후손이었다. 하지만 베네치아가 소수만을 위한 과두정으로 타락하지 않은 것은 견제와 감시체제, 관료제의 정립, 그리고 민관협력의 문화 때문이었다.

먼저 견제와 감시를 위해 3인의 국가 감시관을 두었으며, 공직은 한 가문에서 한 개의 공직만 맡을 수 있었고, 투표에 있어서는 1인 2투표제로 찬성표와 반대표를 동시에 행사해서 반대표가 찬성표보다 많으면 공직에서 탈락시켰다(Shiono 2010, 303). 또한 도제와 원로원, 대의회는 상호견제가 가능했는데, 도제에게는 종신직의 안정성과 커다란 권한을 주었지만 그 만큼 강력한 원로원이 있어서 도제에 대한 견제가 가능했고, 또한 원로원은 다수의 시민들이 참여하는 대의회를 통해 견제되었던 것이다.

둘째, 잘 정비된 관료제가 유력 가문들의 전횡을 막을 수 있는 장치 역할을 하였다. 일반 행정은 대의회에 참여하는 시민이 아닌 전문 행정직들이 담당했는데, 이 계층은 행정직에 종신으로 근무했으며 따라서 국정에 대해 가장 잘 알고 있었다(Shiono 2009, 338-339). 따라서 정치와 행정의 분리가 이루어졌으며, 정치적 변동이 있더라도 행정의 안정성은 계속 유지되었다.

셋째, 유력한 가문과 일반시민의 구별이 있었음에도 불구하고 피렌체와 달리 귀족의 지배나 권위주의로 흐르지 않은 것은 공동선을 추구하는 민관협력이 잘 이루어졌기 때문이다. 시민들은 개인보다는 공동체 중심의 조직을 형성하고, 행정지도를 통해 무역을 관리하고, 상선과 해군의 일체를 통한 중개무역으로 성장했기 때문에, 민관협력은 베네치아인들에게는 필수적인 요소였다. 즉 대부분의 베네치아인들은 자기의 이해와 국가의 이해가 일치함을 잘 알고 있었으며, 통치계급인 대상인들이 법의 평등한 실시와 이익의 공정한 분배에 유념하고 또한 실행했기 때문이다(Shiono 2009, 129). 단순히 귀족들이 힘에 의해 위로부터 억압했다면 천년 동안 2번 밖에 반정부운동이 일어나지 않았던 보기 드문 국내 안정을 누릴 수 없었을 것이다.

이런 협력의 문화는 항해에서도 볼 수 있다. 배의 선장은 독단적으로 결정하지 않고 선장, 선주 1인, 상인 대표 2인 등 4인이 배에서 합의해 결정했으며, 선원은 선장에서 견습에 이르기까지 지위에 상응하는 정도의 상품적재가 허용되었고, 선주와 선장 및 선원의 이해관계가 동일해 서로 쉽게 합의가 가능하였다. 따라서 대상인뿐만 아니라 중소상인도 공존 가능했으며, 오늘날과 같은 대자본의 횡포를 방지할 수 있었다(Shiono 2009, 234-235).

하지만 베네치아는 16c 대항해시대가 개막하자 쇠락의 길을 걷는다. 경제적으로는 무역의 중심이 지중해로부터 대서양과 인도양으로 옮겨졌기 때문이며, 정치적으로는 해외식민지 개척에 필요한 강력한 군주정으로 전환하지 못했기 때문이다. 대항해 시대 초기엔 경제력으로 어느 정도 대처가 가능했으나, 이후 새로운 정치적·군사적 환경 즉 강한 군주정 체제와 강한 군사력의 필요성에는 잘 대응하지 못했다 (Shiono 2010, 381). 신대륙으로 경제적·군사적 팽창을 한 스페인이나 포르투갈은 절대 왕정을 통해 국력을 결집하고 발전했지만, 베네치아의 공화정은 국력을 극대화시키기엔 부적절했던 것이다. 이후 베네치아는 프랑스 혁명기에 나폴레옹 군대에 무너져 오스트리아에 합병되었다가, 결국엔 이탈리아 왕국에 편입되고 말았다.

V. 결론

이상의 논의를 요약하면 다음과 같다. 첫째, 푸코는 국가와 인구를 분석하기 위해 통치성이라는 개념을 사용한다. 이는 통치와 사고양식을 연결시킨 것으로서 통치의 성격을 지칭하며, 역사적으로 기독교적 통치성, 국민국가적 통치성, 자유주의적 통치성 등에 대해 비판적으로 분석한다. 하지만 필자가 보기에, 푸코는 르네상스기 공화주의적 통치성을 간과함으로써 통치성을 지나치게 비관적으로만 바라보았다. 둘째, 공화주의적 통치성은 전근대 왕이나 사제가 사용했던 지배자가 피지배자를 돌보는 방식으로 통제하는 것이 아니라, 시민들이 공동체를 구성해 자기통치를 하는 것이다. 따라서 공화주의적 통치성에서는 지도자의 자질이나 통치하는 제도가 중요한 것이 아니라, 공동체의 정치적 가치와 이를 실현하는 제도 그리고 자기통치의 주체이자 대상인 시민들의 자질과 덕성이 중요하다. 요컨대 자유, 평화, 법치, 권력분립, 혼합정, 공동선, 애국심 등이 공화주의적 통치성의 주된 요소이다. 셋째, 이런 통치성이 잘 작동한 예로는 르네상스기 이탈리아 도시국가인 피렌체와 베네치아를 들 수 있다. 먼저 상공업이 발달한 피렌체는 보다 민중적인 공화정이지만, 공화정의 중요 가치 중 하나인 내부 평화의 실패 즉 사회통합의 실패 때문에 결국 유력한 일인이 지배하는 공국으로 전락한다. 한편 베네치아는 해외무역이 발달해 여러 사회 계층들의 공동이익 추구가 가능하고, 잘 짜인 혼합정 체제가 파당의 형성을 억제하고 민관협력을 잘 유지했기 때문에 오랜 기간 존속하였다.

공화주의적 통치성은 르네상스기 이탈리아 도시국가에서 한동안 크게 각광을 받았다. 고대 로마시대부터 오랫동안 존재해온 도시라는 공간을 토대로 도시국가라는 새로운 탈봉건적 정치공동체를 설립했던 것이다. 이 도시국가들은 시민에게 다른 체제에서는 느낄 수 없는 새로운 삶, 즉 정치사회적으로는 자유롭고 경제적으로는 번영하며 문화적으로는 교양있는 삶을 제공함으로써 자부심을 느끼게 하였다. 그리고 이런 삶에 대한 만족과 자부심이 애국심과 공동선 추구라는 정신적 태도의 변화를 가능하게 할 수 있었다.

공화주의는 이후 자유주의와 민주주의로 진화한다. 대항해시대 이후 해외 무역의 확대와 중상주의의 득세에 따라 시장의 자유를 강조하는 자유주의로 발전하거나, 다양한 포폴로 계층의 확대 및 이들의 정치참여를 강조하는 민주주의로 발전한다. 이러한 두 경향이 합쳐져 오늘날 자유민주주의라는 토대가 형성되었고, 이 용어를 공식적으로 사용하면서부터는 그 바탕이 된 공화주의는 점차 잊혀 지게 되었다.

하지만 다른 경로도 존재한다. 미국의 건국은 특이하게도 민주주의적 요소가 확대되는 분위기 속에서 오히려 민주주의의 위험성을 제거하기 위해 공화주의적 요소를 도입한 경우이다. 당시 미국 독립에서 화두가 되었던 것은 식민지 시대부터 존재했던 각 주들이 독립을 유지하면서 연맹을 구성하느냐 혹은 연방 중앙정부를 새로이 구성하고 각 주들의 자치를 허용하는 연방을 구성하느냐의 문제였다.

그런데 건국의 주역인 연방주의자들(federalists)은 연방을 옹호했는데, 그 이유는 지나친 민주주의를 견제하기 위해 공화주의가 필요하다는 것이었다.[14] 연방주의자들이 보기에, 직접 민주주의는 작은 규모의 정치단위에서 가능한데 여기선 이해관계가 그다지 복잡하지 않아 부자와 빈자의 구별이 쉽게 가능하고, 그들 사이에 단순한 계급투쟁이 발생하며, 이때 다수를 점하는 파당이 상대를 무력화시키는 '다수의 폭정'(tyranny of majority)이 발생할 위험이 있다. 그리고 더욱 위험한 것은 이 '다수의 폭정'이 법에 따른 법치로 정당화되어 저항이 불가능해진다는 것이다(Federalist 10, 57).

따라서 연방주의자들은 민중정부인 각 주들을 모아 연방을 구성해야만 '다수의 폭정'에서 벗어나 공동선 추구가 가능하다고 보았다.

14 연방주의자들의 주장이 확실히 드러난 것은 뉴욕 신문에 연재된 『페더랄리스트』 이다. 이는 해밀턴(A. Hamilton)이 제이(J. Jay) 및 매디슨(J. Madison)과 함께 에세이를 연재한 것으로 필자를 모두 푸블리우스(Publius)로 통일해 발표했는데, 푸블리우스는 로마 공화정 초기 집정관을 지낸 푸블리우스 발레리우스 푸블리콜라(Publius Valerius Publicola)에서 따온 것이다.

즉 연방 중앙정부의 구성과 대통령이라는 중앙정부 최고위 직의 도입은 일인의 폭정을 초래하는 것이 아니라 다수의 폭정을 막기 위한 필수 요소라는 것이다. 이는 베네치아 공화정의 도제를 모방한 것으로서, 다만 미국 대통령은 도제와 달리 임기 제한을 두어 종신직이 되는 것은 방지하였다.

또한 연방주의자들은 국가의 영토가 광활해야만 공화주의가 가능하다고 생각했다. 왜냐하면 이탈리아 도시국가처럼 작은 영토에서는 파당형성이 단순해져서 제노바와 같이 두 개의 큰 파당으로 나누어질 가능성이 큰데, 이 경우 두 파당이 균형을 이루기보다는 어느 한쪽의 우세로 이어지고 결국 어느 한 '파당의 독재'가 될 위험이 있다는 것이다. 반면 광활한 영토에서는 다양한 이해관계가 존재하며, 따라서 '파당의 다양성'(diversity of factions)이 형성되어 어느 한 파당의 독주를 막을 수 있으므로, 광활한 연방의 구성이 필요하다는 것이다. 요컨대 연방주의자들은 민중정부를 목표로 하는 민주주의는 공화주의로 보완되어야 하며, 따라서 공화주의적 민중정부인 연방제가 가장 바람직하다고 결론짓는다.

우리나라도 지금 민주주의의 기로에 서 있다. 민주주의는 단순히 다수의 지배가 아니라, 법과 절차에 따라 타인의 의견도 존중하면서 서로 공존하는 것을 목표로 한다. 이는 각자 주권을 갖고 있는 시민들의 권력분립과 분배를 전제로 하며, 따라서 민주적 결정은 항상 또 다른 주권자인 다른 사람들과의 공화주의적 협력 속에서 이루어질 수밖에 없다. 그런데 우리사회는 파당들이 이념을 앞세워 진영이라는 탈을 뒤집어쓰고 시민들을 현혹시키고 줄 세우는 행위에 있다. 한 파당은 진보라는 탈을 쓰고 민주주의적 민중정부의 완성을 위해 다른 파당을 적폐청산으로 몰아붙이고 있으며, 다른 파당은 보수라는 시대착오적 용어를 소생시켜 권력으로의 복귀를 시도하고 있다. 이 파당들에 결여된 것은 바로 국가를 어떤 특정 지배자나 집단이 통치하는 도구로 간주하는 대신 여러 시민들의 공동체로 바라보는 공화주의적 통치성 개념이다. 즉 공화의 정신이 우리 정치권에는 없다. 그런데 더욱 안타까운 것은 이런 결여가 정치권에만 그치지 않고 일반 시민들 사이에서도 목도된다는 사실이다. 앞서 살펴본 것처럼, 공화주의적 통치성은 좋은 통치자(혹은 정치가)만 필요로 하는 것이 아니다. 시민적 덕성이 없다면, 시민공동체는 요원한 것이다.

참고문헌

김경희. 2015. "르네상스기 피렌체 공화주의 연구: 시민적 인문주의에서 현실적 공화주의로." 『한국정치연구』 24권 2호, 311-334.

김경희. 2018. 『근대 국가 개념의 탄생: 레스 푸블리카에서 스타투 로』. 서울: 까치.

이동수. 2010. "르네상스기 이태리 도시국가의 정부: 자유와 법치의 공화정." 『한국정치연구』 19권 2호, 255-280.

이동수. 2020. "미셸 푸코: 권력과 통치성을 넘어서." 김비환 편. 『현대정치의 위기와 비전』, 서울: 아카넷.

Baron, Hans. 1966. *The Crisis of the Early Italian Renaissance*. Princeton: Princeton University Press.

Berlin, Isaiah. 1998. "Two Concepts of Liberty." In *The Proper Study of Mankind*, edited by Henry Hardy. New York: Farrar, Strauss and Giroux.

Bruni, Leonardo 저·임병철 역. 2002. 『피렌체 찬가』. 서울: 책세상.

Cicero. 2009. *The Republic and The Laws*, translated by Niall Rudd. Oxford: Oxford University Press.

Federalists. 1941. *The Fedrealists*, edited by Henry Cabot Lodge. New York: Modern Library.

Finer, S. E. 1997. *The History of Government* (Vol. 2). Oxford: Oxford University Press.

Foucault, Michel. 1980. "Truth and Power." In *Power/Knowledge: Selected Interviews & Other Writings 1972-1977*, edited by Colin Gordon. New York: Pantheon.

Foucault, Michel. 2003. *Society Must Be Defended: Lectures at the Collège de*

France, 1975-1976. New York: Picador.

Foucault, Michel. 2007. *Security, Territory, Population: Lectures at the Collège de France, 1977-1978*. New York: Palgrave.

Foucault, Michel. 2008. *The Birth of Biopolitics: Lectures at the Collège de France, 1978-1979*. New York: Palgrave.

Harrington, James. 1977. *Oceana*. *The Political Works of James Harrington*. Cambridge: Cambridge University Press.

Lane, Frederic. 1973. *Venice: A Maritime Republic*. Baltimore: The Johns Hopkins University Press.

Machiavelli, Niccolo. 1985. *The Prince*, translated by Harvey Mansfield, Jr. Chicago: The University of Chicago Press.

Manin, Bernard 저·곽준혁 역. 2005. 『선거는 민주적인가』. 서울: 후마니타스.

Pettit, Philip. 1997. *Republicanism: A Theory of Freedom and Government*. Oxford: Clarendon.

Rousseau, Jean Jacques. 1964. "Lettres écrittes de la montagne." In *Oeuvres complètes* (Vol. 3). Paris: Gallimard.

Shiono, Nanami 저·정도영 역. 2009. 『바다의 도시 이야기, 상』. 파주: 한길사.

Shiono, Nanami 저·정도영 역. 2010. 『바다의 도시 이야기, 하』. 파주: 한길사.

Skinner, Quentin. 1978. *The Foundations of Modern Political Thought* (Vol. 1). Cambridge: Cambridge University Press.

Viroli, Maurizio 저·김경희·김동규 역. 2006. 『공화주의』. 고양: 인간사랑.

Waley, Daniel. 1988. *The Italian City Republics*. London: Longman.

Zorzi, Andrea. 2004. "Popolo." In *Italy in the Age of the Renaissance: 1300-1550*, edited by John M. Najemy. Oxford: Oxford University Press.

2장 인민주권: 마르실리우스와 인민주권의 탄생*

이화용

I. 서론: 왜 마르실리우스의 인민주권론?

마르실리우스는 13-14세기(1275-1342/3)에 걸쳐 활동했던 이태리 파두아 출신의 사상가이다. 그에 대한 어린 시절의 기록은 찾기 어렵지만, 이후의 행적은 기록되어 있다. 마르실리우스가 살았던 12-13세기 파두아는 신성로마 제국으로부터 자유로운 자치 도시국가로 자리잡고 있었고 반성직자 분위기도 강한 곳이었다. 번성한 무역도시이자

---

* 이 글은 『OUGHTOPIA』 35권 2호(2020)에 게재된 "제국과 도시국가, 인민주권의 태동: 역사적 맥락의 마르실리우스"를 수정·보완한 것이다.

이태리에서 두 번째로 오래된 파두아 대학교가 설립되어 학문과 연구의 자유를 제공했던 파두아의 환경은 마르실리우스의 사상 형성에 많은 영향을 주었다. 파두아 대학에서 의학을 공부하던 마르실리우스는 파리로 건너가 철학을 수학하였고, 1312–1313년 파리 대학에서 학장을 역임하였다. 파리 시절부터 마르실리우스는 이후 신성로마제국의 황제에 오르는 루드비히와 밀접한 교류를 하였으며, 루드비히를 파문시킨 교황 요한 22세를 비판하면서 교회권력과 대립각을 세우기 시작하였다(Maiolo 2007, 161–63).

정치사상사에서 마르실리우스는 근대를 예언한 중세의 가장 독창적인 사상가, 도덕과 정치를 분리한 세속정치 이론가, 종교개혁의 선구자 등 중세의 벽을 넘어 근대의 길을 연 사상가로 평가되곤 한다. 특히 마르실리우스의 사상은 서양 중세 시대를 뛰어넘는 진보성을 보여주는, 근대 민주주의 이념의 인민주권론(popular sovereignty) 주창자로 거론되기도 한다. 마르실리우스의 인민주권론은 크게 두 차원에서 제시되어 왔다. 하나는 근대성과 관련하여, 다른 하나는 중세성의 연장으로 논의되었다. 예컨대, 네더만은 마르실리우스 사상 속에 근대적 의미의 인민주권론이 담보되어 있음을 주장한 반면(Nederman 1995), 맥일웨인과 퀼레 등은 마르실리우스를 중세의 사상가로 읽을 뿐이다(McIlwain 1932; Quillet 1970). 어떤 시선과 주제 속에서든, 혹은 전면적이든 부분적이든, 마르실리우스의 인민주권 논의가 있었음에도 그의 인민주권론을 다시 꺼낸 이유는 무엇일까?

이 글은 마르실리우스 사상에서 인민주권론의 성립 여부를 묻는 논리적 탐색보다 그것이 태동하는 사상사적 환경에 주목하며, 14세기 인민주권 담론이 나오는 다양한 역사적 맥락과 인민주권론의 시대적 특성을 이해하는 데 목적이 있다. 인민주권론은 정치공동체에서 더 많은 사람들에게 권리와 기회를 주기 위한 정치적 논리이며, 이를 통해 소수에 의한 권력정치를 제어하고 인민이 정치공동체의 주인이 되고자 하는 주요 정치적 이념이다. 인민주권론은 오랜 철학적 사유와 역사적 투쟁 속에서 민주주의의 이론적 토대로 뿌리내렸고, 인민주권의 의의와 가치는 아무리 강조해도 지나치지 않은 정치적 언어가 되었다. 그러나 한편, 오늘날 인민주권 담론은 최고의 권위를 지닌 인민에 대한 존중, 모든 사람들의 권리와 기회 보장을 지향하는 본래의 목적을 벗어나, 왜곡된 포퓰리즘 혹은 당파 정치의 도구이자 정치적 수사로 사용되고 있는 듯하다. 현대 정치에서 인민에 의한 지배 혹은 인민을 위한 지배로 정의되는 민주주의 정치형태에서 복잡다단한 이해관계의 집합체인 인민의 주권이 실현되는 방식은 간단치 않으며 지속적인 정치적 숙의와 판단을 요구한다. 그럼에도 인민은 단순히 단일체로 간주되고, 정치 현장에서는 인민 혹은 시민의 다양한 의사와 요구를 통합하고자 하는 노력보다는 특정 집단의 이해관계 혹은 정치적 정체성을 도모하는데 자주 동원되기도 한다. 인민주권론의 무조건적 수용, 비판적 논의와 담론의 부재는 권력 정치의 도구화와 민주주의의 왜곡을 가져올 수 있다. 이런 문제의식 속에서, 오늘날 인민주권은 진정 인민의 주권을 확보하기 위한 정치적 이념으로 이해되고 있는지, 나아가 21세기 정치의 장에서 인민주권의 이념은 어떻게 수용되고 실현될 수 있을지 등 새로운 질문이 필요한 시점이다. 이 글은 마르실리우스 사상의 탐색을 통해 14세기 인민주권론이 등장하는 정치적 환경과 맥락을 이해하고, 이를 통해 마르실리우스 인민주권의 함의와 현재적 시사점을 찾는다. 이로써 현대 인민주권에 대한 획일적 인식을 벗어나 보다 다각적이고 유연한 사유를 위한 기회를 갖고자 한다.

II. 평화의 적: 교황과 교회권력

마르실리우스에 의하면 정치공동체의 제일 중요한 목적은 평화 유지이다. 이는 그가 『평화의 수호자』를 저술한 이유의 하나이기도 하다. 마르실리우스에게 있어, 평화에 대한 관심은 정치공동체가 구성원 간의 큰 갈등 없이 조화롭게 운영되어 좋은 삶(good life)을 영위할 수 있는 상황을 만들기 위해 비롯되었다. 13세기 이태리에서 평화는 정치적 담론의 키워드였다. 이태리 도시국가의 부상과 발전, 교황과 교회권력의 지속적 유지, 신성로마제국 황제의 영향권 행사 등 12, 13세기 정치적 상황과 맞물려 갈등이 끊이지 않는 환경에서 평화란 이루어야 할 절박한 과제였다. 더욱이, 13세기 아리스토텔레스 『정치학』과 『윤리학』의 라틴어 번역으로 시작된 아리스토텔레스의 사상 연구와 영향력으로 인해 정치공동체의 목적과 평화 담론은 서양 중세 후기의 정치적 언어가 되었다(Kristeller 1979, 128; Skinner 1978, 49-50).

마르실리우스의 정치공동체와 평화에 대한 이해는 13, 14세기 정치적 담론의 주류인 아리스토텔레스의 정치사상을 거의 그대로 반영하고 있다. 아리스토텔레스는 『정치학』에서 인간들은 충족한 삶을 위해 모여 살며 그들 스스로 필요품을 만들고 그것들을 서로 교환한다고 하였다. 인간은 부부, 가족, 마을, 공동체를 구성하는데, 그 중 최종 단계인 공동체는 완전하고 자기충족적인 정치적 결사체(political association)이다(Aristotle 1998, I, i). 마르실리우스의 정치공동체 혹은 국가에 대한 정의는 아리스토텔레스의 그것과 동일하다.

> "인간은 충족한 생활을 위해 스스로…필요한 것을 추구하고자 한다. 최고의 완전하고 자족적 생활을 가능하게 하는 이 집합을 국가라 칭한다…(국가는) 충족적인 삶을 위해 많은 것들이 필요하기에, 이는 어느 한 분야가 혼자서 생산할 수 있는 것이 아니므로 다양한 질서와 분야가 있어야 한다…. 그 다양한 질서와 직이 국가의 일부를 구성한다."(Marsilius 1980, I iv 5).[1]

아리스토텔레스의 정치적 결사체 혹은 국가가 단지 물질적 삶만을 위해 형성되는 것이 아니라 도덕적 삶의 충족도 같이 이루어야 하듯이, 마르실리우스 또한 정치공동체란 물질적, 도덕적 자기충족적 삶을 가능하게 하는 정치적 결사체(Marsilius 1980, I iv 5)임을 밝히고 있다. 부부, 가족, 마을 등의 공동체도 각자 물질적, 도덕적 삶을 영위하나 이

1 마르실리우스의 『평화의 수호자(Defensor Pacis)』의 라틴어본은 Previté-Orton의 편집본이 가장 대표적이며, 영어 번역본은 Gewirth와 Brett 등의 것이 있다. 이 글에서는 마르실리우스 용어 전달에 정확성을 기하고자 한 Gewirth의 영어 번역본(1980년 출판)을 사용한다.

들 단계에서의 삶은 완전하지도 충분하지도 않다. 인간은 정치적 결사체, 즉 국가의 단계에 이르러야 물질적, 도덕적 삶이 완전체를 이루어 좋은 삶을 완성한다(Marsilius 1980, I i 1, I xii 7).

정치공동체의 존속은 최선의 좋은 삶을 이루기 위한 필요조건이다. 정치공동체가 지속가능하기 위한 방법은 무엇인가? 마르실리우스에 의하면, 정치공동체의 존속은 평화 유지에 달려 있는데, 이는 공동체를 구성하고 지탱하는 각 분야가 적재적소에 배치되어 균형있게 운영될 때 가능하다. 아리스토텔레스의 분류에 따라(Aristotle 1988, VII vii), 마르실리우스는 국가의 분야를 사제, 군사, 사법, 농사, 재정, 기술로 나누며, 이들 분야 혹은 그것의 역할을 담당하고 있는 구성원들이 각자의 몫을 잘 수행할 때 평화가 유지된다고 한다(Marsilius 1980, I xiii 4). 이는 정치공동체의 역할 배치가 제대로 되지 못하거나, 배치된 역할로부터 일탈이 일어난다면 공동체의 평화가 깨짐을 의미한다.

이러한 이해를 근간으로, 마르실리우스는 정치공동체, 구체적으로 이태리 도시국가의 평화를 위협하고 와해시킨 원인이 자신의 자리로부터 일탈한 교황 혹은 교황 중심의 위계질서 조직인 교회권력에 있음을 밝힌다. 원래 교회의 임무는 영혼 문제를 다룸에 있고, 사제의 역할과 권한은 하느님의 법을 알리고 성예전을 수행하는 것이다. 더욱이, 사제들의 권한은 모든 교회 성직자들에게 동등하게 주어진 것이며, 교황은 로마교회를 맡은 사제일 뿐 세상을 지배하는 그리스도의 유일한 대리인이 아니다(Marsilius 1980, II xxii 4–5). 그럼에도 교황은 교회 안과 밖에서 모든 권한을 행사할 수 있는 전능권(plenitudo potestatis)을 갖고 있다고 주장해 왔다.

마르실리우스에 의하면 전능권이란 다음과 같은 권한을 가리킨다. 자의적인 행동을 할 수 있는 무제한의 권력, 사람과 사물에 대한 통제권, 세속사회에 대한 강제력이 있는 최고 판결권, 교회 직무 임명과 파면, 교회 재산 분배 등 사제에 대한 판결권, 교회 관련 사면과 파문 등 사제들의 사법적 권한, 사제의 성품권과 성찬권을 부여하고 금지할 권한, 성경 해석과 그 진위를 판별할 수 있는 권한, 영혼 치유의 보편적 사목권 등이다(Marsilius 1980, II xxiii 3). 마르실리우스는 교황과 사제가 영혼 치료와 관련한 성사권(sacramental power)만을 갖고 있음에도, 교황이 세속사회와 교회에서 판결권. 처벌권, 사면권 등 강제력을 행사할 수 있는 전능권을 주장하고 있음을 강하게 비판한다. 마르실리우스는 절대권력의 정당화 기반인 전능권을 통한 교황의 자의적 권력 행사가 이태리 도시국가의 혼란과 분열을 갖고 오는 가장 큰 원인임을 역설한다. 마르실리우스에 의하면, 사제의 역할은 영혼 구원과 영생과 관련된 것으로 이는 강제력 행사의 대상이 아니라 한다. 그럼에도 교황이 세속사회에 대한 강제력과 지배권을 행사하고 전능권을 주장함은 어불성설이다. 나아가, 교회와 세속적 영역에서 교황의 전능권 주장은 곧 황제나 왕 같은 세속권력이 교황의 지배 아래 있음을 의미한다. 마르실리우스는 세상의 모든 문제에 대한 무제한의 권한은 오직 그리스도만이 갖고 있을 뿐이며, 그 전제 속에서 세속사회의 지배는 왕의 권한이지 교황 혹은 교회의 몫이 아님을 밝힌다(Marsilius 1980, II, xxiii, 3–5).

서양 중세에서 교회권력과 세속권력의 역할과 관계 규정은 그치지 않는 논쟁 아젠다였다. 교황 겔라시우스(Gelasius, 492–496 재위)는 이른

바 양검론을 제시하며, 하느님으로부터 교회는 정신의 검을, 세속사회는 세속의 검을 받았기에 각자의 영역을 지배할 것을 주장하였다(Wilks 1963, 233). 이는 겔라시우스가 교권과 속권의 균형을 주장하는 듯 보이나, 실제 그의 양검론은 왕권신수를 위한 논리로 받아들여도 무리가 없다. 실제 중세 내내 교권과 속권의 균형론은 이루어지지 못하고 두 영역간의 갈등은 멈추지 않았다. 마르실리우스가 교황의 전능권 주장과 사제의 권한 남용이 공동체 평화의 적임을 피력한 배경은 교권의 우월성을 극단적으로 제시하던 13세기 교황 이노켄티우스(Innocentius) 3세, 이노켄티우스 4세, 보니파키우스(Bonifacius) 8세로 이어지는 일련의 교황 전능권 주장과 결코 무관하지 않다. 이노켄티우스 3세(1198–1216)는 교권과 구별되는 속권의 통치권을 인정하지만, 이는 우월한 교권의 지배 하에서 그러함을 분명히 하였다(이화용 2002, 22). 보니파키우스 8세는 하느님의 직접적인 명령으로서 성경 구절을 인용하며 교황 전능권의 주장을 더욱 강하게 몰아갔다.

마르실리우스도 중세의 교권과 속권, 즉 교황과 황제 간의 반목과 분쟁의 소용돌이로부터 자유롭지 못했다. 13세기 초 교황과 황제의 거친 싸움의 연장선에서, 교황 요한 22세와 황제 루드비히와의 갈등은 신성로마제국 황제 헨리 7세(1308–1312 재임)의 후임자를 뽑는 선거로 인해 표면화되었다. 선제후들의 이견으로 복잡하게 얽혀 버린 황제 선거에서 두 명의 황제가 맞서게 되었는데, 요한 22세는 그 중 프레드릭(Frederick of Austria)을 지원하였다. 프레드릭의 대립교황으로 세워진 루드비히는 요한 22세의 의사를 수용하지 않고 자신이 황제임을 선포했다. 요한은 루드비히의 대관식을 거절하고 그의 황제권 수행을 금했으나, 루드비히가 이를 듣지 않자 1324년 그를 파문시켰다. 이에 루드비히도 요한 22세를 이단자로 몰고 그를 축출하였다. 요한 22세와 루드비히의 싸움은 단순히 8세기 이후 내려오는 대관식의 관행에 관한 것이 아니라, 정치권력의 확보를 위한 투쟁이었다.

이와 같은 혼란한 정치적 상황에서 반교황, 반교회권력에 대한 논리적 이론서이자 합리화가 마르실리우스의 『평화의 수호자』(1324년)이다. 나아가, 『평화의 수호자』는 14세기에 제기된 정치적 권위의 기원에 관한 문제이자 응답이다. 마르실리우스는 세속사회에서 절대 권위를 내세운 교황의 지위가 하느님이 아니라 황제에 의해 만들어졌다는 인간적 기원을 주장한다. 마르실리우스는 그 주장의 근거로 '콘스탄티누스 기증장'(The Donation of Constantine)을 언급했다. 이 역사적 문서는 313년 밀라노 칙령을 통해 기독교를 공인했던 콘스탄티누스 황제가 교황에게 제국의 영토를 주었음을 명시하고 있는데, 교권과 속권 모두 '콘스탄티누스 기증장'을 각자의 지배권을 정당화시키는 역사적 자료로 활용하고 있었다.[2] 교황이 속한 교권은 콘스탄티누스의 제국 헌납이 원래 주인인 교회에게 지배권과 재산권을 돌려준 것이라는 입장을 주장하는 반면, 속권에서는 제국의 기증이 황제의 자발적인 증여라는 입장을 내세웠다. 마르실리우스는 콘스탄티누스의 기독교 공인으로

2 15세기 로렌초 발라(Lorenzo Valla)는 역사적 문서라 믿었던 '콘스탄티누스 기증장'은 8세기 교황 측이 만든 허위문서임을 밝혀냈고, 지금까지 발라의 주장이 인정되고 있다(Folz 1969, 11). 필자는 '기증장'이 허위였다 해도, 그것을 둘러싸고 전개된 교권과 속권의 주장, 즉 14세기 교권과 속권의 '기증장'에 대한 해석과 관점의 대립이 시사하는 의미는 여전히 유효하다고 생각한다.

인해 교회의 지배권과 재산권이 인정되었다는 역사적 사실을 거론하며, 교황은 황제가 만든 인위적 자리임을 강조한다(Marsilius 1980, II xxii 10, II xvii 8–9). 마르실리우스는 800년 크리스마스 미사에서 교황 레오 3세가 행한 프랑크 왕국 샤를마뉴 왕의 황제 대관식에 대한 해석을 통해 교황직의 인간적 기원에 관한 자신의 주장을 더욱 확고히 하였다. 갑작스러운 교황의 황제 대관식 의도는 동로마 비잔틴 제국을 염두에 둔 교황의 정치적 계산이 전제된 것이었으나, 이후 이 대관식은 교황의 황제 임명권을 옹호하는 데 인용되곤 하였다(이경구 2000, 54–61). 그러나 마르실리우스는 교황 레오에 의한 황제 대관식이 주는 역사적 의미는 없으며, 황제 임명은 칠인의 선제후에 의한 선거 결과일 뿐이라며 대관식의 의미를 일축한다(Marsilius 1993, Ch. 2).

시대를 넘어선 과감하고 진보적인 마르실리우스의 사유는 교회에 대한 정의에서 잘 나타나고 있다. 마르실리우스는 교황 중심의 교회권력, 즉 교황 수장제를 비판하며 교회에게 세속권력을 탐하지 말고 영혼 치유의 본래 역할에 충실하며 성예전과 성경 가르침에 힘쓸 것을 역설한 바 있다. 교황과 교회권력에 대한 마르실리우스의 거침없는 비판은 교회란 무엇인가에 대한 질문으로 이어진다. 교황주의자들에 의하면, 교회란 그리스도의 대리자 혹은 인격화된 교회로 간주되는 교황이 지배구조의 정점에 서는 절대적 위계질서체이다(Wilks 1963, vii). 이와 달리, 마르실리우스는 교회란 그리스도를 믿고 따르는 전체 신자(the whole body of the faithful)의 집합체라 하였다. 교회는 사제뿐만 아니라 가정, 마을에 사는 일반 신자들로 구성되며 교회 안에서 사제와 비사제 모두 평등함을 주장하였다(Marsilius 1980, II ii 3, II iv 2). 이러한 교회 정의 속에서, 마르실리우스는 교회의 주권이 교황 혹은 사제가 아니라 전체 신자에게 있음을 분명히 한다. 교황이나 사제가 갖는 권한은 전체 신자에 의해 허용되었기에 행사될 수 있었으며, 황제가 교황 자리를 만들 수 있었던 것도 전체 신자의 승인이 있었기에 가능하였다고 한다(Marsilius 1980, II, iv).

마르실리우스는 교황과 교회권력에 도전하기 위해 황제를 옹호하는 데 그치지 않고 교황의 권위를 부여하는 원천이 전체 신자로부터 연유함을 밝힌다. 교회 내의 권위 근원이 전체 신자에게 있다면, 정치 공동체의 정치적 권위의 원천은 어디에 있는 것인가.

III. 제국과 도시국가

마르실리우스는 『평화의 수호자』에서 로마교회의 성직자에 불과한 교황이 자신의 역할과 권한에서 벗어나 전능권을 행함으로써 정치 공동체의 평화를 해치는 주범임을 밝혔다. 마르실리우스에게 있어 평화의 적인 교황에 대한 도전은 교회의 역할과 주인을 규명하는 작업이며, 더욱 중요하게는 정치적 권위의 근원을 규명하는 문제로 확장된다. 마르실리우스는 루드비히 황제의 정신적, 신학적 조언자였으며, 1327년 황제가 이태리 방문할 때도 동행할 정도로 친밀한 관계를 맺었다(Maiolo 2007, 170). 황제와의 관계, 교황에 대한 강한 도전과 반성직자론을 근거로 마르실리우스 사상의 황제주의 해석이 자주 제시되어 왔다.

황제주의, 엘리트주의 해석자들은 마르실리우스 사상에서 정치적 정당성의 근원이 황제 혹은 황제를 선출하는 선제후에게 있다고 주장한다. 마르실리우스 저서에서 자주 등장하는 "유력자"의 용어가 그들의 주장을 더욱 뒷받침하는 근거로 제시되고 있다.

> "법을 만드는 권위는 전체 시민(the whole body of citizens) 혹은 그것의 유력자(the weightier part)들에게 있다."(Marsilius 1980, I xii 5)

마르실리우스의 유력자가 누구인가를 밝히는 질문은 마르실리우스 사상을 해석하는 매우 중요한 실마리가 된다.[3] 황제주의 해석자들은 마르실리우스의 유력자를 역사적으로 존재했던 선제후와 연결시키며, 정치적 권위의 기원을 황제에게서 찾고자 한다. 그러나 필자는 마르실리우스의 유력자는 전체 시민과의 유기적 관계 속에서 이해되어야 하고, 그 맥락에서 마르실리우스의 전체 시민과 유력자는 대립적이거나 긴장의 관계가 아니라고 주장한다. 마르실리우스는 자신의 저서에서 정치공동체의 입법적, 정치적 권위는 전체 시민과 유력자에게 있으며, 이 둘은 동일한 것으로 간주되어야 한다고 말한다(Marsilius 1980, I xiii 2). 그럼에도 불구하고, 황제주의 해석자들은 전체 시민에는 주목

---

3 필자는 마르실리우스의 valentior pars를 유력자라 번역했는데, valentior의 사전적 의미는 '더 강한'이다. 영어본 번역자들은 이를 the weightier, the greater 등으로 번역한다. 이는 전체 시민 중 더 비중있고 강한 자 혹은 다수를 뜻할 수도 있다. 필자는 valentior를 영향력을 갖고 있는 자라는 의미에서 유력자라 번역한다.

하지 않고 유력자, 황제의 존재에 방점을 두며 마르실리우스의 정치적 권위는 황제에 있음을 주장한다. 필자는 이전의 연구에서 마르실리우스 사상에서 전체 시민과 유력자의 개념이 어떻게 동등한 것으로 이해될 수 있는지를 논증하며 황제주의 입장을 반박한 바 있다(이화용 2001a, 64-65). 이 부분은 IV장에서도 다시 언급되겠지만, 마르실리우스 사상에서 전체 시민과 유력자는 정치공동체의 존속에 기여를 하는 자를 말한다. 반면, 황제주의 해석은 유력자를 정치권력적으로 이해하여 황제에 초점을 맞춘다.

필자가 마르실리우스 사상의 황제주의 해석을 비판한다 해서, 마르실리우스 사상에서 황제에 대한 인식이 중요하지 않음을 뜻하는 것은 아니다. 마르실리우스의 개인적 경험을 보더라도 그에게 황제의 비중은 충분히 컸다. 필자가 주장하고자 하는 바는 마르실리우스 사상에서 제국의 황제는 교황에 대한 도전자이지만, 도시국가의 전체 시민과 결코 배타적인 관계가 아님을 보여주고자 한다. 황제주의 해석에서 마르실리우스의 황제는 교황을 넘어서는 강한 정치권력의 소유자이며 배타적 시배사이다. 그러나 필자가 보는 마르실리우스의 황제는 교황과는 대립적이나, 황제의 지위를 뒷받침해주고 있는 도시국가와 그 구성원인 시민들과는 유기적인 관계에 있다. 마르실리우스 사상에서 신성로마제국과 도시국가, 황제와 전체 시민 혹은 인민은 어떻게 구조화되고 있는가.

『평화의 수호자』에서 상정되는 것과 달리, 역사적으로 신성로마제국과 도시국가가 항상 평화적이고 통합적인 관계는 아니었다. 12세기 신성로마제국이 이태리 도시국가, 특히 북부 지역에 대한 영향력을 확장하고자 하는 움직임을 보이자, 1167년 도시국가들은 롬바르디 동맹을 구성하여 제국에 맞섰다. 당시 이태리 도시국가의 방어 대상은 제국인 반면, 도시국가의 지원자는 교황이었다. 도시국가와의 지속되는 싸움을 끝내고자 1183년 황제 프리드릭 I세는 "콘스탄스 협약(Peace of Constance)"을 맺고 롬바르디 동맹을 구성한 도시국가들에게 자유를 허용하는 특권을 부여하였다. 이로써 제국과 도시국가의 대립은 일단락되어, 13세기 이태리 북부지역에는 선거를 통한 자치정부 형태의 도시국가의 수가 증가되었다(Skinner 1988, 390; Waley 1988, 41). 나아가, 밀라노와 피렌체 등의 제국에 대한 계속된 투쟁으로 인해 14세기 초반 이태리 도시국가의 정치적 상황에서 제국의 세력은 사라지고 도시국가가 갈망하던 자유와 자치를 확보할 수 있었다(이동수 2015, 82–83). 이처럼, 마르실리우스의 저서가 쓰여지던 13, 14세기 이태리 정치 환경의 현실은 자유로운 도시국가 체제로의 진행이었다. 그렇다면, 당시 도시국가들은 보편적 정치체로서의 제국과의 관계를 어떻게 만들어 갔는가? 제국과 도시국가는 보편성과 특수성의 영원한 긴장관계로 남았는가? 제국과 도시국가를 아우르는 관계가 형성되었는가?

마르실리우스 사상에서 제국과 도시국가의 관계를 규정함에 있어, 제국주의 해석자 루빈스타인은 마르실리우스에게 보편적 왕국으로서의 제국은 도시국가의 평화에 반하는 존재라 하였다. 루빈스타인에 의하면, 마르실리우스 국가이론, 특히 부서의 균형잡힌 배치에 대한 주장은 파두아와 같은 도시국가에서 보여진 시뇨레(signore)의 자의적 통치를 비판하기 위함이었다고 한다. 마르실리우스는 시뇨레 도전에 대한 해법으로 전체 혹은 보편성(universitas)에 천착하고 이를 정치적 권위의 기반으로 삼았다(Rubinstein 1965, 44–45). 루빈스타인과 다른 맥락이긴 하나, 윌크스도 마르실리우스가 지향했던 정치적 단위는 신성로마제국과 같은 단일한 보편적 정치공동체라 주장한다(Wilks 1963, 110). 한편, 알렌은 이태리 도시국가에서 제국은 이미 죽은 존재라 평가하며 도시국가에서 제국의 비중에 대한 의미를 두지 않는다(Allen 1923, 169). 『평화의 수호자』 영어본 역자인 기워스도 마르실리우스가 선호한 정치체는 제국이 아니라 도시국가임을 강조하였다(Gewirth 1951, 128).

이들 주장 속에서 드러나는 공통점은 제국과 도시국가 이론이 공존할 수 없다는 것이며, 두 정치공동체의 지배권은 황제 혹은 시민이 각각 갖고 있다는 논리로 전개된다. 그러나 필자는 마르실리우스 사상에서 제국과 도시국가, 두 정치체는 대립이 아닌 상호적 관계임을 보편적 지배 상징으로서 제국, 레그눔 이탈리쿰(Regnum Italicum)[4]의 상황, 그리고 lex regia[5] 논쟁을 통해 논증하고자 한다. 이로써 마르실리우스의 경우 어떻게 제국과 도시국가가 조화를 이루고, 제국의 지배 속에서 도시국가의 자치와 사유가 확보될 수 있는지를 밝히고자 한다.

필자는 마르실리우스가 루드비히 황제의 조언자였다 할지라도, 마

4 레그눔 이탈리쿰은 신성로마제국의 통치권에 있던 왕국 혹은 정치체들 가운데 이태리 북부와 중부지역을 가리킨다.

5 lex regia를 그대로 번역하자면 군주법이다. 이 경우 입법적 권위가 군주에게 있다는 일방적 해석을 할 수 있다. 정치적 권위를 둘러싼 다른 해석의 가능성을 살리고자 원어 그대로 표기한다.

르실리우스의 제국에 대한 이해가 독일 영토에 자리잡은 신성로마제국에 머물러 있다고 생각하지 않는다. 마르실리우스 사상에서 제국은 고대 로마제국을 넘어 보다 폭넓은 함의를 갖는다. 지리학적으로 설명하면, 제국(imperium)은 로마 인민과 황제의 지배에 속한 영토(kingdoms)들로 구성되어 있다. 마르실리우스가 처해 있던 정치적 현실은 루드비히 황제의 신성로마제국이었지만, 마르실리우스에게 있어 로마제국이란 지리적 의미를 넘어 전 세계 혹은 대부분의 지역을 지배하는 보편적 왕국, 보편적 지배의 의미를 갖는다.

> "'로마 제국'은 로마 도시 혹은 로마 시민체를 지배하는 왕국을 의미한다…. 또 다른 의미에서 '로마 제국'은 전 세계 혹은, 로마 도시와 같은 많은 지역에 대한 보편적 왕국을 뜻한다."(Marsilius 1993, Ch. 1).

바라크라우가 통찰력 있게 지적했듯이, 마르실리우스의 제국(신성로마제국)은 게르만 제국이지만 그것을 넘어 로마 인민의 권위에 근거하는 고대 로마제국의 정치적 표현으로 확대된다. 보편적 지배의 로마제국은 이태리 도시국가의 정치체를 합법화시키는 보편적 권위체로 존재한다(Barraclough 1969, 14-15). 그러나 마르실리우스의 제국에는 중세적 보편 제국, 즉 단테가 말하는 크리스챤 보편적 왕국(Dante 1996, 91)의 함의는 없다.

보편적 지배의 상징으로서 제국에 대한 위상을 이해한다면, 마르실리우스 사상에서 황제에 대한 충성과 도시국가의 자치를 각기 추구하는 두 정치체가 갈등을 일으킬 필연적 이유는 없다. 실제로 14세기 이태리 북부에서 황제는 공화정과 시뇨레 체제를 합법화하는 권위를 가진 군주(overlord)로 인정되었고, 이 지배 관계를 위해서 황제 또한 도시국가의 독립적 주권이 필요하였다. 이 지점에서, 제국과 도시국가의 관계에 관한 바르톨루스(Bartolus of Saxoferrato 1314-1357)의 지배자(princeps)에 대한 언명은 더욱 설득력 있는 준거틀이 된다. 고대 로마법에서 princeps는 자신보다 더 높은 지위를 갖지 않는 최고의 지배자를 의미했다(Pennington 1993, 90). 바르톨루스는 이를 도시국가에 적용하여 황제는 보편적 공동체인 제국을 관할하는 지배자로, 도시국가는 자신의 영토 관할권에서 상위자를 갖지 않는 지배자(civitas quae superiorem non recognoscit, sibi princeps)로 자리매김한다(Lee 2008, 76-77). 이러한 이해를 수용한다면, 마르실리우스가 제국을 논한다 해서 도시국가 위상이 사라지는 것이 아니며, 도시국가가 자신보다 상위의 지배자를 두지 않는다 해서 제국과 황제의 존재가 무시되는 것이 아니다. 마르실리우스 사상에서 제국과 도시국가의 관계는 당시의 레그눔 이탈리쿰 상황에서 제국의 관할권이라는 법적(de jure) 관계와 도시국가의 실제적인 독립과 자치라는 실제적(de facto) 관계로 양자가 균형을 이룰 수 있다(Quillet 1970, 75-77, 87). 다시 말해, 법적 지배자와 실제적 지배자로 서로의 영역에 대한 명분을 세우면서, 제국은 도시국가의 법적, 정치적, 사회적 준거로, 황제는 세상의 지배자(dominus mundi)로 남는 한편, 도시국가는 스스로 법을 만드는 자치적인 정치체로 합리화될 수 있다.

보편적 제국, 레그눔 이탈리쿰의 논거와 함께, 마르실리우스의 제국과 도시국가의 관계는 lex regia 논쟁[6]에 의해 더욱 뒷받침될 수 있다.

11세기 고대 로마 법전인 유스티니아누스 법전의 발견으로 인해 12, 13세기 주석자들에게 로마법은 법적 문제를 다루는 주요 기준이 되었다(Kelley 1990, 56). 정치공동체에서 주권을 가진 자, 곧 법을 만드는 최고 권력을 가진 자가 누구인지를 밝히는 로마법학자와 주석자들 간의 뜨거운 lex regia 논쟁은 고대 로마법 구절에 대한 정확한 해석을 내리는 데 목적이 있는 것이 아니었다. 이 논쟁은 독립과 자유를 찾던 이태리 북부 도시국가가 신성로마제국의 영향력을 벗어나기 위해 제국과의 관계를 규정하는 배경 속에서 이루어졌다. 11세기 이후 황제는 로마법을 통해 도시국가의 복종을 위한 법적 토대를 마련하였다 할지라도, 이태리 북부 도시국가들은 제국의 규제를 벗어나 정치적 자유를 제도화하고 있었던 터였다.

이런 맥락에서, 로마법의 하나인 Digesta에 나온 "지배자는 법의 지배를 받지 않는다(princeps legibus solutus est)" 조항에서 법의 지배를 받지 않는 최고 지배자(princeps)가 누구인지를 밝히는 lex regia 논쟁은 곧 제국 황제와 도시국가 시민과의 관계를 해명하는 유효한 근거를 제공한다. 일반적으로 최고 지배자는 황제나 왕을 지칭하나, lex regia 논쟁에서 최고 지배자는 황제 혹은 인민으로 나뉘었다.[7] 11–12세기에 걸

6 lex regia 논쟁의 적용사례는 다음과 같다: 황제권의 인간적 기원, 교황의 세속적 판결권의 근거, 제국 또는 도시국가의 판결권의 근거, 지배자에 대한 인민의 권한, 정부의 기권에 대한 모델을 위한 논의.

7 12세기 이르네리우스(Irnerius)로 부터 시작된 lex regia 논쟁은 프라켄티누스(Placentinus), 아조(Azo)를 통해 마르실리우스에 이르기까지 입법적 권위의 원천에 대한 많은 논의를 전개하였다. 이들 주석학자들의 입장과 반론에 관해

쳐 활동한 인민주의 주석학자 아조(Azo)와 마찬가지로, 마르실리우스는 정치공동체의 최고 권위인 입법적 권위가 인민(populus) 혹은 전체 시민, 혹은 전체 시민이 선거나 의사 표현 등을 통해 결정되는 유력자에게 있다고 보았다(Marslius 1980, I xii 3). 그러나 황제주의 해석과 달리, 마르실리우스는 전체 시민이 권력을 부여해준 유력자의 권위 속에는 항상 전체 시민의 본래적 권력이 살아 있다고 본다. 이는 유력자의 정치적 권위가 다름 아닌 전체 시민으로부터 나왔고, 전체 시민으로부터 위임된 입법적 권위는 일시적이기 때문이다(Marsilius 1980, I xii 3). 제국과 도시국가의 정치적 권위를 해명하는 lex regia 논의에서, 마르실리우스는 전체 시민과 유력자의 관계처럼 제국과 도시국가도 전체와 부분의 유기적 관계에 있음을 보여준다.

필자는 보편적 제국, 레그눔 이탈리쿰의 상황과 lex regia를 통해 마르실리우스 사상에서 제국과 도시국가는 대립적이지 않고 통합될 수 있음을 말하고자 하였다. 마르실리우스 사상에서 황제로 대표되는 제국과 전체 시민으로 상징되는 도시국가의 관계는 두 정치체의 평화를 방해하는 교황이라는 공동의 적으로 인해 더욱 용이하게 연결될 수 있었다.

서는 Lee(2008, 65–71)를 볼 것.

IV. 마르실리우스와 인민주권

정치사상사 연구 방법론에 대한 논의는 현재진행형이지만, 고전을 읽는 관점은 크게 두 가지로 대별될 수 있다. 하나는 과거의 맥락에서 고전을 접근하는 것이며, 다른 하나는 현대의 문제의식 속에서 그것의 기원과 흔적을 찾아가는 것이다. 중세 연구자 라가드와 퀼레는 마르실리우스의 사상에서 세속정치의 특성들이 나온다 할지라도, 이는 황제주의적 함의를 갖는 중세적 사유임을 주장한다(Lagarde 1970, 178–182; Quillet 1970, 85). 반면, 프레비테 오르통과 네더만 등은 마르실리우스 사상의 근대성을 강하게 주장한다(Previte-Orton 1935, 136–137; Nederman 1995). 중세와 근대의 이분법 속에서 제시되는 마르실리우스 연구와는 달리, 필자는 마르실리우스 사상에서 제국과 도시국가의 관계처럼, 황제와 전체 시민이 모순과 긴장의 관계가 아님을 밝혔다. 교황과 교회권력에 대한 도전과 정치적 권위의 소재를 해명하는 과정에서, 마르실리우스 사상은 중세적 환경에도 불구하고 민주주의의 이론적 요체가 되는 인민주권론을 배태하고 있다.

마르실리우스에 의하면, 인간은 주변 환경으로부터 보호되지 못하고 날 것 상태로(bare) 태어났기에 고통받고 무너지기 쉬운 존재이다(Marsilius 1980, II iv 3). 그리하여 인간은 법적 보호나 규제를 받지 않는다면 갈등의 소용돌이 속에서 와해되어 버릴 수 있다. 그러나 다행히 인간은 이성을 갖고 정치공동체를 만들어 파멸로 치닫지 않는다. 마르실리우스는 정치공동체가 자기충족적이고 좋은 삶의 유지라는 목적을 실현하기 위해서는 평화가 이루어져야 하는 바, 이는 법을 통해 가능하다고 말한다. 마르실리우스에게 있어, 법(ius)이란 정의롭고 이로운 것의 기준이다. 법은 개인 인간보다 감정적으로, 지적으로 우월하다. 법이 없다면 인간은 옳은 판단을 하지 못하므로 법을 필요로 한다. 이에 법을 만드는 사람, 즉 입법자가 요청되는데 누가 입법자가 될 것인지는 매우 중요한 문제이다. 법은 입법자의 명령, 승인 혹은 금지에 따라 만들어지기 때문에 더욱 그러하다(Marsilius 1980, II xii 10−11). 다시 말해, 마르실리우스에게 있어 법은 입법자의 의지와 다름 아니다. 이런 점에서, 입법자는 어느 상위자도 두지 않는 최고의 주권자(the sovereign)이다. 마르실리우스와 중세의 주석학자에게 있어 정치공동체의 최고의 권위는 법을 만드는 권위를 가리킨다.

법에 대한 마르실리우스의 인식은 매우 인간적, 세속적이다. 아퀴나스와 같은 중세의 대표적인 사상가들은 법을 만드는 권위의 근원이 하느님에게 있다고 보며, 법이란 하느님이 명하는 바라고 생각한다(Aquinas 1882, 1a2ae). 하느님의 법으로부터 연유하는 정치공동체의 세속법의 근거도 인간이 아니라 하늘에 있다고 간주한다. 대조적으로, 마르실리우스는 법의 절대적 기준이 하느님, 신법에 있음을 인정하지만(Marsilius 1980, II xii 9), 세속법의 근원은 인간에게 있다고 주장한다. 마르실리우스는 정치공동체의 법을 만드는 권위의 인간적 기원을 주장한다는 점에서 세속적이다(Marsilius 1980, II viii 4).

마르실리우스가 상정한 입법자, 법을 만드는 주체가 인간이라면 구체적으로 인간 입법자는 누구를 가리키는가. 마르실리우스에 의하면,

"법의 최초이자 올바른 동력인(efficient cause)이 되는 입법자는 전체 시민(the whole body of citizens) 혹은 시민 총회에서 이루어지는 선거나 구두로 표현되는 의지를 통해 구성되는 시민의 유력자(the weightier part)이다…전체 시민이나 시민의 유력자는 법을 직접 만들거나 혹은 입법 행위를 누군가에게 위탁한다. 후자의 경우 절대적인 의미의 입법자는 아니며, 최초의 입법자 권위에 따라 얼마 동안 임무를 행하는 상대적인 의미의 입법자이다."(Marsilius 1980, I xii 3, III ii 9–10).

앞에서도 언급했듯이, 마르실리우스 사상에서 입법자는 전체 시민과 유력자이며 이들이 법을 만드는 권위를 갖고 있다. 여기서 우리를 주목하게 하는 것은 유력자란 누구인가이다. 퀼레와 윌크스는 유력자란 소수의 시민, 예컨대 통치 능력을 가진 지배자나 당시 황제 선출권을 가졌던 칠인의 선제후를 의미한다고 주장한다(Quillet 1988, 560; Wilks 1963, 195–96). 이런 이유로, 퀼레나 윌크스는 마르실리우스 사상에는 인민주권과 같은 근대적 특성이 있지 않다고 본다. 이들과 달리, 필자는 마르실리우스의 유력자 개념에는 인민주의적 함의가 담겨 있다고 본다. 유력자는 법의 준수와 맡은 역할의 수행을 통해 정치공동체의 유지와 평화에 기여한다는 점에서 유력하다고 말해지며, 이와 같은 유력한 자질은 소수의 지배자에게만 가능한 것이 아니라 정치공동체의 전체 구성원, 시민 전체에게도 찾아질 수 있기에 인민주의적 함의를 갖고 있다(이화용 2001a, 62–65). 이러한 이해를 근간으로 할 때, 전체 시민과 유력자는 정치공동체를 평화롭게 유지해야 한다는 목적을 공유하는 동일한 집단으로 볼 수 있다. 마르실리우스의 경우, 법을 만들고 강제력을 갖는 입법자는 전체 시민이다. 때로 입법자의 권위는 지배자에게 부여될 수 있는데, 그 권한을 위임받은 지배자는 전체 시민의 뜻을 읽고 실천할 수 있는 자이다.

마르실리우스의 황제는 유력자의 역사적 실체이다. 그렇다 해서, 황제의 주권이 배타적으로 영원히 보장되는 것은 아니다. 인민이 자신의 본래 권한을 황제에게 이양한 후, 황제는 인민의 정치적 대리인이 되었다. 마르실리우스는 어떻게 인민 혹은 로마 인민이 정치적 권력의 근원이 되는지를 다음과 같이 밝힌다.

> "지고의 인간 입법자는, 그리스도 시대부터 지금에 이르기까지, 그리고 그 시대 이전에도, 각 지역과 지방에서 강제력의 법에 따르는 인간 공동체(universitas) 혹은 그들의 유력자이었고, 이며, 이어야 한다…황제 혹은 로마 시민의 권위와 권력은 작은 공동체로부터 보다 큰 공동체에 이르기까지 전체 인민에 의해 주어진 것이다" (Marsilius 1993, DM Ch. 12, 1).

마르실리우스는 정치체의 크기나 장소에 상관없이, 정치적 권위의 근원은 정치체 구성원으로부터 연유한다고 한다. 따라서, 황제 혹은 로마 인민의 권위나 권한은 그 조직을 구성하는 전체 인민에 의해 주어진다. 마르실리우스도 역사적으로 황제가 칠인의 선제후에 의해 선출됨을 알고 있었다(Marsilius 1980, II xxvi, 5). 그러나 황제주의 해석과 달리, 마르실리우스는 황제의 정치적 권위의 기원이 선제후가 아니라 전체 시민 혹은 인민에게 있다고 보았다. 이는 마르실리우스에게 있어 인민과 황제, 전체 시민과 유력자들은 입법적 권위를 갖고 정치공동체를 평화롭게 존속시킬 수 있는 역량을 갖고 있다는 점에서, 정치공동체의 유지라는 보편성을 지향한다는 점에서 그러하다.

> "전체 시민과 그 유력자들은 동일한 것으로 간주되어야 한다. 이들은 무엇이 행해져야 하고, 금해야 하는지를 개별적인 인간들보다 더욱 잘 분별할 수 있다."(Marsilius 1980, I xiii 2)

마르실리우스의 입법자, 정치적 권위의 소재는 전체 시민과 유력자에게 있다. 마르실리우스의 유력자는 특정 지배자를 의미하는 귀족적 함의를 갖지 않고 전체 시민 혹은 인민 속에서 통합될 수 있기에, 마르실리우스 사상에서 근대적 의미의 인민주권론의 태동이 가능하다.

V. 맺음말

마르실리우스가 중세의 단단한 벽을 깨고 정치적 권위의 원천으로서 인민을 전면에 내세울 수 있었던 데는 역설적으로 황제와 교황의 역할이 컸다. 마르실리우스의 교황에 대한 강력한 도전과 맞물려 제국과 도시국가의 관계는 전체 시민 혹은 인민의 등장을 가능케 하고 인민의 위상을 제고하였다. 마르실리우스 사상에서 전체 시민 혹은 인민은 정치공동체의 주권, 즉 입법적 권위를 갖는 최고의 지배자이다. 그렇다 해서 마르실리우스가 인민주권론의 완전체를 제시한 것은 결코 아니며, 그의 전체 시민 혹은 인민에 대한 이해 또한 제한적이다. 마르실리우스는 오늘날 인민주권론에서 제시되는 무차별의 인민을 상정한 것은 아니었다. 마르실리우스의 시민 범주에는 어린아이, 노예, 외국인과 여자 등이 제외된다(Marsilius 1980, I xii 4). 그럼에도 마르실리우스의 인민 개념은 중세의 그것과 차별성을 보인다. 서양 중세 저술가, 교회법학자, 신학자들은 대체적으로 populus와 plebs을 구분하였다. 일반적으로 populus는 수월성을 가진 사람들을 지칭하는 반면, plebs은 보통 사람들을 의미하여 특권층들을 포함하지 않는다(Monahan 1987, 87). 당시 people과 plebs의 기준이 태생에 의한 것이었다면, 마르실리우스에게 있어 전체시민 혹은 인민의 구성은 정치공동체의 지속 여부와 관련이 있다. 마르실리우스는 정치공동체를 유지시킬 수 있는 능력과 의지를 갖고 있다면 전체 시민 혹은 인민이 될 수 있다고 보았다. 그 범수에서 노예, 여자, 외국인 등은 애초에 탈락되었으나, 아리스토텔레스와는 달리 마르실리우스는 농부와 장인들을 시민의 범주에 넣었다. 마르실리우스가 정치체의 지속을 원치 않는 자들을 노예라 칭했을 때 노예는 일차 탈락된 노예와는 다른 부류이다. 시대적 한계를 갖고 있지만, 마르실리우스 사상에서 나타난 전체 시민의 이해는 당대의 것보다 포괄적이고, 제국과 도시국가, 황제와 시민을 대립적으로 구분하지 않고 그들을 아우르는 정치적 통합성을 보이며 보편적 존재로서 인민을 개념화하였다.

14세기에 살았던 마르실리우스가 인민에 대한 포괄적 이해를 하고 있었다 할지라도 정치공동체 운영의 밑그림으로 근대 인민 주권을 상상하지는 못했을 것이다. 그렇다 하더라도, 스트라우스처럼 마르실리우스의 인민주권 개념을 반 성직자론 제기를 위해 나온 역사적 우연(Strauss 1964, 234)으로 치부하는 것은 마르실리우스 사상에 대한 역사적 이해가 결여된 몰역사적 평가이다. 역사적 우연도 무에서 시작되지 않는다. 마르실리우스의 교황에 대한 도전이 황제의 위상을 제고시키는 것으로 끝날 수도 있었지만, 그는 제국과 도시국가의 관계를 대립적이 아닌 법적, 실제적 동반자로 연결하였다. 시대를 앞선 마르실리우스의 사유는 교황과 교회권력을 비판하면서 더욱 드러났다. 마르실리우스는 전체 시민 혹은 인민이 정치적 권위의 기원임을 주장한다. 그러나 유력자나 황제도 정치공동체의 평화에 기여한다면 정치적 정당성을 가질 수 있으며, 이런 의미에서 전체 시민과 유력자는 같은 반열의 정치적 행위자라 이해한다. 대조적으로, 마르실리우스는 교회 영역에서는 교회란 전체 신자의 집합체이고 사제와 비사제 모두 동등함을 주장하나, 교황의 통치 정당성은 인정하지 않는다.

전체 시민을 입법적 권위를 가진 최고 지배자로 상정하는 마르실리우스의 인민주권론은 정치공동체의 평화 유지라는 과제를 안고 있는 14세기 정치적 환경에서 태동되었다. 마르실리우스 인민주권론의 핵심은 물질적으로, 도덕적으로 좋은 삶을 가능케 하는 정치공동체의 존속에 기여하는 전체 시민이라는 보편적 정치 행위자의 등장에 있다고 본다. 마르실리우스 사상에서 전체 시민으로 표현된 인민은 근대적 의미의 개인 집합체도 아니며 수적으로도 다수를 지칭한다고 보기도 어렵다. 그럼에도 마르실리우스의 전체 시민은 배타적인 일자 지배(교황)에 대한 정치적 도전의 상징이며, 집합적 의사 결정의 주체라는 점에서 그 의미가 결코 적지 않다.

서론에서 언급했듯이, 오늘날 인민주권론은 보편성을 담보하지 않는 당파들의 정치적 도구로 사용되는 경향이 있다. 인민이라는 명칭으로 모든 정치적 행위가 정당화될 수 없다. 인민주권론의 본질, 즉 정치체 구성원의 실제적인 정치적 주권 행사와 자의적 지배에 대한 제어가 인민주권의 수사(rhetoric)만으로 저절로 이루어지는 것은 아니다. 오늘날 인민은 훨씬 복잡해지고 의견과 지향도 달라져 무엇이 인민의 뜻이냐를 알아내는 것도 점점 어려워지고 있다. 다양해진 인민의 이해관계와 그것을 통합할 수 있는 정치의 부재와 인민주권의 도구화에 대항하여, 인민주권의 주체인 우리는 정치공동체의 평화 유지를 위해 어떠한 노력과 기여를 하고 있는가. 마르실르우스의 인민주권 담론을 통해 우리 스스로 이를 묻고 성찰할 때이다.

참고문헌

이경구. 2000. 『중세의 정치 이데올로기』. 서울: 느티나무.

이동수. 2015. 『정부의 재발견』. 고양: 인간사랑.

이화용. 2001a. "중세에서 근대로?: 마르실리우스(Marsilius of Padua) 인민주권론에 관한 하나의 역사적 이해." 『정치사상연구』 5집, 55–79.

이화용. 2001b. "마르실리우스(Marsilius of Padua)의 정치대표론: 시민권, 권력전이 그리고 정치의 회복." 『한국정치학회보』 35권 4호, 7–28.

Allen, J. W. 1923. "Marsiglio of Padua and Medieval Secularism." In *The Social and Political Ideas of Some Great Medieval Thinkers*, edited by Fossey John Cobb Hearnshaw, 167–191. London: Harrap.

Aquinas, Thomas. 1882. "Summa Theologiae." In *Opera Omnia Iussu Impensaque Leonis XIII Edita, Vol. V.* Rome.

Aristotle. 1998. *Politics*, translated by E. Barker, rev. edn. Oxford: Oxford University Press.

Barraclough, Geoffrey. 1969. *The Medieval Empire: Idea and Reality*. London: The Historical Association.

Dante. 1996. *Monarchy*, translated by Prue Shaw. Cambridge: Cambridge University Press.

Ferente, Serena. 2016. "Popolo and Law: Late Medieval Sovereignty in Marsilius and the Jurists." In *Popular Sovereignty in Historical Perspective*, edited by Richard Bourke and Quentin Skinner, 96–114. New York: Cambridge University Press.

Folz, Robert. 1969. *The Concept of Empire in the Western Europe from the Fifth to the Fourteenth Centuries*. London: Edward Arnold.

Gewirth, Alan. 1951. *Marsilius of Padua and Medieval Political Philosophy, Vol. I.* New York: Columbia University Press.

Kelley, Donald R. 1990. *The Human Measure: Social Thought in the Western Legal Tradition*. London: Harvard University Press.

Kristeller, Paul Oskar. 1979. *Renaissance Thought and Its Sources*. New York: Columbia University Press.

Lagarde, Georges de. 1970. *La Nassaince de l'Esprit Laïque au Déclin du Moyen Age, Vol. III: Le Defensor Pacis*. Louvain: Éditions Nauwelaerts.

Lee, Hwa-Yong. 2008. *Political Representation in the Later Middle Ages: Marsilius in Context*. New York: Peter Lang.

Maiolo, Francesco. 2007. *Medieval Sovereignty: Marsilius of Padua and Bartolus of Saxoferrato*. Delft: Eburon.

Marsilius of Padua. 1980. *Defensor Pacis*, translated by Alan Gewirth. New York: Columbia University Press.

Marsilius of Padua. 1993. *Writings on the Empire: Defensor Minor and De Translatione Imperii*, translated by Cary J. Nederman. Cambridge: Cambridge University Press.

McIlwain, Charles Howard. 1932. *The Growth of Political Thought in West: From the Greeks to the End of the Middle Ages*. New York: Macmillan.

Monahan, Arthur P. 1987. *Consent, Coercion and Limit: The Medieval Origins of Parliamentary Democracy*. Kingston: McGill-Queens University Press.

Nederman, Cary J. 1995. *Community and Consent: The Secular Political Theory of Marsiglio of Padua's Defensor Pacis*. Lanham, Md.: Rowman & Littlefield.

Pennington, Kenneth. 1993. *The Prince and the Law 1200-1600: Sovereignty and Rights in the Western Legal Tradition*. Berkeley: University of California.

Previté—Orton, C. W. 1935. "Marsilius of Padua." *The Proceedings of the British Academy* 21: 137—183.

Quillet, Jeannine. 1970. *La Philosophie Politique de Marsile de Padoue*. Paris: Librairie Philosophique J. Vrin.

Quillet, Jeannine. 1988. "Community, Counsel and Representation." In *The Cambridge History of Medieval Political Thought c. 350-c. 1450*, edited by J. H. Burns, 520—572. Cambridge: Cambridge University Press.

Rubinstein, Nicolai. 1965. "Marsilius of Padua and Italian Political Thought of His Time." In *Europe in the Later Middle Ages*, edited by J. R. Hale, 44—75. London: Faber & Faber.

Skinner, Quentin. 1978. *The Foundations of Modern Political Thought, Vol. I, II*. Cambridge: Cambridge University Press.

Skinner, Quentin. 1988. "Political Philosophy." In *CHRP*, edited by Charles B. Schmitt, Eckhard Kessler and Quentin Skinner, 389—451. Cambridge: Cambridge University Press.

Strauss, Leo. 1964. "Marsilius of Padua." In *The History of Political Philosophy*, edited by Leo Strauss and Joseph Cropsey, 235—238. Chicago: Chicago University Press.

Waley, Daniel. 1988. *The Italian City Republics* (3rd ed.). London: Longman.

Wilks, Michael. 1963. *The Problem of Sovereignty in the Later Middle Ages*. Cambridge: Cambridge University Press.

3장 자치권: 역사적 확대 과정을 중심으로*

김태영

Ⅰ. 들어가는 말

지방자치제도가 본격 부활한 지 30여 년이 지났지만, 여전히 지방자치가 우리에게 도움이 될 수 있는가에 대하여 의문을 제기하는 경우가 있다.[1] 이 의문에 대하여 답을 찾기 위해서는 우선 '도움이 된다'

---

* 이 글은 『OUGHTOPIA』 35권 2호(2020)에 게재된 "자치권의 확대에 대한 이해와 오해: 역사적 고찰"을 수정·보완한 것이다

1 정재현(조선일보 14/12/09, A35)은 사설을 통하여 대통령소속 지방자치 발전위원회의 의견을 인용하여 지방자치와 역행하는 개선안을 제시했다. 군의회, 구의회가 행정 감시를 제대로 하지 못하면서 예산만 낭비한다고 지적하며, 이의 폐지를 제시했다. 사설 말미에 "우리 실정에 맞는 지방자치제를 만들어야

는 말의 의미가 무엇인지에 대하여 고민할 필요가 있다. 다음으로 혹시 지방자치가 별 도움이 되지 않는다면, 지금에라도 철회하고 중앙집권으로 다시 돌아가야 한다는 것인지에 대하여도 진지한 논의가 필요할 것이다. 우선 도움이라고 한다면 대체로 경제적 가치(economic value)를 지칭하는 것으로 이해된다.[2] 지방자치에 대하여 부정적인 입장을 보인 주장의 대부분은 행정의 비효율성과 낭비적 요인을 지적한다. 말하자면 지방자치는 경제발전에 도움이 되지 않는다는 것이다. 그런데 만약 지방자치가 경제발전에 도움이 되지 않는다면 철회해야 할 것인가? 이 질문에 대한 답을 구하고자 하는 것이 본 연구의 핵심이다. 그런데 자치권의 확대가 과연 경제발전 등 그 무엇을 위한 수단(means)인가? 아니면 경제발전 등과 상관없이 그 자체 추구되어야 할 목적(ends)인가를 밝힌다면 본 연구의 목적은 의외로 쉽게 달성될 수 있을 것이다. 본 연구는 자치권의 확대가 수단이 아니라 그 자체 목적이라고 우

한다" 고 지적했는데, 사실상 한국적 지방자치제의 도입을 권고한 셈이다. 과거 한국적 민주주의에 대한 논의와 마찬가지로 한국적 지방자치는 더 이상 지방자치가 아닐 수도 있다는 점에서 향후 추가적인 논의가 필요하다.

2 '도움'이라는 말의 의미는 효용이라는 경제학적 개념을 의미하기도 하고, 행복이라고 하는 철학적 개념을 의미하기도 한다. 19세기 공리주의자들이 효용의 극대화가 미덕이라고 했을 때, 사실 효용의 개념을 정확히 표명하지 못했다. 벤담은 오히려 행복이라는 형이상학적 개념을 사용함으로써 공격은 덜 받았지만 유용하지 못한 공리주의를 주장하고 말았다. 훗날 utility를 효용으로 번역하고, 효용을 경제적 이익으로 치환하여 이해하자고 동의함으로써 공리주의 철학은 경제학의 발전과 함께 큰 관심을 받았다. 본 연구 역시 일반인들이 막연히 거론하는 '도움'을 경제적 가치로 이해하기로 한다.

선 단정한다. 따라서 연구를 통하여 만약 자치권의 확대가 그 자체 목적이라는 점이 설득될 수 있다면 자치권의 확대와 지방자치제도에 대한 논쟁은 일단락될 것으로 기대한다. 설령 지방자치가 경제발전에 도움이 되지 않는다고 하더라도 추구해야 할 목적 가치이기 때문이다.

한국사회에 지방자치제도가 본격적으로 도입된 것은 1991년 지방의회의 설치를 기준으로 보는 것이 적절하다.[3] 1949년 제헌 헌법에 기초하여 지방자치제도가 최초로 도입되어 실제 운영되기도 했지만, 파행의 연속이었고 1961년 군사 쿠데타 이후 중지되었으며, 1987년 헌법에 기초하여 1991년 지방의회가 설치되고 1995년 최초로 지방자치단체장이 선출되었다. 지방자치제도가 부활한 지 거의 30년이 지났음에도 불구하고 전술된 바와 같이 여전히 지방자치제도의 유용성에 대한 논쟁이 끊이지 않고 있다. 지방자치가 이념화되어 누구도 선뜻 지방자치제도의 폐지에 대해서는 직접적으로 언급하지는 않고 있지만, 제도 운영과정에서 아직도 지방자치제도의 폐해를 지적하는 논의들이 많다.[4]

---

3 헌법 제117조에 지방의회를 둔다고 명시되어 있다. 지방의회 구성을 위한 최초의 선거는 1991년에 시행되었다. 지방자치에 대하여 올바른 인식을 갖고 있지 않은 일부는 민선단체장의 등장 시점인 1995년을 지방자치제도의 부활 연도라고 주장하기도 한다.

4 지방자치단체장들이 사법 처리되는 건수가 여전히 보도되고 있으며, 특히 지방의원들의 퇴행적 행태가 공분을 사고 있는 것도 따지고 보면, 지방자치제도의 실효성에 대한 부정적 이미지를 증폭시키려는 측면도 있다. 전북, 대구, 충북 등 전국 곳곳에서 지방의원의 갑질 행태와 공주시, 고양시 의원들의 음주운전 등 지방의회의 일탈과 탈법 등이 크게 문제되고 있다고 한다(한종구

한국사회에서 자치권의 확대와 관련된 논의는 크게 두 입장으로 나뉜다. 자치권의 확대는 곧 민주주의의 확장을 의미하기 때문에 그 자체로 소중한 가치라는 입장이다. 또 하나의 관점은 자치권의 확대를 통하여 국가발전이 기대된다는 것이다. 1987년 헌법 제117조와 제118조에 지방자치제도 도입 관련 조항이 명시된 이래 자치권의 확대는 신성시 되었다. 1991년 지방의회의 설치 이후 지방자치제도가 정착되어 가는 과정에서 자치권의 확대는 그 자체 목적이 아니라 국가발전에 기여할 수 있다는 관점에서 논의되기 시작했다.[5] 문재인 정부가 연방제에 버금가는 수준의 자치분권을 이루어 내겠다고 선언한 것도 역설적으로 보면, 그동안 지방자치에 대한 열망과 진척이 크게 성과를 거두지 못했음을 반증하는 것으로 볼 수 있다. 가장 큰 이유는 자치권의 확대 논리를 국가발전의 수단으로 간주하는 것에서 찾을 수 있을 것으로 본다. 지방이 발전해야 국가가 발전한다는 논리를 진보정부와 보수정부를 가리지 않고 정부 구호로서 외치고 있지만 정작 국가사무와 지방사무의 배분비율, 국세와 지방세의 비율 등 실제 통계를 살펴보면 여

2019). 사실이지만 이러한 보도에 기초하여 지방의회 무용론이 등장한다는 멘트도 더해져 있는데, 어떤 현상을 부정적으로만 인식하기 시작하면 끝이 없을 수 있다. 엄격한 법적 처리를 해야 맞는 부분과 지방의회 무용론과는 여전히 거리가 있어 보인다. 총 3,751명에 달하는 지방의원들 모두가 이에 해당되는 것은 아니기 때문이다. 이에 대한 논의도 지방자치제도를 인식하는 방식과 오히려 밀접한 관련이 있다.

5 정부혁신지방분권위원회, 지방자치 발전위원회, 자치분권위원회가 추진해 온 각종 지방자치 종합계획안의 기본 정신에 이와 같은 수단으로서의 자치권의 확대 논리가 담겨있다.

전히 국가발전은 중앙정부가 주도해야 한다는 믿음이 형성되어 있는 것으로 판단된다.[6]

말하자면, 지방자치의 추가적인 활성화를 통하여 국가발전이 기대될 수 있다는 주장에 대하여 여전히 불신을 갖고 있다는 것이다. 자치권의 확대를 수단으로 인식하고 있는 한, 지방자치가 국가발전에 도움이 되는지에 대한 고민을 암묵적으로 하게 된다. 이 경우 지방자치가 국가발전에 도움이 되지 않을지도 모른다는 단 하나의 통계만 제시되어도 지방자치의 강화에 대한 주장은 위축된다. 예컨대, 지방자치의 핵심축 중의 하나인 지방의회가 활성화되어 제 역할을 다하기 위해서는 정책지원인력에 대한 보강이 반드시 필요하지만 예산상의 이유로 공감대가 형성되지 않고 있다. 더군다나 여전히 지방의회 사무국 직원에 대한 인사권이 지방자치단체장에게 맡겨져 있고, 이는 예산의 문제도 아니지만 개선을 위한 노력은 소극적이다.[7] 아이러니컬하게도 지방자치단체장 역시 지방 고유의 인사·조직권을 중앙정부로부터 온전히 이양 받지 못하고 있는 실정인 것을 보면, 우리 사회가 자치권의 확대를 어떻게 인식하고 있는지 짐작할 수 있다.[8]

---

6 국가사무와 지방사무의 구분이 모호하지만 대략 67%: 33% 정도로 보고되고 있으며, 국세와 지방세의 비율은 2019년 말 현재 아직도 78%:22% 정도이다.

7 2019년 국회에 제출된 지방자치법 전부개정(안)의 내용 중에 이와 같은 부분을 시정하려는 노력이 담겨있기는 하지만 결국 법안 통과는 불발되었다.

8 온라인 행정학 사전(2020)에 의하면 자치권은 지방자치단체가 일정한 지역과 주민을 지배하고 그 소관업무를 자신의 책임 하에 처리하기 위해서는 내부적인 지방자치권이 필요하게 되는데, 지방자치권이라 함은 지방자치단체가 그

정리하면, 최근 자치권의 확대 논의가 답보 상태에 놓인 가장 근본적인 이유는 자치권의 확대를 그 자체 목적으로 삼지 않고 수단으로 인식하고 있다는 점이다.[9] 국민의 절반 정도가 여전히 지방자치에 대하여 불신하고 있다고 하는 주장도 있다. 그 결과 지방자치제도가 반쪽짜리로 운영되고 있으며, 단체장을 선출한다는 것 외에는 과거와 크게 달라진 바가 없다는 주장도 이와 같은 맥락에서 제기된다. 말하자면 우리는 지방자치제도를 형식적으로만 도입하고 있으며, 불필요한 인력과 예산 낭비만 유발한다는 것이다. 물론 지방자치의 긍정적 효과를 강조하는 주장도 상당수 확인된다. 권력이 주민 가까이 있기 때문에 민주성이 효과적으로 확보될 수 있으며, 주민 친화적 행정이 기대된다는 점이다. 어쨌거나 지방자치제도 부활 30여 년을 앞두고도 이와 같은 찬반 논쟁이 있다는 점은 짚고 넘어가야 할 문제일 것이다. 전술된 바와 같이 본 연구는 자치권의 확대가 과연 수단인가? 아니면 그

존립 목적으로 실현하기 위하여 가지는 일정한 범위와 권능을 말한다. 지방자치권의 본질에 대해서는 고유권설, 전래권설, 제도보장권설 등 다양하나 지방자치권을 국가에 의하여 제도적으로 보장된 일정한 범위의 자율적 통치 권능이라고 보는 제도보장권설이 통설이다. 세부적으로는 자치입법권, 자치조직권, 자치재정권, 자치행정권으로 이루어져 있다.

9 지방자치의 성과에 대하여 줄곧 질문을 하는 이유도 따지고 보면, 지방자치를 통하여 우리가 실질적으로 얻는 것이 무엇인지를 확인하고 싶어 하는 것이다. 그렇다면 독재 시대를 지나 민주사회에 살고 있는 우리가 그 시대와 비교하여 실질적으로 무엇을 얻었는지에 대한 질문도 해야 할 것이다. 혹자는 독재를 통하여 더 비약적인 경제발전이 기대될 수도 있다고 주장하며, 흔히 박정희 정부의 성과를 이와 같은 논리로 정당화한다.

자체 목적인가에 대한 근본적인 질문에 대하여 답하고자 하며, 그 과정에서 한국 사회가 지방자치제도에 대하여 고민하고 있는 부분에 대하여 답하고자 한다.

Ⅱ. 이론적 논의

1. 직관주의와 공리주의 관점: 자치권의 확대는 목적인가? 수단인가?

직관주의(intuitionism)란 사물이나 현상을 이해할 때 순전히 인간의 이성(reason)에 기초하여 판단하는 것을 총칭하여 일컫는 철학 사조로서 공리주의와 자주 대비된다. 공리주의(utilitarianism)란 판단의 근거를 인간 이성에 두지 않고 추구해야 할 특정 가치(utility)에 둔다. 공리주의 창시자로 알려진 벤담은 그 가치를 행복(happiness)이라고 모호하게 설정함으로써 공리주의의 실효성을 처음부터 저하시킨 것으로 보인다. 후세에 그 가치는 경제적 가치(economic value; utility)로 대체됨으로써 공리주의 철학은 당대를 넘어 현재까지도 큰 파괴력을 지니게 되었다. 예컨대, 우리 모두의 경제적 이익(economic development)을 극대화시킬 수만 있다면 어떤 일도, 어떤 방식도 허용될 수 있다는 정당성(legitimacy)이 확보될 수 있다. 더 나아가 그 일은 옳은(right) 것으로 둔갑될 수도 있다.[10] 극단적인 예를 들면 다소의 인권 침해가 공동체 전체의 경제적 이익을 더 증가시킬 것으로 기대된다면 인권은 침해되어도 된다는 논리다. 또한 적절한 부패라도 공동체 전체의 경제적 이익을 더 증가시켜줄 것으로 기대된다면 부패라도 허용되는 것이 정의롭다는 것이다. 극단적인 예들이지만 모호한 직관주의보다는 실효성이 있어 보인다. 한편 직관주의에 의하면 무엇이 옳고 무엇이 그른 일인가를 판단하는 제3의 기준은 존재하지 않으며 그 자체 인간의 순수 이성에 근거해서 판단되어야 한다고 보는 입장이다. 예컨대, 어떠한 경우라도 부패는 옳지 않은 것이며, 근절하려 노력하는 것이 정의로운 일이라고 한다. 부패가 옳은 것인지 그른 것인지를 판단하는 기준은 오로지 인간의 직관(intuition)이라는 것이다. 직관은 합리적 이성(reason)에 근거하며, 이는 양심의 준거라고도 한다.[11]

한 사회의 공리 또는 효용(utility)을 증진시켜줄지 여부에 따라 어

---

10 Moore(1922)는 윤리학 원리(Principia Ethica)에서 자연주의적 오류(naturalistic fallacy) 개념을 활용하여 공리주의의 맹점을 지적한다. 옳은 것(rightness)과 좋은 것(goodness)은 명백히 다른 것이며, 좋은 것의 극대화를 통하여 옳은 것이 결코 될 수 없음을 논증했으며, 훗날 경제적 효용의 극대화를 통하여 자칫 옳음이 훼손될 정당성을 사전에 지적하고자 했다.

11 임마누엘 칸트는 인간의 이성 그 자체가 지닌 구조와 한계를 지적하면서도 인간의 이성에 기초하여 보편적 법칙을 확인할 수 있다고 믿은 것으로 평가된다. 그의 저작 순수이성 비판, 실천이성 비판 등은 훗날 직관주의(intuitionism) 철학으로 명명되며 하나의 철학 사조를 이룬다. 인간의 합리적 이성에 기초하여 직관에 의하여 옳고 그름을 판단할 수 있으며, 어떤 경우에는 증명이 필요없는 그 자체로 추구해야 할 보편적 목적이 있음도 강조했는데, 본고에서는 자치권의 확대가 칸트가 지칭하는 옳음의 영역에 속하는지를 확인하고자 한다.

떤 행위가 옳은(right)것인지, 또는 그른(wrong)것 인지를 판단할 수 있다면, 이 기준은 매우 유용할 것이다. 효용은 행복 또는 경제적 번영 등 다양하게 해석되고 있지만, 결국 구성원들이 '원하는 것'이라고 규정하는 것이 가장 적절하다. 구성원 각자는 다양한 효용 함수(utility function)를 갖고 있기 때문에 일괄적으로 효용의 크기를 측정하는 것은 불가능하지만, 그들에게 어떤 행위에 대하여 묻는 방식으로 선호체계(preference system)를 도출해 낼 수는 있다. 개인의 효용함수를 수평으로 합하면(horizontal sum) 사회의 효용함수(social utility function)가 도출된다. 사회의 효용함수를 극대화하면(maximized) 그 사회가 원하는 것이 하나의 단일 함수(social demand function)로 표시될 수 있다. 남은 과제는 함수 값의 극대화를 위한 선택을 확인하면 된다. 어떤 행위가 우리 사회에 총체적으로 도움이 될 것인지의 여부가 수치로 확인될 수 있다. 달리 표현하면, 다른 행위는 사회에 도움이 되지 않을 수도 있다는 것이며, 이 또한 수치화되어 확인 가능할 것이다. 20세기 경제학 연구의 추세는 효용함수를 탐색하고, 탐색된 효용함수를 극대화하는 작업에 집중되었다.[12] 결국 공리주의 역시 논리적으로는 옳고 그름을 쉽게 판단할 수 있는 유용한 도구로 인식되지만, 현실적으로는 직관주의자들이 직면한 어려움에 직면하게 되었다고 판단된다. 어떤 단계에서

12 21세기 경제학의 추세는 효용함수를 다양한 방식으로 도출할 수 있다는 것이며, 그 결과 객관적인 효용함수의 도출 자체가 쉽지 않다는 분위기가 주류를 이루고 있다. 행동경제학, 게임이론 등이 대표적이다. 최근 정보경제학 등은 이와 같은 분위기를 가속화하여 문제를 더욱 어렵게 하는 경향이 있다.

는 반드시 인간의 주관적 판단이 개입될 수밖에 없으며, 그 주관적 판단이라는 것도 결국 인간 이성(reason)에 기초한다는 점에서 직관주의와 동일할 수도 있다.[13]

공화국의 등장 논리가 공리주의 철학에 근거한 것인지, 아니면 그 자체 인류가 추구해야 할 목표로서의 가치에 근거한 것인지를 물어야 한다. 공화국의 등장을 공리주의적 관점에서 이해하려 한다면, 자칫 독재도 정당화될 수 있다. 만약 독재가 더 큰 번영을 보장한다면 독재도 허용될 수 있는가? 아니면 어떠한 경우에도 독재는 정당화될 수 없는가? 또는 어떠한 경우에도 공화정은 포기되어서는 아니 되는가? 공리를 어떻게 이해하는 것이 타당한가? 공리(utility)는 효용으로 번역되기도 하며, 사람들이 선호하는 것과 그 수준을 의미한다고 전술했다. 사람들이 선호(preference)하는 것은 무엇인가? 사람에 따라 선호하는 바가 다르기 때문에 일반적인 효용함수를 도출하는 것은 불가능하다고도 전술했다. 그러나 공리주의 추종자들은 인간의 선호품목을 화폐로 표시하는 묘수를 고안해 냈다고 판단된다. 말하자면 돈을 많이 벌 수 있게 해준다면 독재가 허용될 수도 있다는 것이 진화된 공리주의 철학이라고 할 수 있다.[14] 공화정 역시 돈을 많이 벌 수 있게 해준다는

---

13 Rawls(1971)는 직관주의와 공리주의 간 절충점을 모색하려 시도했으며, 나름의 대안을 제시하기는 했다. 그러나 결국 인간이성으로 회귀하는 경향을 보이고, 제자인 마이클 센델 교수 역시 공리주의를 비판하는 쪽으로 돌아선 것으로 보인다.

14 김태영(2006)은 정부혁신이 경제적 가치를 기준으로 추진되어서는 곤란하다고 했다.

전제 하에 허용되어야 한다는 논리도 피할 수 없게 되고 만다. 그렇다면 공동체의 경제적 번영이 기대된다면 독재도 허용될 수 있어야 한다는 논리를 어떻게 받아들여야 할 것인가? 반대로 경제적 번영과 상관없이 과연 공화정은 그 자체로 선이자, 추구되어야 할 가치인가? 인류 역사상 어떤 계기로 어느 시점에서 공화정이 보편적 국가운영 시스템으로 받아들여졌는지를 살펴보면 위 질문들에 대한 답이 구해질 것이다.[15] 후술되겠지만, 공동체의 주인이 나 자신이라는 사실을 인지하기 시작하면서 공화정이 관심을 받기 시작했다. 아울러 인간의 본질에 대한 깊은 성찰 역시 공화정에 대한 관심을 유도하기 시작한 것으로 보인다.[16] 예컨대, 미국독립선언 과정에서 알려진 것처럼 경제적 가치보다

---

15 본 연구의 핵심 질문인데, 저자는 그 기원을 중세 말기에서 찾고자 한다. 12-13세기 경제 도시의 등장과 밀접한 관련이 있다고 판단되는데, 시민의 경제적 역량이 증진되어 주권에 대한 관심도 생기기 시작하고, 동시에 자치권에 대한 관심도 증폭된 것으로 판단된다. 이러한 내용은 연구 과정에서 확인될 것이다. 마르실리우스의 정치사상과 관련된 이화용(2001)도 주권에 대한 관심이 이 시기에 태동되었다고 밝힌 바 있는데, 공간 개념이 적용된 자치권에 대한 논의는 누락되어 있다. 엄밀히 말하면 인민주권 개념보다 지역에 기초한 자치권 개념이 선행되었을 가능성도 배제할 수 없다. 상공업의 발달로 인해 도시경제가 활성화되면서, 추가적인 경제적 성공을 위해서 가장 필요했던 것이 도시 중심 자치권의 확보였기 때문이다. 후술될 플렌스부르크의 도시법이 제정된 것도 1284년이다. 도시 자치를 주장하는 것으로서 경제발전에 대한 관심으로 시작된 것이지만 치안 등 다양한 내용의 자치권이 포함되어 있다.

16 예컨대, 19세기 초중반 키르케고르로부터 시작된 것으로 알려진 실존주의 철학은 당시 시대의 산물이며, 인간이 도구가 아니라는 지극히 인간 중심의 시대사조인데, 당시 정치사상에도 영향을 미친 것으로 판단된다. 존재가 본질에 앞선다는 의미에 적합한 인간에 대한 탐구, 그리고 인간이 만들어 내는 정치

자유 그 자체가 중요하다고 인식했는데, 인류역사상 가장 온전한 형태의 공화정이 미국에서 시작되었다는 점도 이러한 맥락에서 주목할 필요가 있다.

2. 공화정의 본질과 자치권에 대한 이해

최초의 공화정은 고대 로마에서 시작되었다. 영어로 republic이라고 표현되는 공화정은 여럿이라는 뜻의 res publica에서 따온 개념으로서 공공성(publicness)을 중시한다는 것을 의미하기도 한다.[17] 한자 문화권에서는 사기에 나타난 바와 같이 주나라때 같은 의미로 공화(共和)라는 용어가 등장한다. 왕이 부재중일 때 여러 신하들이 집단지도체

적 자기 결정권에 적합한 공화정은 당시 시대사조인 인간 중심 실존주의 철학과도 연관이 있는 것으로 판단된다. 자유는 인간에게 단순히 소중함을 넘어서는 그 자체 목적이라는 점에서 공화정을 받아들이기에 충분한 시대였던 것으로 짐작된다.

17 이동수 편(2015) 제2장에서 고대 로마정에 대한 심도 있는 소개가 등장한다. 민주와 공화의 공통점과 차이를 확인해줄 목적으로 기술되고 있는데, 당시 로마 시대에는 민주와 공화가 상호 보완적으로 섞여 있는 것으로 보인다. 이동수 편(2013)의 다른 서적에서도 이 점이 강조되는데, 공화정이 공공성을 강조하고 공동선을 추구하기 위한 협력적 노력을 중시한다는 점을 밝히고 있다는 점에서 후술하게 될 공화정은 어떤 의미에서 민주주의를 내포하고 있다는 점을 미리 밝혀 둔다. 동양에서의 공화정도 공공성을 강조한다는 점에서 단순한 민주주의와는 다르다고 할 수 있다.

제를 유지하는 것을 공화제라고 불렀던 것으로 이해된다. 어쨌거나 로마시대에도 당시 정치의 주체가 시민에 제한되었기 때문에 오늘날의 공화정과는 다르지만 왕이 독재하는 것을 반대했다는 측면에서는 당시로서는 진일보한 국가 운영 시스템으로 평가된다. 원로원 중심 로마 통치 시스템을 공화정의 맹아로 이해할 수 있을지에 대한 논의는 차치하고라도 사실상 왕이 로마 시민의 여론을 의식했다는 점에서 진전된 공화정을 갖춘 것으로 평가될 수 있다. 당시 로마에서는 왕정과 공화정 간 선택의 문제가 주요 쟁점이었다. 그러나 고대 로마 공화정은 여전히 제한된 인민주권 개념에 의하여 운영된 것이었으며 원로원 의원 역시 지역을 대표하지는 못했다는 점에서 자치권의 등장과는 거리가 있다. 로마 전성기 시절 지역 대표로서 원로원 의원이 추천되기도 했지만, 현재의 지역자치와는 여전히 다른 측면이 많다.[18]

그러나 중세에 이르게 되면 비로소 개인과 지역이 동시에 주인의식을 갖기 시작한 것으로 보인다. 특히 경제 도시의 발달로 인해, 중앙으로부터 독립하려는 도시들은 자치도시(self governing cities)를 주장하게 된다. 주권재민이 먼저인지, 주권재도시가 먼저인지를 밝히는 것은

18 이동수 편(2015)에서 "민주보다 공화가 앞선다"는 표현이 등장하며, 최근 공화정에 대한 논의가 활발한데, 민주주의와 혼용되어 사용되기도 한다. 공화는 공공성 등 공익과 협력을 최우선 가치로 삼는다는 점에서 다소 기계적인 민주와는 살짝 다르다. 그러나 여전히 고대 로마 시기에는 공화를 지역과 연계하여 이해하지는 못했던 것으로 짐작된다. 원로들 간 협력을 의미할 뿐, 지역자치를 허용한 상황에서의 지역 간 협력에 대한 논의는 진척되지 않은 것으로 보인다.

쉽지 않다. 도시 내의 개인이 영주(lord)를 상대로 주권을 강조하기도 했지만, 영주는 황제(emperor)를 상대로 자치권을 주장하게 되는 복잡한 상황이 전개된 것도 중세의 특징이다. 자치권은 곧 주권재민을 의미하기도 했다는 점에서 공화정의 본질은 인민주권과 지역자치가 동시에 추진될 때 비로소 가능하며, 이는 중세도시에 대한 탐구를 통해서 확인될 수 있다.

Ⅲ. 자치권의 확대와 공화정의 진화

1. 공화정의 현재진행형

대한민국 헌법 제1조는 대한민국이 민주공화국이라는 점을 명시하고 있다. 달리 표현하면 대한민국의 주인은 국민이며, 국가는 주인의 복리증진을 위한 도구라는 것이다. 국민이 나라의 주인이라는 주장은 언제부터 시작되었을까? 국민은 과연 나라의 주인인가? 만약 이 질문에 대한 답이 긍정적이라면 자치권의 확대는 그 자체 목적임이 틀림없다. 자치권의 주체는 종국에는 개인으로 귀속되기 때문이다. 주인인 국민 개인이 스스로 통치해야 함에도 불구하고 여러 사정상 국가에 자신의 권한 일부를 양도하여 통치하도록 했을 뿐인데, 이제 여러 사정이 변경되어 권한을 되돌려 달라는 것이 자치권의 확대 논리다. 자치권의 확대 경로는 크게 두 가지 방향으로 진행되어 왔다. 하나는 정부의 권한이 수평적으로 각부 장관과 국회에 이양되는 과정을 거친다. 또 하나는 정부의 권한이 지역으로 이양되는 과정을 거친다. 이와 같은 수평적 수직적 권한 이양은 종국에는 개인에게 귀속된다. 지방자치와 관련된 자치권의 확대는 수직적 권한 이양을 강조해서 일컫는 표현이다.[19]

그러나 국가의 주인이 개인이 아닐 수도 있다면 답은 달라질 수 있다. 또는 국가의 주인이 아직은 개인으로 인식하고 있지 않은 나라에서는 답이 달라질 수 있다. 애당초 국가의 주인은 국가를 만든 당사자다. 통상 그 당사자를 왕으로 칭한다.[20] 국가를 만드는 데 부가적인 공헌을 한 자는 왕과 일정한 지분을 나누어 갖기도 하지만 결국 왕의 소유권 범위 내에 있다. 왕국(kingdom)에서의 국민은 왕이 허락하지 않을 경우 자치권을 갖지 못한다.[21] 역사적으로 보면 왕의 권한이 상대

19 김태영(2017a)은 "지방자치의 논리와 방향"이라는 논문에서 지방분권을 수직적 분권으로 정리했다. 분권을 지방분권과 동일시함으로써 분권의 의미를 퇴색시킬 수 있는데, 저자는 분권 자체는 공화국의 완성을 지향하는 과정이며, 그 과정이 두 가지 방향으로 진행되고 있다고 주장한다. 하나는 수평적 분권으로서 대통령의 권한이 입법부와 각 부처 장관에게 이양되는 것이며 또 하나의 방향은 대통령의 권한이 지역으로 이양되는 과정이다. 전자를 수평적 분권이라고 하며, 후자를 수직적 분권이라고 할 수 있다.

20 영어 표현인 King은 왕을 의미하는데, 일정한 영토와 그 영토 안에 존재하는 모든 생명체, 비생명체가 왕의 소유다. 예컨대, 모든 토지는 왕의 소유이며, 사람의 생명도 왕이 자의적으로 처분할 수 있다. 말하자면 일정한 영토안의 모든 생명과 재산의 소유권자이자, 보호할 의무도 지는 것이 왕이며, 그러한 국가를 왕국(kingdom)으로 칭한다.

21 봉건시대의 경우 왕의 세력이 약화되어 지역 영주에게 자치권을 부여해준 경

적으로 일찍 지역 또는 개인에게 이양된 나라도 있고, 그렇지 못한 경우도 있다. 어떤 나라의 경우 현재까지도 왕이 모든 권한을 갖고 있기도 하다. 대한민국의 경우 대통령이 모든 권한을 갖고 있지는 않으며, 수평적 수직적 분권을 현재도 추진하고 있으며, 이 과정은 공화국을 지향하는 것으로 해석할 수 있다.[22]

2. 자치권의 태동과 공화정의 진화

1) 조세제도의 효시와 자치권에 대한 이해

그렇다면 언제부터 개인이 나라의 주인일지도 모른다는 생각을 하게 되었을까? 본고는 서구의 조세제도와 도시의 발달 과정을 통하여 이 질문에 대한 답을 구하고자 한다. 왕이 국가를 수립하고 운영하

우도 있기는 하다. 이와 같이 왕이 지역 세력에게 자치권을 부여해준 사례는 고대에도 발견되며, 중세는 물론 근대 국가에서도 일부 발견된다. 고려시대 왕의 세력이 지역에 미치지 못하여 자연스럽게 자치하는 경우도 있었지만 조선시대에는 중앙집권이 강화되어 지역자치의 역사가 고려시대에 비하여 약한 편이다.

22 김태영(2017b)은 한국일보 기고문에서 민주공화국의 완성은 지방분권에 달려 있다고 주장했는데, 토크빌이 주장한 것처럼 수평적 수직적 권한 이양이 곧 근대화 과정이라고 한 것처럼 한국사회는 어떤 의미에서 이제 막 근대화 과정을 겪고 있는 것으로 보인다. 후술되겠지만 적어도 우리 사회에서는 자치권의 확대가 아직은 논쟁의 대상이 아니라는 점이다.

며 국민들에게 세금을 부과했는데, 서구 기록에 의하면 이집트 왕이 부과한 세금(tithe)이 최초라고 한다. 당시 수입의 10%를 세금으로 부과했는데, 중요한 점은 세수입의 목적이 납세자에 대한 공공서비스(public service) 제공이 아니고, 단순한 수수료(fee, corvee)의 개념으로서 백성이 왕에게 납부해야 할 금전적 의무로서 부과했다는 점이고, 이와 같은 형태가 조세의 효시다. 한편 납세자 역시 공공서비스 등 어떤 대가를 기대하며 세금을 납부하는 것이 아니고, 왕의 영토에서 신민으로서 살아가면서 당연히 부담해야 할 의무(duty)로서 세금을 이해한 것으로 해석된다.[23] 영토의 주인인 왕에게 더 많은 세금을 납부해야 함에도 불구하고 그렇지 못한 것에 대하여 오히려 죄책감을 느끼는 경우가 많았다는 점을 주목할 필요가 있다.[24]

페르시아의 조세제도 역시 세금이라기보다는 일종의 의무 개념으로서 운영되었다. 다만, 이집트의 조세제도에 비교하면 더 현대적인 시스템으로 평가되는데, 지역별 할당을 통하여 보다 효율적으로 세금을 거둔 것으로 보인다. 사트라피(satrapy)라고 하는 지역 단위를 중심으로

---

23 고대 이집트 왕인 파라오(Pharaoh)는 지역을 순회하며, 수입의 20%를 세금으로 걷으며 영토 안의 지배권을 확인했다. 성경(창세기 47장)에도 20%의 부담을 명시하고 있다. 파라오가 지역을 순회할 때 백성들이 파라오를 대하는 방식은 절대 왕 그 자체였으며, 세금 부과에 대하여 거부감을 보이지 않았다.

24 원윤희(2019)는 역사 속의 세금 이야기를 통하여 고대 왕국들의 세금제도를 소개하는데, 대부분의 나라들이 십일조 형태의 세금을 부과했다고 한다. 신에 대한 부담과 왕에 대한 부담을 동일시하는 경향이 있는 것으로 보이는데, 해석해보면, 세금은 그 자체 의무이지 어떤 대가를 바라고 부담하는 것이 아니다. 경우에 따라서는 20%를 부담하기도 했다.

생산량에 따라 일정한 비율을 적용하여 부과했다.[25] 세금(tax)의 의미는 원래 요금(rate, fee)에서 따왔는데, 구성원 각자에게 어떤 비율로 얼마만큼 부과할 것인가를 고민하는 것은 왕(정부)의 책무로 받아들여졌다. 납세자는 본인에게 부과된 세금을 거부할 수도 없고 거부할 의도도 없다. 다만, 합리적으로 요율이 결정되지 않은 채 부과된 세금을 납세자들이 접하게 되면 왕국이 위험해질 수 있기 때문에 왕은 최대한 합리적으로 조세제도를 운영하려 노력했다. 국가의 주인은 왕이기 때문에 국민은 전쟁에 동원될 때도 무조건 응해야 했고, 각종 국가 일에 동원되었다. 당시 노동(forced labor)이라는 용어도 세금과 동일하게 사용되었으며, 세금을 노동으로 대체한 경우도 많았다. 간혹 전쟁에 동원된 국민들에게 대가를 지불하거나 국가 일에 동원된 국민들에게 대가를 지불하는 지도자도 있었지만 이는 매우 특별한 경우였으며 대개의 경우 오늘날의 시각으로 보면 무료 봉사해야 했다.[26]

---

25 페르시아의 사트라피는 현대적 의미의 지역 책임자를 지칭하는 표현인데, 지역 자체를 의미하기도 했다. 페르시아 제국은 국가를 효과적으로 통치하기 위하여 지역 책임자를 임명하여 일종의 분할 통치를 했다. 키루스 대왕 시기부터 도입된 제도인데, 세금을 거두기 위한 도구로 활용되었다. 사트라피의 규모, 특성 등에 따라 세금을 차등 부과했으며, tax(세금)라는 용어도 요율(taxi-meter)에서 유래된 것이다. 어떤 요율을 적용할 것인지의 기준은 지역의 넓이, 비옥도, 인구 등 다양한 변수를 고려하여 결정한 것이다. 어쨌거나 핵심은 지역이 당연히 부담해야 할 금전적 가치를 왕이 정하는 것이며, 해당 지역은 이에 대하여 받아들였다는 점이다.

26 예외적인 경우도 있었는데, 그리스 아테네의 페리클래스 장군은 전쟁에 동원된 국민들에게 전리품을 골고루 나누어 준 것(equal right clause)으로 유명했

이집트와 페르시아의 조세제도를 바탕으로 자치권을 이해한다면, 이는 왕으로부터 위임된 제한된 의미의 권한에 지나지 않는다. 지역별 특성에 따라 조세부담 정도를 차등적으로 적용하려 했던 페르시아의 경우도 지역자치를 허용하지는 않았고, 당사자들 역시 자치권을 주장하지도 못했을 것으로 짐작된다. 애당초 주권은 왕에게 귀속되어 있었기 때문에 주권재민 의식도 없었고, 자치권에 대한 의식도 없었다고 이해할 수 있다. 공화정은 주권이 인민에게 있고, 지역에 있을 때 가능한데, 당시에는 인민도 지역도 주권을 갖지 못했다는 점이 조세제도를 통해 확인될 수 있다. 훗날 인류는 세금 거부 운동을 통하여 주권의 개념을 이해하게 되고, 공화정을 도입하게 된다. 후술하게 되겠지만 세금 거부운동이라는 표현보다는 세금을 부담하는 목적에 대한 재인식을 통하여 주권과 자치권의 개념이 싹트기 시작했다고 볼 수 있다.

2) 중세도시의 발달과 자치권의 개념 등장

(1) 중세도시의 발달과 조세제도에 대한 인식의 변화

북부 이태리 중심 중세도시의 발달은 상업자본의 등장에 힘입은 것으로 알려져 있다. 그들은 영주와 교황에게 세금을 납부했는데, 초기에는 현실세계의 주인인 영주와 영적세계의 주인인 교황에게 당연

으며, 그 결과 아테네 최고 지도자로서 30여 년 간 군림할 수 있었다(Xenophon 2015 참고).

히 납부해야 할 의무로서 세금을 인식했다. 십일조와 세금은 본래부터 동일한 개념에서 출발했다고 전술했다. 고대 왕국에서도 십분의 일을 세금으로 납부한 경우가 대부분이었고 경우에 따라서 20%를 걷기도 했다. 당시에는 왕의 권력이 절대적이었고, 권력 자체가 금전적 권력을 내포한 상황이었기 때문에 시민들 입장에서는 왕은 의지의 대상이고, 본인들을 보호해주는 울타리로 여겼다. 그러나 중세에 접어들면서 농업 생산력이 증대하고 그에 따라 상공업이 발달하게 됨에 따라 경제 계급이 등장하기 시작했다. 길드 등 조합의 결성으로 자본을 중심으로 새로운 계급이 등장하게 된 것이다.

상업자본의 규모가 커지고, 도시가 발달함에 따라 상업도시의 경제력은 더 증가하게 되는 선순환 과정에서 불가피하게 세금 부담도 커질 수밖에 없었다. 납세자 입장에서 세금은 교황과 왕 중 한쪽에만 납부하는 것이 합리적이었을 것이다. 당시 인민주권 개념의 등장은 세금 부담을 회피하려는 노력의 일환이었을 것이다.[27] 고대시민과 비교하면 중세도시민들은 상대적으로 정치보다 경제에 더 관심이 많았다.[28] 고

---

27 마르실리우스 사상의 핵심은 인민주권이 어떤 환경에서 등장했을까? 인데, 교황, 왕, 인민 간의 권력관계에서 인민이 본인들의 위치를 확인해가는 과정에서 세금을 중심으로 인민주권이 싹트기 시작했다는 것이 가장 설득력 있다. 이화용(2001)의 연구도 따지고 보면, 이들 삼자 간의 권력관계에서 인민이 본인들의 목소리를 내기 시작했다는 것이다. 임성철(2004)의 오캄의 정치철학에 대한 연구에 나타난 권력의 본질 탐구는 당시 교황을 배제하고, 왕과 인민 사이에서 인민주권이 중요하다는 점을 강조한 것으로 확인되었다.

28 Cohen(2012)은 제국의 쇠퇴 원인을 설명하는 과정을 통하여 호모 폴리키쿠스와 호모 이코노미쿠스를 구분한다. 인간의 본질을 감안하면, 사실 특정 학

대에는 부의 크기 자체가 제한되어 있었고, 큰 부가 형성 되는 과정 자체가 노동보다는 전쟁 등에 의존했기 때문에 경제보다는 정치가 더 우선시 되었을 것이다. 그러나 상업 등이 발달하면서 전쟁 등 정치행위를 통하지 않고도 부가 형성될 수 있는 환경이 조성된 점은 중세가 고대와 크게 다른 점이다. 이제 경제적 부(wealth)를 형성한 도시민과 당대의 도시들은 세금 부담에 대하여 의문을 갖기 시작한 것으로 알려졌다.[29] 당시까지만 하더라도 세금은 십일조와 마찬가지로 당연히 부담해야 하는 의무, 그 자체로 인식되었다. 그러나 치안, 항만, 교역 등 도시 관리를 지역민들이 자체적으로 수행하고 서로 협력하는 과정에서 왕의 역할이 크지 않았고, 그 결과 세금을 납부해야 할 필요를 느끼지 못했을 것이다.

(2) 중세도시의 구조와 경제계급

그렇다면 당시 인민들은 어떤 방식으로 세금을 납부했을까? 세금 부담 비율은 고대 왕국들처럼 지역별 할당제는 아니고, 개인의 소득에 비례하거나 교역 등 정부 서비스를 활용할 때 부담하는 현대식 방법

명으로만 통용되는 것은 한계가 있을 수밖에 없다.

29 과거와 다른 점은 이제 납세자로서의 인민이 세금 부담에 대하여 부담을 느끼기 시작했고, 세금 부담의 타당성에 대해서도 의문을 제기하기 시작했다는 점이다. 교황에게 바치는 십일조의 경우 천국행 티켓이라는 보상을 기대하지만, 왕에게 바치는 세금을 통하여 무엇을 기대할 수 있는가?

에 의존했다. 다만, 납세자들이 거주하는 공간 자체가 구분되어 일종의 경제계급이 공간상에 분포하기 시작한 점을 주목해야 한다. 고대도시민들이 정치계급에 따라 거주지가 결정되었다면 중세도시에서는 경제계급도 주거지 결정에 영향을 준 것으로 이해된다. 고대도시 구조의 특징은 정중앙에 신전을 중심으로 귀족과 시민이 거주하며, 이들은 도시 밖의 농민, 노예 등의 노동력을 착취하고 왕과 사제에게 세금을 바치는 구조다. 과거와 다른 점은 도시가 이러한 세금 사슬을 더 효율적으로 운영할 수 있는 환경을 제공한다는 점이다. 고대도시에 거주하는 시민을 정치적 인간(homo politikus)으로 부르는 이유는 그들이 단순히 계급에만 관심을 가질 정도 수준의 부(wealth)밖에 축적하지 못했기 때문이다. 당시에는 도시에 거주하는 것 자체가 귀족 신분에 속한다고 할 수 있지만 잉여 생산을 창출하여 자본을 축적하고 왕국에 영향을 줄만큼의 경제적 자산을 형성하지는 못했다.

그러나 중세에 이르면 도시의 규모가 더 커지게 되고 도시의 형태는 성채(fortress)로 둘러싸인 모습인데, 성 안에 거주하는 도시민들의 계급도 구분되기 시작한다. 일반 서민 중 경제적 능력이 확보된 농민, 상인 등도 성채도시 안에 거주 할 수 있으며, 이들은 세금을 직접 납부할 수 있게 되었다. 중세도시의 규모가 커졌다는 것은 곧 납세자의 수가 증가했다는 것을 의미한다. 중세도시의 구조는 교황과 왕 또는 영주가 한가운데 위치하고 나름의 계급에 따라 주변으로 거리에 비례하여 배치되었다.[30] 어떤 측면에서 도시구조는 세금을 부담하는 정도와 일정한 관계를 맺는 것으로 이해된다.[31] 결국 도시에 거주하는 납세자들부터 인민주권 개념을 인식하기 시작했을 것으로 짐작된다. 납세자의 거주지는 중세도시 구조상 왕 또는 교황과의 거리에 따라 배치되었다. 13세기경에 이르면 주요 납세자인 상인들이 영주로부터 권력을 빼앗아 오는 상황이 발생하는데, 치안, 재정, 도시 관리뿐만 아니라 심지어는 재판권까지 이양 받게 된다.[32] 이 과정에서 중요한 역할을 한 세력 중 하나는 길드로 알려진 상인조합(merchant guild)이다. 훗날 정주하며 자치권을 주장하게 된 수공업 길드에 이르면 자치권이 거의 확보된 것으로 간주해도 무방하다.

중세도시의 규모가 커짐에 따라 도시 자체가 하나의 경제공동체(common wealth)로 발전하게 되고 납세자인 경제계급의 영향력이 증가하게 되었다. 이들 경제계급은 초기에는 왕과 교황 사이에서 정치를

30 Kostof(1991)는 역사를 통해서 본 도시의 형태에서 도시 내의 다양한 집단의 계급, 그리고 도시 내부와 외곽에 누가 거주하는가? 등을 중심으로 다양한 형태의 도시 모습을 확인해주고 있다. 도시의 모습을 보면 당시의 사회문화적 특성이 보인다는 것이다. 중세의 주요 도시 역시 다양한 경제계급을 적절한 공간에 배치하고 있는 특성을 보이고 있다. 그에 의하면 "계획되지 않은 도시는 없다" 고 하는데, 도시의 모습을 통하여 주권의 이동을 파악할 수 있다.

31 중세도시 구조의 특징은 한 가운데에 마켓 광장(market place)이 위치하고 광장 앞에 반드시 시청사가 자리 한다는 것이다. 시청사와 마켓 광장을 동시에 조망할 수 있는 자리에 성당이 위치하며, 그 사이 사이로 저택들이 들어서 있다. 계급과 신분이 높을수록 핵심 중심부에 위치하며 방사형 모양으로 외곽으로 뻗어 나가며 소위 인민들의 주거지가 위치한다. 성 외곽으로는 농민, 노예 등이 거주하는데, 당시 기준으로는 인민으로 간주되지 않는다. Ennen(2014)도 이와 같은 상황을 기술하고 있다.

32 Schultz(2013)에 의하면 당시 코뮌의 형성과 시민의 등장은 이와 같은 과정을 거치고 있다고 한다. 결국 납세자로서의 시민이 인민주권 등장에 중요한 역할을 했다고 볼 수 있다.

하며, 세금 부담을 최소화하려 시도했다. 신권 시대인 중세를 거치면서 교황에게 기울어진 경제계급은 훗날 왕에게 납세하는 방향으로 선회하게 된다. 이 과정에서 소위 인민주권(popular sovereignty)의 개념이 최초로 등장하게 되었다. 당시 인민으로 지칭되는 계급은 납세자에 제한된 것으로 보인다.

(3) 중세 경제도시와 자치권의 개념 등장

중세시대 경제도시의 등장이 자치권 개념과 밀접한 관계를 맺고 있는데, 도시 내부적 관점에서의 인민주권 운동이 도시 외부로 확산되어 개별 도시가 왕에게 납부해야 하는 세금에 대해서도 문제를 삼기 시작했다는 점도 주목할 필요가 있다. 거대 경제도시들이 중앙으로부터 자치권을 요구하고 나선 시점이기도 하다. 현재의 독일에 속해 있는 플렌스부르크는 1284년 최초로 도시법을 제정했는데 이는 자치권 개념의 태동과 밀접한 관련이 있다. 도시법이란 중세유럽에서 영주가 영지 간의 교역에 관한 권한과 길드 등을 결성하는 권한 등을 명시한 일종의 자치법이다. 당시 도시법에 따라 자치권과 과세권이 정당화되었던 것으로 알려져 있다.

도시법의 주요 내용을 살펴보면 다음과 같다. 1284년 제정된 플렌스부르크의 도시법은 도시헌장(city charter)이라고도 한다.[33] 도시특권이

33 도시헌장제도는 지금도 남아 있으며, 일종의 도시헌법과도 유사한 역할을 수행하고 있다. 예컨대, 뉴욕시의 헌장을 Home Rule Charter라고 하며, 자치헌

라고도 할 수 있는데, 해당 도시가 독자적으로 추진할 수 있는 권한을 명시해 놓은 것이다. 상위법과 배치될 수도 있는데, 자치를 강조하기 때문에 사실상 도시헌법이라고도 할 수 있다. 과세권 등을 명시하여 도시 구성원의 의견을 모으기만 하면 새로운 조세를 만들어 낼 수도 있고, 교역 등에 관한 자유를 명시할 수도 있으며, 납부해야 할 세금의 수준도 결정할 수 있다. 위 도시법은 19세기 말 미국의 주요 도시들이 자치헌장을 갖게 된 배경과 유사하며, 마그나 카르타 제정에 포함된 도시별 자치권 부여 노력과도 유사하다. 공통점은 도시 문제를 스스로의 재원으로 스스로 해결한다는 것이며, 도시 지도자의 선출도 헌장에 의거하여 자체적으로 추진한다는 것이다. 특히 과세권의 부여는 자치권 확대의 핵심 사항으로 공화국 정신을 확인할 수 있는 척도라고 할 수 있다. 연방국가로 발전한 독일의 주요 도시들이 자치권을 확보하고 공화국 정신을 함양할 수 있게 된 효시가 바로 플렌스부르크의 도시법이라고 이해할 수 있다.

이태리 북부의 주요 경제도시들이 자치를 선언하고 왕과 대립을 이루기 시작한 것도 이즈음이며, 당시 파도바 출신 마르실리우스는 교황에 비하여 왕의 권한을 옹호하며 경제도시의 위상을 증진시키려 시도한 것으로 보인다. 훗날 사회계약론에 영향을 미친 것으로 짐작되는

장이라고 번역된다. 뉴욕시 헌장은 뉴욕주 헌법에 의거하여 일종의 특권을 보장받은 사항을 정리해 놓은 것으로 이해하면 된다. 자치단체들은 원칙적으로는 주(state)가 만들어낸 피조물이지만, 그들에게 자치권을 부여해줌으로써 온전한 공화국 정신을 함양하고자 한 것으로 알려져 있다.

인민주권에 대한 개념이 싹튼 것도 이 시기로 알려져 있다.[34] 왕의 권한을 남겨둔 채 인민주권을 강조하기가 수월했을 것으로 판단한 듯하다. 당시에는 모든 인민은 신에 귀속되어 있다고 믿었기 때문에 인권, 주권, 자치권의 개념이 들어설 틈이 없었다고 짐작된다. 왕은 일종의 영주이기 때문에 왕국 하에서는 계약의 논리에 따라 인민주권의 개념이 확보될 여지가 없었을 것이다. 그러나 13세기 말부터 경제도시들이 왕으로부터 독립하여 주도적으로 세금을 납부하기 시작한 것으로 알려졌는데, 왕은 자치권을 인정하고 안정적으로 세수입을 확보할 수 있었기 때문으로 짐작된다. 경제도시들이 자치권을 강조하고 조세행정 개혁 과정을 주도한 것은 훗날 사회계약론의 이론적 토대가 된 것으로 평가되며, 동시에 지역에 근거한 자치권의 확대에도 영향을 미친 것으로 판단된다.[35]

---

34 이화용(2001)은 근대 사회계약론이 중세를 건너뛰어 등장한 개념이 아니라는 점을 강조한다. 중세에 이미 근대를 잉태한 증거들이 많은데, 가장 대표적인 사례가 바로 마르실리우스의 인민주권론 개념이 아닌가 싶다.

35 근대 유럽사회의 특징 중 하나는 인민주권의 개념이 자리를 잡기 시작한 것과 동시에 자치권의 개념도 확대되기 시작했다는 점이다. 독일 등 일부는 훗날 연방국가로 발전하게 되고, 동유럽 국가들을 비롯한 일부 국가들은 분리되기도 했다. 말하자면 왕으로부터 주권이 인민에게 돌아가는 과정과 왕으로부터 주권이 지역으로 돌아가는 과정이 동시에 진행된 셈이다. 훗날 등장한 공화정(republic)이 인민주권과 자치권을 동시에 내포한 것도 이와 관련이 있다. 자치권을 인정하지 않은 공화정은 불완전한 것이며, 현재도 공화국을 표방한 다수의 국가들 중 자치권을 인정하지 않거나 부분적으로만 인정함으로써 불완전한 공화정을 채택하고 있는 경우가 많다. 프랑스의 경우도 1982년에야 비로소 헌법 제1조에 지방분권 국가를 지향한다고 명시했다. 대한민국의 경

(4) 중세유럽의 코뮌 운동과 자치권의 확대

알프스산맥을 중심으로 북부에는 프랑스 북부를 중심으로 경제도시가 발전했고, 알프스 남쪽으로는 북부 이태리를 중심으로 베네치아, 파도바, 밀라노, 제노바, 피렌체 등이 발전했는데, 큰 도시의 경우 인구가 거의 10만 명에 이를 정도였다. 런던의 인구가 당시 4–5만 정도에 지나지 않았음을 감안하면 북부 이태리 경제도시의 규모를 짐작할 수 있다. 파리의 인구가 10만 정도였고 독일의 경우 쾰른, 프라하가 당시 5만 내외였다. 그럼에도 불구하고 당시 도시민들은 오늘날 시민권에 해당되는 특허장을 왕으로부터 제한적으로만 받았다. 특허장을 소지해야 제한적이지만 도시민으로서 권리를 향유 할 수 있었기에 특허장을 받는다는 것은 매우 의미 있는 일이다. 한편 경제규모가 커지면서 이들 도시들에서는 다양한 형태의 경제공동체, 정치공동체들이 활동하기 시작하는데, 길드 등 상인조합의 출현과 동시에 정치적 압력수단으로서 또는 자치 활동의 수단으로서 다양한 형태의 공동체(commune)가 등장하기 시작했다.[36] 이를 통해 자치권의 개념을 확대 발전시

우 2017년에 헌법 개정 논의 과정을 통하여 헌법 제1조에 대한민국이 지방분권국가임을 명시하고자 시도했다. 그러나 아직 헌법 개정 논의는 보류된 상태다.

36 십자군 전쟁 이후 두드러진 특징 중 하나는 이태리 북부 지역 도시의 활성화이고, 소위 코뮌들의 형성이 활발했다. 코뮌은 고대 로마 공화정과 근대 공화정을 연결하는 가교 역할을 한 것으로 평가되는데, 그들은 조세징수권, 주화제조권, 재판관들의 임명권 등을 갖고 자치하기 시작했다. 로마 이후 교회와

킬 수 있었는데, 훗날 시민이 형성되는 계기가 되기도 했다.[37]

그런데 도시민들이 특허장을 받고 시민이 되는 과정은 쉽지 않았다.[38] 애당초 도시의 관할권은 영주, 대주교, 교회 영주 등이 갖고 있었으며, 왕은 그들 사이에서 갈등이 발생할 경우 도시민의 편을 드는 것이 아니라 교회의 편을 들어 주는 것이 관례였다. 따라서 특허장을 받기 위해서는 경제적 부를 축적하는 것이 관건인데, 전술된 각종 코뮌 활동을 통하여 법적 정치적 권리를 확보해 나간 것이다. 당시 주요 도시들의 주권자로서의 도시민은 도시 내부 전체 인구의 3% 정도에 지나지 않았다. 프랑스의 리용, 잉글랜드의 엑시터, 이태리의 피렌체의 경우도 3% 내외의 인구만이 특허장을 소지한 인민주권의 주체였다. 인구 규모가 가장 큰 베네치아의 경우도 대략 2,500명 정도만이 시민

지역 사회가 자치권을 행사하며 중앙 권력으로부터 독립을 추구해왔는데, 코뮌은 가장 대표적인 자치 공동체라고 할 수 있다. 민주화운동기념사업회(2009)는 세계의 민주주의라는 책을 펴내고 이탈리아 도시국가와 공화주의 전통이라는 소논문에서 코뮌이 공화정으로 이행하는데 중요한 역할을 수행했다고 밝혔다.

37 Schulz(2013)는 중세도시에서의 코뮌이 시민 형성에 결정적 역할을 했다고 주장하는데, 그가 말하는 시민은 고대 로마의 시민과는 다르다. 단순한 정치계급을 넘어 영토의 주인임을 주장하기 시작한 시민으로서 공화정의 발전에 토대를 이룬 것으로 평가된다.

38 시민권을 얻기 위해서는 일단 성채도시(castle city)로 입성해야 했고, 상당한 거주 기간이 지나야 되고, 유력한 자의 추천을 받아야 했다. 한마디로 정리하면 도시에 오랜 기간 동안 거주하며, 각종 세금을 많이 납부해야 시민권을 얻을 수 있었다는 것인데, 이는 경제발전과 시민권, 자치권의 확대가 밀접한 관계를 맺고 있다는 것을 증명해준다.

권을 소지하고 있었으며 그들은 가장 가운데에 거주했다. 르네상스 시기에 접어들면서 인민주권의 주체로서의 도시민의 숫자는 크게 증가했으며, 자치권도 확대된 것으로 짐작된다.

3. 공화정의 재등장과 자치권에 대한 이해

1) 마그나 카르타와 조세

도시 중심 지역자치의 전개와 별개로 귀족들이 왕으로부터 독립하여 또 하나의 인민주권 운동이 영국에서 진행되었는데, 1215년 마그나 카르타 제정이 그것이다. 마그나 카르타는 몇 개의 버전으로 알려져 있는데, 1215년 6월 15일 런던 근교 러니미드 평원에서 일단 구두로 왕의 권한을 제한한 후, 몇 차례의 보완을 거쳐 1297년 윌리엄 1세에 이르러 대헌장으로 제정된 것이 가장 일반적으로 알려진 마그나 카르타의 내용이다. 총 63개의 장으로 구성된 마그나 카르타의 핵심 내용은 제39장과 제12장인데, 39장에서 왕의 사법권 사용의 제한을 명시했고, 12장에서는 과세권과 관련하여 납세자인 영주들과 협의하여 세금을 부과하도록 한 점이다. 잘 알려져 있지 않지만 과세권의 제한은 당시로서는 파격적으로 판단된다. 영토 내의 모든 생명과 재산의 소유가 왕에 귀속되고, 보호의 의무도 왕이 갖고 있는데, 영주들이 과세권을 문제 삼는 것은 사법권을 문제 삼는 것 못지않게 중요한 사안이다. 세금은 왕이 당연히 부과하는 것이 아니라 납세자와 상의하여 부과되어야 한다는 주장은 곧 납세자가 주인일 수도 있다는 것을 의미한다. 그렇다면 왕의 의무는 세수입을 납세자가 원하는 대로 활용해야 한다는 것을 의미하기도 하며, 이는 곧 왕이 대리인에 불과하다는 것을 의미한다. 정부는 국민의 대리인으로서 주어진 임무를 수행해야 한다는 오늘날의 공화국 헌법 정신과도 유사하다.

마그나 카르타의 주요 내용을 살펴보면 다음과 같다. 총 63조항 중에 제12조부터 제14조가 본 연구 주제와 밀접하게 연관이 되어 있는데, 제12조는 "왕국 내의 어떤 종류의 군역세 또는 원조도 왕국 내의 의견을 수렴하지 않고는 강제할 수 없다." (중략) 제13조는 "런던시는 특권과 관습상의 특전을 누린다. 기타 도시, 소도시, 항구들도 특권과 관습상의 특전을 누려야 한다." (중략) 제14조의 경우 (중략) "원조나 군역세를 거두고자 할 때 필요한 의견을 수렴하기 위하여 서신 등을 통하여 대주교, 주교, 수도원장, 백작 등에 알려서 참석을 독려하고, 지방지사의 참여도 허락해야 한다." (중략) 마그나 카르타 내용의 일부를 발췌했는데, 위 인용문으로부터 두 가지 시사점을 도출할 수 있다.

첫째, 세금 등 각종 부담금을 왕이 결정하지 말고, 납세자들이 결정하도록 하자는 것이다. 이는 조세제도 역사상 매우 중요한 의의를 갖는다. 조세가 단순한 의무가 아니라, 공공서비스를 제공하기 위하여 걷힌 일종의 비용이라는 점을 강조하고 싶었던 것으로 해석된다. 납세의 주체가 시민이라는 것과 국가 운영의 주체이자, 주권자는 시민이라는 점을 강조한 것으로 해석된다. 인민주권의 개념이 명료하게 드러난 부분으로 파악된다. 둘째, 런던시를 비롯한 각 개별 도시들이 자치를 해야 한다는 것이다. 왕은 개별 도시들이 갖고 있는 권한을 침해해서는 아니 된다는 점을 강조한 것으로 해석된다. 인민주권과 자치권을 동시에 주장했고, 온전히 받아들여졌다는 점은 주목할 만하다. 영국 대헌장의 제정은 1215년이지만 실제 이행에 옮긴 것은 1297년이다. 어쨌거나 12세기 유럽의 역사는 왕이 나라의 주인이 아니고, 인민과 지역이 나라의 주인이라는 공화국 정신이 싹트기 시작했다고 짐작된다.

2) 사회계약론의 등장과 자치권의 본질

1215년 영국에서 시작된 왕으로부터의 독립운동이 공화정의 토대가 되었다는 사실은 마그나 카르타의 여러 조항에서 확인되었다. 한편 비슷한 시기 전술된 바와 같이 1284년 독일 플렌스부르크에서 제정된 도시법의 내용은 도시가 왕으로부터 독립을 선언한 것으로 이해된다. 동일한 시기에 이태리 북부의 여러 도시들이 왕으로부터 독립하려는 자치 운동을 벌였는데, 이와 맥락을 함께 한다. 이 과정에서 개인과 지역이 영토의 주인임을 확인하기 시작했다고 판단된다. 공통점은 세금에 대한 이해이며, 조세저항 운동이 활발했는데, 일종의 조세저항 운동은 누가 영토의 진짜 주인인가에 대한 철학적 질문으로부터 시작된 것이 특징이다.

르네상스시기를 거쳐 신으로부터 독립을 시도한 인민은 왕과 영주로부터 독립을 시도했다. 인간 이성의 재발견이라고 명명된 이러한 노력은 왕과 국가에 대한 관점을 바꾸었다. 1651년 출간된 홉스의 리바이어던은 나라의 주인이 국민이라는 점을 강조했다. 자연상태(state of nature)로부터 벗어나려는 의도로 국가를 만들었지만 결국 국가라는 괴물에 의하여 지배되고 만다는 내용이다. 그러나 이론의 핵심은 애당초 국가의 주인은 시민이었다는 것이다. 홉스가 최초로 주장한 바는 아니지만, 나라의 주인이 국가 또는 왕이 아니라는 사실을 가장 논리적으로 기술했다는 점에서 꽤 긴 기간 동안 인민주권에 대한 인식이 널리 공유되지는 못한 것으로 보인다.[39]

홉스 이후 존 로크, 장 자크 루소에 이르기까지 소위 사회계약론이 보편적으로 받아들여지기 시작했다. 홉스와 로크가 인민주권의 이론적 토대를 제공했다면 루소는 실천가였던 것으로 평가된다. 루소의 실천철학이 반영된 프랑스 혁명을 주목해야 하는 이유다. 1688년 명예혁명을 통하여 왕의 권한이 단지 귀족에게로 넘어갔다면, 1789년 프랑스 대혁명은 왕의 권한을 인민 전체에게 넘긴 것으로 알려져 있다. 특히 프랑스 대혁명은 나라의 주인이 누구냐는 질문으로 시작되었으며, 현대적 의미의 공화정을 확산시킨 것으로 평가된다. 온전한 형태의 공화정의 시작을 프랑스 대혁명에서 찾으려는 시도는 인민주권의 가치에 방점을 둔 것으로 보인다.[40]

그런데 프랑스 대혁명조차도 나라의 주인이 누구냐는 논쟁에서 지역(region)을 도외시 한 것은 아니다. 인민 누구나 지역을 중심으로

---

39 이화용(2001)을 참고할 것

40 Soboul(2016)은 인민주권의 개념이 등장하고 완성된 시기가 바로 프랑스 대혁명기라고 한다. 중세 말기부터 제한된 도시민을 대상으로 인민주권의 개념이 등장한 것은 사실이지만, 전 국민을 대상으로 삼는 인민주권의 개념은 프랑스 대혁명 시기라는 것이다.

흩어져 있기 때문이다. 그러나 오랜 중앙집권의 전통으로 인하여 자치권의 확대가 공화정을 함양하는 방법이라는 점을 쉽게 받아들이기 어려웠을 것이다. 실제로 프랑스에서 지방분권에 대한 논의는 20세기에 들어서야 본격화되기 시작했으며, 1982년 헌법 개정에서 제1조를 통하여 프랑스는 지방분권 국가임을 명시했다.[41] 어쨌거나 오랜 시간이 소요 되었지만 공화국의 완성은 단순한 인민주권의 확립뿐만 아니라 자치권의 확보까지 담보되어야 비로소 가능하다는 점이 확인되었다.[42]

---

41 전학선(2015)은 프랑스는 대혁명에도 불구하고 나폴레옹의 강력한 중앙집권 체제로 인해 오랫동안 지방분권이 지연되어 균형발전도 미흡했다는 점을 지적했다 사실 자치권의 확대와 인민주권의 확대는 동일한 개념으로 받아들여져야 할 것이다.

42 흔히 중앙과 지방으로 구분하여 국가를 이해하는 경향이 있는데, 사실 중앙은 실체가 없다. 중앙은 어디에도 속하지 않지만, 어디에도 존재하는 관념상의 개념이다. 지방은 국토를 의미하며, 한자어 지방의 뜻은 곧 전 국토를 의미한다. 인민은 누구나 공간상에 흩어져 있기 때문에, 누구나 지방에 거주하며, 공간상의 독립 또는 자치가 곧 주권의 확대를 의미할 수밖에 없다. 누구도 중앙에는 거주하지 않는다. 만약 누군가가 스스로 중앙에 거주하다고 믿는다면, 그는 필시 왕정 시대의 왕일 것이다. 서울 거주민이 스스로 본인이 중앙에 거주한다고 오해하는 것도 오랜 중앙집권적 왕정시대의 관행을 버리지 못한 결과다. 서울은 경기도 다음으로 인구가 많은 대한민국 대표 지방이다.

4. 미합중국의 건국과 자치권의 본질

1) 미국 독립선언문의 의의와 자치권

프랑스 대혁명 이전 1776년에 발단된 미국 독립선언은 인민주권과 지역주권을 동시에 주장한 온전한 형태의 공화정 철학을 담고 있다. 영국으로부터 독립을 선언했다는 점에서 지역자치를 강조한 측면도 있지만, 왕으로부터 독립을 선언함으로써 인민주권(popular sovereignty)을 강조한 측면도 있다.[43] 최초의 대통령[44]을 갖게 된 나라로서 미합중국은 최초의 공화국(republic)이라고도 할 수 있다. 미합중국이 공화국이 되어 가는 과정에서 드러난 가장 중요한 철학은 인민주권과 자치는 그 자체 목적이지 수단이 아니라는 점이며, 두 개의 축이 별개의 가

---

43 미국 독립선언문의 주요 내용은 자연법사상을 강조하며, 창조주로부터 부여받은 권리로서의 자유를 강조했는데, 해석해보면 개인의 자유는 자연스러운 것이며, 정부는 인위적인 산물이라고 볼 수 있다. 국가 또는 정부는 인간의 편의를 위해 만들어진 것임을 강조한 것으로 볼 수 있다. 총 4개의 장으로 구성되어 있는데, 제2장의 일부는 (중략) "이 권리를 확보하기 위하여 인류는 정부를 조직했으며, 이 정부의 정당한 권력은 인민의 동의로부터 유래하고 있는 것이다." (중략) "목적을 파괴할 때는 언제든지 정부를 개혁하거나 폐지하여 인민의 안전과 행복을 가장 효과적으로 가져올 수 있고" (중략) "기타 인민이 나라의 주인이며, 이는 국가 간 관계에서도 적용된다" 는 점을 강조하여 미국 독립의 정당성을 강조했다.

44 President는 pre에 resident를 결합해서 만든 용어로서 앞자리에 앉는다는 뜻을 내포하고 있으며 공화국에서의 지도자는 여러 구성원 중 한 명에 불과하다는 것을 의미한다.

치가 아니며, 동시에 추구되어야 할 공화국의 가치라는 점이다.

1775년 3월 23일 Patrick Henry의 리치몬드 연설문 말미에 '자유 아니면 죽음을 달라'는 표현은 미국 독립선언의 의미와 가치를 가장 적절하게 표방하고 있다.[45] 주권과 자치는 그 자체 추구되어야 할 목적이라는 점에서 미국 독립선언문의 가치는 지대하다. 그런데 미국의 독립선언이 촉발된 직접적인 계기도 과세권과 관련이 있다. 1765년 영국의 인지세법과 1767년 타운젠트법의 핵심 내용은 식민지로부터 세수입을 더 많이 창출하겠다는 영국 정부의 의지가 담긴 것이었다.[46] 납세자 중심의 조세 부담은 공화국 철학의 핵심이다. 납세자인 시민 또는 국민이 나라의 주인이고 정부는 대리인(agent)에 불과하다는 것이다. 이와 같은 공화정의 논리가 지역에도 적용된다. 영토를 점하고 있는 지역 정부 또는 도시 정부가 주인이고 중앙정부는 대리인에 불과하다는

45 패트릭 헨리의 연설문은 간결하고 호소력 있게 미국의 독립을 주장하고 있는데, 연설문 말미에 가장 함축적으로 자유, 아니면 죽음을 달라(give me liberty or give me death)는 문장으로 끝을 맺는다. 개인의 자유, 국가의 자유는 그 자체 목적이지 또 다른 그 무엇을 추구하기 위한 도구로서의 수단이 아님을 가장 극명하게 나타내 주는 문장이다. 자치권 역시 그 자체 목적이지, 수단이 아니라는 점을 의미하기도 한다.

46 대영제국 의회는 1767년 영국령 식민지에 관한 일련의 법을 통과시켰는데, 당시 이 법안들의 핵심 기획자가 재무장관 이었던 Townsend여서 Townsend Acts라고 명명되었다. 동 법의 목적은 식민지로부터 더 많은 세금을 걷기 위한 것으로 식민지로부터 강력한 저항을 받기도 했다. 소위 보스턴 학살사건도 동 법에 저항한 식민지 세력을 영국군대가 제압하고 점령한 것을 의미하는데, 이미 세금이 아니라 착취로 변질된 것으로 보는 것이 타당하다.

철학이 곧 공화국 철학이다. 인류사를 통하여 인민주권이 태동하고 발전되어온 시간은 꽤 길다, 공화국으로서의 미합중국이 탄생함으로써 개인(people)은 국가(state)의 주인이고, 지역(region)은 중앙의 주인이라는 점을 인류가 공유하게 되었다.[47]

2) 미국의 지방자치와 자치권의 본질

1931년 프랑스 청년 알렉스 토크빌은 미국의 교도소 운영에 대한 연구를 목적으로 3개월 간 미국 여행을 했다. 교도소 시설 외에 토크빌이 접한 미국의 특이 사항은 지방자치가 활성화되어 있다는 것이다. 유럽 대륙에서 접하지 못한 광경은 아래로부터의 의견 수렴이 자연스럽게 진행되고 있었다는 점이다. 몇 가지 이유가 있겠지만 가장 중요한 점은 마을(town and village)이 자생적으로 발전했다는 것이다. 마을들이 묶여서 타운이나 카운티가 되거나 도시로 확대되는 과정에서 개인의 의견과 동네 자치가 큰 역할을 했다는 것이다. 토크빌의 시각에 의하면 유럽의 왕정 국가들은 자치가 쉽지 않은 구조적 문제를 안고 있었다고 할 수 있다. 왕의 권한을 개인이나 지역에 이양해주었다고 믿는 한, 공화국의 완성은 요원해 보였을 것이다. 애당초 개인과 지역에 속해 있는 권한이 왕과 정부에 조건부로 맡겨져 있다는 시각이 정상

---

47 미국의 50개 주(states)는 그 자체 독립 국가이자 충분한 수준의 자치를 누리고 있다. 정부간 관계(IGR) 관점에서도 주정부는 연방정부에 우선한다. 연방정부는 주정부의 합의 하에 만들어진 피조물(creature, agent)로 인식된다.

이라고 토크빌은 믿었던 것으로 짐작된다.

미합중국에서 공화정이 최초로 도입되고 가장 완성된 형태로 운영될 수 있었던 이유를 토크빌은 미국의 지방자치 문화에서 찾았던 것으로 판단된다. 제도 완성에 가장 큰 걸림돌이자, 동력은 정치문화(political culture)라는 사실은 잘 알려져 있다. 제도가 문화에 영향을 미치고, 문화 역시 제도에 영향을 미친다는 상호작용은 유럽의 여러 나라에서도 확인되었다. 민중 혁명은 프랑스에서 먼저 발생했지만, 공화국의 진전은 영국에서 더 빨랐다는 평가가 일반적인데, 왕의 권한이 마그나 카르타 시기부터 이미 약화되어 분권적 정치문화가 일찍 조성되어 있었기 때문일 것이다. 프랑스의 경우 대혁명 이후에도 총통제가 왕정을 대체한 형태로 유지되었다는 점을 주목할 필요가 있다. 20세기 중반 드골 정부 역시 공화국의 정신과는 여전히 거리가 먼 것으로 평가된다. 한국의 경우 프랑스 모델을 벤치마킹했다고 하는데, 유사한 정치문화가 한 몫 했으리라고 평가된다(김훈 2016). 1982년에 이르러서야 비로소 프랑스는 지방분권법을 제정하고 분권 국가를 지향한다고 발표했다.[48] 미국이나 영국에 비하면 자치권에 대한 인식이 낮은 편이지만 최근 자치권을 주권의 일부로 인식하고 있음이 확인되고 있다. 우리의 경우도 자치문화가 높은 편은 아니지만, 각종 법률 제정, 헌법 개정 등의 노력을 통하여 공화국의 완성도를 높일 수 있을 것으로 본다.

48 프랑스 헌법 제1조에 의하면 프랑스는 지방분권국가라고 규정하고 있다(전학선 2015).

미국에서 시작된 현대적 의미의 공화정은 개인의 주권과 지역의 주권이 동시에 보장됨으로써 효과적으로 작동된 것으로 보인다. 오랜 연방제(federalism)의 역사를 갖고 있는 독일의 경우는 차치하고라도 프랑스 역시 이제 지역의 자치권을 인정하지 않을 경우 공화국의 완성은 요원하다는 것과 국가발전에도 도움이 되지 않는다는 것을 인식하기 시작한 것으로 보인다. 우리의 경우도 자치권의 본질을 감안하여 헌법 개정을 통하여 반쪽짜리 공화국의 완성을 위하여 헌법 제1조에 주권재민에 더하여 주권재지방을 명시하여 대한민국이 지방분권 국가임을 선언할 필요가 있다.[49]

---

49 중앙과 지방은 대비되는 개념이지만, 중앙은 실체가 없는 문서에 불과하다. 누구나 지방에 거주하며, 중앙이라고 하는 추상적 법인체를 통하여 국가적 수준의 사무를 관장할 뿐이다. 미국의 경우 워싱턴 D.C.는 면적으로 표시되지 않는다. 연방 또는 중앙정부가 입주해 있는 공간이지만 이론적으로는 물리적 공간을 점유하지 않기 때문이다. 서울을 중앙이라고 오해하는 경우도 간혹 있는데 중앙과 지방의 개념을 이해하지 못한 결과다. 국가 공동체 구성원 누구나 지방에 거주하기 때문에 개인주권과 지방주권을 동시에 명시해야 비로소 온전한 공화국 헌법이라고 할 수 있을 것이다. 저자가 주권재지방이라는 용어를 굳이 사용한 이유는 주권의 개념에 이미 지역자치권의 개념이 포함되어 있음에도 불구하고 현실적으로는 주권의 개념을 인민주권에만 제한되어 이해되고 있기 때문이다.

Ⅳ. 목적으로서의 자치권의 확대와 공화정의 완성

본 연구는 자치권의 확대가 그 자체 목적인지, 아니면 번영을 위한 수단인지를 확인하고자 했다. 만약 공동체의 번영을 위한 수단으로서 자치권의 확대가 필요한 도구였다면, 일정 시점에 자치권이 도구로서 적절한 역할을 수행했는지를 확인할 필요가 있다. 예컨대, 지방자치가 어떤 의미에서 우리의 생활에 도움이 되지 못했다면 폐지되거나 재고되어야 한다는 것이다. 그러나 자치권의 확대는 인류의 보편적 숙제이자, 자연법의 영역이며, 창조주가 인류로 하여금 그렇게 하도록 허용한 사안이라면 평가의 대상이 아니라 더 적극적으로 확대할 필요가 있다. 설령 자치권의 확대를 통하여 경제위기에 봉착하는 경우가 발생하더라도 양보할 수 없는 소중한 가치이기 때문이다. 소위 직관주의 전통에 입각하여 자치권을 그 자체 목적 가치라는 점을 공유할 필요가 있다.

이 글은 지치권의 역사를 간략히 살펴봄으로써 자치권의 확대가 수단인지, 목적인지를 확인하고자 시도했다. 특별히 세금(tax) 문제를 중심으로 자치권이 어떤 의미를 갖는지를 살펴보고자 한 점이 특징이며, 기타 주변 역사적 소재들을 통하여 이를 확인하고자 했다. 현대적 의미의 세금은 정부를 상대로 주인인 국민이 일정한 공공서비스 공급 대가로 지불하는 것을 의미한다. 납세자는 투표 행위 등 각종 정치적 수단을 통하여 정부를 평가(evaluation)하고, 지지(support) 또는 지지철회(replace)를 결정한다.[50] 납세자인 국민은 나라의 주인이자, 정부를 공용하는 고용주이며, 이와 같은 정치체제를 공화정이라고 한다. 대부분의 공화정은 민주주의를 취하고 있기에 민주공화국 또는 공화민주주의의 형태를 유지한다.

그러나 인류는 매우 오랜 기간 동안 왕정(kingdom)을 유지해왔다. 왕정 하에서는 세금은 납세자가 선택하는 것이 아니었다. 세금은 일종의 십일조이며, 왕의 나라에 바치는 의무(duty)로 이해되었다는 것이 이집트와 페르시아 조세제도에서 확인되었다. 납세자는 세금을 통하여 정부 또는 왕으로부터 어떤 대가를 바라지 않는다는 점이 특징이다. 주권(sovereignty)의 소재가 명확히 왕에게 있는데, 당시 정복자로서의 왕이 국가를 만들었다고 믿었기 때문이다. 세금에 대한 이해를 통하여 주권의 소재를 이해할 수 있다. 훗날 세금에 대한 이해가 달라지기 시작하면서 소위 인민주권(popular sovereignty)의 개념이 등장하게 되는데, 실제 경제행위를 통하여 부를 창출했다고 믿는 경제계급들이 주권을 주장하기 시작하면서 인민주권의 개념이 싹트기 시작했다. 세금의 대가를 바라기 시작했으며, 왕이 제공하는 각종 서비스에 비하여 과도한 세금을 부과하면 거부운동을 벌이기도 한 시기는 중세 후기부터라고 전술한 바 있다. 왕정이 공화정으로 넘어가는 조짐이 보이기 시작한 것이다.[51] 이 당시 주목할 점은 인민주권이 태동하던 시기에

---

50 Easton(1953)은 정치체제를 하나의 생태계로 간주하고 주민의 요구에 정부가 반응하고 정부의 반응이 만족스럽지 못할 때 하나의 체제가 붕괴되고 새로운 정부로 대체된다는 이론을 제시했다. 그의 체제 이론(system theory)은 민주공화정의 작동 모델을 가장 간결하고 함축적으로 표시한 것으로 알려졌다.

동시에 자치권이 태동했다는 것이다. 인민주권을 주도한 세력이 도시를 기반으로 움직인 점이 특이사항이다. 개별 도시들이 자치를 주장하며, 인민주권을 강조하기 시작했던 것이다. 인민주권에 대한 주장과 동시에 강조되던 자치권에 대한 주장은 세금과 관련이 깊다. 세금을 왜 지불해야 하는지, 어느 정도 지불해야 하는지를 스스로 결정하겠다는 것이며, 이 당시부터 코뮌 등 정치세력과 길드 등 경제세력들이 도시를 중심으로 자치권과 인민주권을 주장하기 시작했다는 점이다.

주권의 위치에 대한 논쟁의 단초는 고대부터 있었지만, 직접적인 논의는 마그나 카르타의 제정 등을 위시한 중세시대 유럽에서 시작된 것으로 보인다. 소위 인민주권의 개념이 등장하기 전 제한된 의미에서의 인민주권 논의가 시작된 것도 이즈음이다. 귀족 또는 지배계급이 왕과 교황에 대항하여 주권을 확보하려는 노력의 일환이었다. 이 시대 주목할 점은 전술된 바와 같이 상공업의 발달로 인하여 도시의 발달이 목격되었고, 도시에 거주하는 소위 경제계급들이 인민주권을 요구한 것과 동시에 지역주권을 강조했다는 점이다. 왕의 거주하는 도시와 다른 지역 도시들이 일종의 세급투쟁을 벌이는 과정 역시 주권 문제였다. 이태리 북부 상업도시들이 왕으로부터 독립하려는 소위 자치권을 주장하는 것은 인민주권과 동일한 차원에서 진행된 역사적 사건들이다. 독일에서 도시법이 제정되어 지역자치를 선포한 것 역시 단순한

---

51 입헌군주제의 시기를 꽤 오랜 기간 거치게 되는데, 이론적으로는 왕정에서 공화정으로 이행되는 과도기에 불과하기 때문에 입헌군주제에 대한 논의는 큰 의미를 지니지 못한다.

인민주권으로는 온전한 자치가 어렵다는 것을 의미한다.

공화정은 왕 단독이 아닌 구성원 전체가 함께 통치하는 것을 의미한다는 점에서 인민주권을 극대화하는 국가운영 시스템이며, 이는 지역자치를 허용함으로써 완성되는 것이다. 자치권의 확대는 인민주권의 확대 개념과 맥락을 함께 한다. 공화정은 완성이 아니라 진행형으로 인식되는 것이 적절하며, 국가 구성원 전체가 통치에 참여하는 수준까지 진행될 것이다. 국가 구성원은 누구도 예외 없이 지역을 점하여 살고 있다는 점에서 지역자치는 공화정의 완성에 필수조건이다. 기술적인 문제로 인하여 현재로서는 국회와 지방의회가 전체 구성원을 대표하지만, 향후 오천만 전체가 독립 주체로서 통치에 참여하는 시대가 다가올 것으로 전망한다. 그리고 그들이 두 발을 땅에 딛고 살아간다는 점에서 공화국의 완성은 지역자치의 확대와 관련이 깊다. 공화국의 완성이 그 무엇을 위한 수단이 아니고 목적 그 자체인 것처럼 자치권의 확대는 수단이 아니라 그 자체 추구되어야 할 숭고한 목적이라는 점이 간략한 역사적 고찰을 통하여 일부 확인되었다.

V. 맺음말

이 글은 지방자치를 바라보는 회의적인 시각에 대하여 근본적인 질문을 던지는데서 출발했다. 회의적 시각 대부분은 지방자치가 우리의 현실에 여전히 맞지 않으며, 우리 실정에 맞는 지방자치를 검토해야 한다고 주장한다. 말하자면 한국적 지방자치가 필요한 시점이라는 주장인데, 좀 더 정확히 표현하면 지방자치로 인해 발생하는 낭비적 요인이 적지 않기 때문에 극단적으로는 지방자치를 폐지하는 것도 검토의 대상이 될 수 있다는 것이다. 지방자치의 확대를 강조하는 분들도 지방자치가 국리민복을 증진시켜 준다는 전제하에서만 필요한 수단(means)임을 암암리에 전제한다. 지방자치를 시행하는 목적은 지방자치가 우리의 삶을 윤택하게 해주기 때문이라는 것이며, 윤택의 의미가 경제적 관점으로 축소되어 논의된다는 점에서 과연 자치권의 확대가 수단인가? 라는 질문에 대한 답을 구하고자 본 연구가 추진되었다.

이를 위해 자치권의 확대 과정에서 중요한 역사적 사건을 중심으로 자치권의 확대가 어떤 의미를 지니는지를 확인하고자 했다. 첫째, 과거 왕정 시대에는 세금 납부가 왕의 영토와 자원을 활용하기 때문에 의무적으로 지불해야 하는 일종의 요금(fee)으로 간주되었다는 것이다. 둘째, 세금 납부가 주인인 납세자가 정부를 활용한다는 차원에서 비용으로 지불해야 한다는 것으로 바뀌었다는 것이다. 셋째, 세금에 대한 인식이 바뀐 것은 중세 경제도시의 등장과 밀접한 관련이 있다는 것이다. 넷째, 일종의 조세저항 운동이 도시를 중심으로 시작되면서 자치권에 대한 요구가 강조되어 인민주권과 자치권이 동시에 태동되었다는 것이다. 다섯째, 마그나 카르타의 제정이 의미하는 것 역시 중세 경제계급의 등장과 밀접한 관계가 있다. 대헌장의 여러 장에 걸쳐 세금납부에 관한 내용이 언급되고 있는데, 납세자의 동의 없이 세금 납부가 어렵다는 점을 강조함으로써 주권이 귀족에게 있다는 것을 공표한 것이다. 여섯째, 그러나 이 당시의 조세저항 운동을 중심으로 싹트기 시작한 인민주권 사상은 귀족과 일부 도시민에게 국한된 것으로서 제한된 인민주권으로 간주되는 것이 타당하다. 물론 로마의 시민들보다는 확대된 개념으로 평가된다. 일곱째, 근대로 넘어오면서 이와 같은 인민주권 사상이 사회계약론으로 발전되어 제한된 인민주권이 전 국민을 대상으로 적용되어 사실상 인민주권 사상이 확대되었다는 것이다. 여덟째, 역사를 통하여 인민주권과 자치권이 명시된 공화정이야말로 진정한 공화정이라는 점이 확인되었다는 것이다. 아홉째, 인민주권과 자치권이 동시에 강조된 최초의 공화국인 미합중국이 등장한 것과 거의 동시에 공화정을 지향하는 프랑스 대혁명이 발생했다는 점이다. 프랑스 대혁명이 인류사의 목표를 제시했다는 점에서 의의가 있다면 미합중국의 출범은 공화정의 모범사례를 제시했다는 점에서 의의가 있다. 열째, 연구를 통하여 자치권의 확대가 다른 가치를 추구하기 위한 수단으로 간주된 적이 없었고, 오히려 공화정을 추구하는 과정에서 큰 역할을 했다는 점에서 자치권의 확대는 그 자체 목적(ends)이라는 점이 상당 부분 확인되었다.

인민주권과 자치권의 확대는 지속되어야 하는 것이 미합중국의 출범 과정에서 확인된 것처럼 자연법의 이치라고 할 수 있다. 이제 다가오는 가까운 장래에 두 갈래의 큰 시나리오가 예측될 수 있다. 하나는 과학기술의 발달로 인하여 초 중앙집권정부의 탄생이다. 한 국가에 하나의 정부만 존재할 것이며, 국민이 필요로 하는 모든 공공서비스를 단일 정부가 신속하고 정확하게 제공할 수 있는 시대가 다가올 수 있다. 시공을 통제할 수 있기 때문에 자치 자체가 불필요하게 된다는 점에서 자치권의 확대는 의미 없는 작업이 될 것이라는 전망이다. 다른 하나의 시나리오는 정반대로 초 분권 국가가 등장할 것이라는 예측이다. 국가 구성원 개개인이 하나의 정부가 될 수도 있다는 것이다. 소위 플랫폼 중앙, 지방정부의 등장을 지칭하는데, 개인은 언제 어디서나 본인이 속해 있는 행정단위의 플랫폼 정부에 접속하여 필요한 서비스를 제공받게 되며, 과학기술의 발달로 인하여 실시간 접속을 통하여 요구(demand), 평가(response) 등의 전통적 주권자 역할을 수행하게 될 것이라는 전망이다.[52]

본 연구는 후자의 입장을 지지한다. 인류사의 진행 방향은 당초의 주권자인 개인에게 권한이 되돌려지는 과정을 거쳐 왔다. 그동안 여러 가지 이유로 왕이 통치하거나 귀족이 통치하거나 대리인이 통치하는 시기를 경험했다. 이제 개인이 근린정부라고 할 수 있는 초소형 지방정부를 통하여 직접 통치할 수 있는 시대가 다가오고 있다. 정보를 누구도 독점할 수 없는 시대, 언제 어디서든 의견을 표명하고, 수렴하고, 협력할 수 있는 개인정부 시대가 다가오며, 이는 21세기 버전 공화정으로 간주 될 수 있다. 인민주권의 극한 확대 시대가 다가오고 있다. 애당초 세금은 요금(fee, rate)이었는데, 공화정으로 이행하면서 공동체 전체의 비용 관점의 세금(tax)으로 전환되었고, 이제 다시 요금(fee)으로 바뀌고 있다. 과거의 요금과 다른 점은 요금을 정하는 주체가 왕 또는 정부에서 주권자인 개인으로 바뀌고 있다는 점이다. 다양한 지방정부라

---

52 행정안전부, 한국지방행정연구원이 주최하고 지방자치 전문가 20인이 참여하는 「지방자치 미래비전 2040 포럼」 제1차, 제2차, 제3차 회의에서 제기되었는데 여전히 논의 중에 있다. 동 포럼은 2020년 7월 1일 출범했다.

고 할 수 있는 초소형 플랫폼 정부(multi platform governments)를 상대로 세금가격(tax price) 비교 프로그램이 제공될 가능성도 있다. 주권자는 수시로 본인이 속하는 지방정부를 변경할 수도 있고 다양한 협력을 도모할 수도 있는 새로운 통치방식으로서의 공화정이 등장할 가능성이 높다.

참고문헌

김태영. 2004. "행정수도이전에 대한 찬반논의 사례연구." 『한국정책학회보』 13권 5호, 185–215.

김태영. 2006. "정부혁신의 철학적 기초에 관한 소고." 『한국행정학회보』 40권 4호, 1–23.

김태영. 2017a. "지방자치의 논리와 방향." 『2017 대통령의 성공조건 연구보고서』, 1–17. 동아시아연구원.

김태영. 2017b. "민주공화국의 완성은 지방분권에 달려 있다." 『한국일보』 (1월 26일), https://www.hankookilbo.com/News/Read/201701262089615140.

김훈. 2016. "한국과 프랑스의 정치체제의 역사적 변천에 관한 고찰." 『한국행정사학지』 38권, 159–190.

대통령소속자치분권위원회. 2018. 『자치분권종합계획』.

미국독립선언문 전문, 제1장, 제2장.

민주화운동기념사업회. 2009. 『세계의 민주주의』.

원윤희. 2019. 『역사 속의 세금 이야기』. 서울: 바영사.

이동수 편. 2013. 『공화와 민주의 나라』. 고양: 인간사랑.

이동수 편. 2015. 『정부의 재발견: 공공성과 공동성 사이에서』. 고양: 인간사랑.

이화용. 2001. "중세에서 근대로?: 마르실리우스(Marsilius of Padua) 인민주권론에 관한 하나의 역사적 이해." 『정치사상연구』 5집, 55–79.

임성철. 2004. "오캄의 정치 철학에 나타난 '권력'의 본질 규정의 사상적 배경과 근거." 『철학연구』 90권, 275–312.

전학선. 2015. "프랑스 지방분권개혁의 최근 동향과 한국에의 시사점." 『공법학연구』 16권 3호, 3-32.
정재현. 2014. "지방자치 20년, 이제 손볼 때도 됐다." 『조선일보』 (12월 9일), A35.
한종구. 2019. "'막말·갑질에다 주먹질까지'…다시 고개드는 지방의회 무용론." 《연합뉴스》 (12월 1일).
행정안전부. 2019. 『지방자치법 전부개정(안)』.
행정안전부·한국지방행정연구원. 2020. "지방자치 미래비전 2040 제4차 포럼 자료." 행정안전부·한국지방행정연구원 지방자치 미래비전 2040 제4차 포럼. 원주. 8월.
대한민국 헌법 제1조, 제117조, 118조
Cohen, Daniel. 2012. *Homo Economicus: The (Lost) Prophet of Modern Times*. Wiley.
Copleston, Frederick C. 저·임재진 역. 1986. 『칸트』. 서울: 중원문화.
Easton, David. 1953. *The Political System: An Inquiry into the State of Political Science*. New York: Knopf.
Easton, David. 1956. *A Framework for Political Analysis*. Englewood Cliffs, N.J.: Prentice-Hall.
Ennen, Edith 저·안상준 역. 2014. 『도시로 본 중세유럽』. 파주: 한울아카데미.
Henry, Patrick. 1775. "리치몬드 의회 연설문 전문."
Kaihatsusha 저·김진희 역. 2019. 『중세유럽의 성채도시』. 서울: 에이케이커뮤니케이션즈.
Kostof, Spiro. 1991. *The City Shaped: Urban Patterns and Meanings through History*. London: Thames and Hudson.
Moore, George Edward. 1922. "The Nature of Moral Philosophy." In *Philosophical Studies*, edited by G. E. Moore, 310-339. New York: Har-

court Brace & Co. Inc.,

Rawls, John. 1971. *A Theory of Justice*. Cambridge: Belknap Press of Harvard University Press.

Sandel, Michael. 1982. *Liberalism an he limits of Justice*. New York: Cambridge University Pres.

Schultz, Knut 저·박흥식 역. 2013. 『중세유럽의 코뮌운동과 시민의 형성』. 서울: 길.

Soboul, Albert 저·양영란 역. 2016. 『프랑스 대혁명』. 서울: 두레.

Xenophon 저·이동수 역. 2015. 『키루스의 교육』. 파주: 한길사.

4장 품행과 말하기: 푸코, 아렌트, 바흐친을 중심으로*

채진원

I. '대항품행'으로서 화법과 그 논의자들

지난 2021년 1월 6일 도널드 트럼프 미국 대통령의 대선 불복을 지지하는 극렬 시위대가 의사당에 난입하는 사태가 발생했다. 이번 일은 1814년 8월 워싱턴을 점령한 영국군이 의사당에 불을 지른 지 약 200년 만의 일이다. 이에 대해 세계의 많은 언론들은 충격 속에서 미

* 이 글은 『사회과학연구』 18집 2호(2010)에 게재된 "'대화형 정치모델'의 이론적 탐색: 아렌트의 '공공화법'과 바흐친의 '다성악적 대화법'"을 본 책의 목적과 취지에 맞게 재구성한 것이다.

국 민주주의의 위기와 추락을 탄식하였다.

이번 사태는 충분한 대화와 토론 등 공감적 의사소통을 통해 포퓰리스트와 팬덤정치를 견제하지 못할 경우, 240년 전통의 민주공화국을 지켜온 미국의 정당들도 치명적으로 망가질 수 있다는 교훈을 주고 있다. 이것은 포퓰리스트와 팬덤정치가 진영논리와 결합하여 영향력을 발휘하고 있는 한국의 집단주의 정치문화에도 시사점을 주고 있다.

트럼프와 그 지지자들의 미국 의사당 진입사건은 분별없는 맹신자들이 대의민주주의 이상을 어떻게 파괴하는 지, 숙의 없는 시민참여의 부작용이 얼마나 큰 지를 보여준다. 우리 정치권은 조국사태로 인해 극단적인 진영논리에 기댄 국민분열의 정치로 홍역을 치른 바 있고 그 여진이 2021년 현재까지 계속되고 있다.

2019년에는 '딸 대학입학 특혜 의혹'을 받았던 조국 법무부장관의 임명을 놓고 서초동파와 광화문파가 극단적으로 분열했고, 지난해는 추미애–윤석열 갈등에서도 집단주의와 진영논리로 무장한 지지자 집단 간에 충돌했다. 내깨문(대가리가 깨져도 문재인 대통령 지지), 대깨명(대가리가 깨져도 이재명 지사 지지), 태극기부대가 설치는 우리의 '빠 정치'와 '팬덤정치'도 미국의 사태를 반면교사로 삼아야 할 것이다.

2021년 1월 6일 한국의 민주당 당원게시판에서 벌어진 이낙연 지지자들과 이재명 지지자들의 설전과 난투극은 미국 의사당 난입사건을 방불케 한다. 게시판에는 '당 대표 퇴진 요구 권리당원 찬반 투표'라는 게시글이 올라왔다. 당일 오전 9시 기준 해당 게시글의 '좋아요'(퇴진 찬성)는 2천800여 개, '싫어요'(퇴진 반대)는 5천800여 개로 집계됐다. 댓글에는 "국민 통합 운운하면서 당원과 소통조차 되지 않는 당대표는 필요 없다"는 비판이 있었다. 이에 맞서 '이재명 출당을 위한 권리당원 투표' 게시글이 올라왔다. 같은 시각에 '좋아요'(출당 찬성)는 5천580여 개, '싫어요'(출당 반대)는 132개가 달렸다. "자진 탈당을 권한다" "매번 정부 정책에 태클을 건다" 등 비판성 여론이 줄을 이었다(강민경 2021).

이런 이낙연 퇴진 서명전과 이재명 제명 서명전은 극렬분자의 팬덤정치가 신성한 대의민주주의 매개기관인 정당에 난입하여 벌인 여의도 습격사건으로 보인다. 이것은 트럼프 지지자들의 맹동적 행동만큼이나 한국 팬덤정치의 폐해가 얼마나 심각한 것인지를 보여준다. 둘 다 민심과 당심이 충돌하는 현장을 보여주었다. 둘 다 당심이 민심을 배신하는 대의민주주의의 위기징후를 보여주고 있다는 점에서 유사점이 있다.

미국 의회 난입사건 보다 앞선 한국 국회 습격사건을 상기해 보면 그 위기징후는 더욱더 극명해진다. 2019년 12월 16일 '태극기부대'의 국회 난입 사건을 돌아보지 않을 수 없다. 〈한겨레〉 손원제 논설위원이 소개한 바에 의하면, 이날 국민의힘 전신인 자유한국당 주최로 '공수처법·선거법 날치기 저지 규탄대회'가 열리던 국회 경내로 당원과 지지층 수천 명이 몰려왔다. 이들은 태극기와 성조기를 휘날리며 본관 진입을 막는 경찰과 몸싸움을 벌였다. 본관 앞에서 농성하던 정의당 당원들에게 침을 뱉고 머리채를 잡았다. 설훈 더불어민주당 의원을 때려 안경이 날아갔다. 이들에게 황교안 당시 한국당 대표는 "이렇게 국회에 들어오신 것은 이미 승리한 것"이라며 "목숨을 걸고 자유대한민국을 지켜야 된다"고 외쳤다고 한다(손원제 2021).

위에서 열거한 한국 정당의 사례들은 현대 민주주의에서 정당이 시민과 국가를 연결하는 매개기관으로서 중요한 행위자이지만, 강성 당원들과 극렬지지자들에 의해 포획된다면 그 정당기능이 제대로 작동하지 않아 속수무책이 될 수 있다는 것을 보여준다.

이른바, 대깨문, 대깨명, 태극기부대로 표현되는 강성당원들의 존재와 이들의 이탈된 모습은 우리나라에 '민주시민'이 존재할 수 있는 것인지, 그리고 민주시민의 참여에 의해 운영되는 '시민정당'이 가능한지에 대해서 근본적인 회의감이 들게 한다. 정당이 국민과 정부를 이어주는 민주주의를 위한 대의기관이 맞는지? 민주주의를 실현하는 주체가 민주시민이 맞는지? 의문이 들게 만든다.

그렇다면 그들은 왜 그러한 형태로 존재하며 일탈된 행동을 보이는 것일까? 여러 해석이 있지만 한마디로 말하자면, 대통령을 추종하는 우상숭배권력을 놓지 않으려는 그릇된 욕망에서 비롯된 '권력중독현상'으로 보는 것이 적절하다. 이런 권력중독현상은 우리가 의도하던 의도하지 않던 '권력관계'로부터 시민들이 자유롭지 않다는 것을 극명하게 보여준다.

입헌적인 민주공화국의 통치아래에서 각 개인의 자기통치(self rule)는 어떻게 가능한 것인가? 이런 물음에 대해 오랫동안 연구한 사람은 프랑스의 정치철학자 미셸 푸코이다. 그는 권력에 예속화되는 주체에 반대하면서, 자유로운 주체성의 형식을 찾아야 한다고 주장했다.

푸코는 '판옵티콘'(원형감옥)이란 개념을 통해 인간이 감시와 처벌의 권력을 스스로 내면화하여 자기마음의 감옥을 만들어서 자신과 타인의 자유를 억압하고 규제하는 '규율권력'을 만드는 존재라고 설명한 바 있다. 푸코의 시각에서 보면, 강성당원들과 극렬지지자들의 존재와 행태는 '규율권력'이 작동하는 판옵티콘에 갇혀 권력중독에 빠진 정당과 시민상을 보여준다.

또한 미셸 푸코는 민주적인 헌법국가에서도 이런 판옵티콘과 규율권력이 작동하기에 권력에 중독된 시민들은 진정으로 자유롭고 민주적인 시민이 되기 어렵다고 지적했다. 그래서 그는 권력중독에서 벗어난 자유로운 시민이 되기 위해서는 권력관계에 영향을 받는 '예속적 주체화'에 저항하면서 이를 변형하는 '자유로운 주체화'가 필요하다고 보았다.

그는 '자유로운 주체화'를 위해서는 '통치성'(governmentality)이 작동하는 다음의 4가지 품행과 대항품행에 대해 깊이 살피는 것이 중요하다고 보았다. 푸코는 통치성을 '품행의 인도'라는 포괄적 의미로 정의했다. 즉 그에게 통치성은 사람들의 품행을 형성하기 위해 지도하거나 그에 영향을 끼치려고 하는 활동의 형태를 말한다.

그는 '통치성'(governmentality)이 작동하는 '품행'(conduct)에 맞서 이를 변형하는 '대항적 품행'(counter-conduct)으로 나설 때 자유로운 주체화가 가능하다고 보았다. 대항적 품행이란 첫째는 권력관계 속에 있는 사실과 진실 규명이다. 둘째는 권력관계 속에 있는 자신의 역할 규명이다, 셋째는 자신과의 관계를 이해하고 객관화하는 자기배려이다, 넷째는 타인과의 관계를 이해하고 객관화하는 타인배려이다(Foucault 2016).

이런 4가지 대항품행은 기존의 통념화된 진리형태를 그 권력 효과와 연관시켜 의문시하는 비판 그리고 진리와 새롭게 관계맺는 방식으로서의 자기 변형이라는 주체화의 문제를 제기한다. 정치적 주체화는 '대항품행'에 의한 변형을 통해 가능하다. 푸코에게 이런 4개의 '품행'에 대한 '대항적 품행'은 결국 '파레시아'(parresia, 용기있게 말하기)라는 품행기술로 수렴된다.

소크라테스가 진실을 발견하기 위해 아고라와 법정에서 아테네 시민들에게 묻고 답하는 방법으로 "너 자신을 알라"고 설파한 것처럼, '파레시아'는 아첨꾼과 선동가 및 주변권력의 눈치를 보지 말고, 이에 맞서 용기있게 사실을 말하는 발언행위이다. 파레시아는 그리스어로 '모든 것을 말하기'라는 뜻이다. 파레시아를 행하는 사람은 파레시아스트(parresiastes)이다. 파레시아스트는 공동선을 위해 자신이 생각하고 있는 모든 것을 말하는 자이다. 파레시아스트는 소크라테스처럼, 민중이 듣기 좋아하는 의견만을 그들에게 들려주는 아첨꾼과 선동가와는 반대로, 민주정이 우중정으로 타락하는 것을 막기 위해 의견의 불일치를 만들어내고 불편한 진실들을 말하는 임무를 담당한다(Foucault 2017).

푸코는 아첨꾼에 대비되는 진정한 친구는 진실과 사실을 말하는 친구이며 파레시아를 실천하는 사람이 진정한 친구라고 했다. 이처럼 푸코는 권력중독에 맞서 시민들의 정치적 파레시아가 발현될 때, 진실이 드러나고 자유로운 시민주체로 변형될 수 있다고 보았다.

푸코가 제기하고 있는 통치성, 대항적 품행, 파레시아 개념은 한국 정당과 정치문화가 직면하고 있는 강성당원들과 극렬지지자에 의해 포획당하고 있는 집단주의적 조직문화와 소통문화를 진단하고, 처방하는데 하나의 이론 틀과 실마리를 제공하고 있다는 점에서 매우 중요하다.

푸코의 통치성 개념은 품행의 통솔과 인도로 이해되며, 자기의 품행뿐만 아니라 타자의 품행을 포함한다. 그의 통치성 개념은 폭력이나 억압을 벗어난 권력관계와 자유로운 주체화의 관점을 제공하고, 지배의 통치기술에 맞서는 자기의 통치기술을 연결하고, 자유로운 주체의 구성과 국가의 형성을 연결하고 있다.

이런 푸코의 정치적 파레시아 개념은 자유로운 시민들의 의사소통참여에서 대안권력의 가능성을 찾고 있다는 점에서, 폭력과 전체주의에 맞서기 위한 의사소통권력을 추구한 한나 아렌트의 논의나 권력을 가진 작가의 의도에 포획당하지 않고 주인공들의 목소리가 자유롭게 발현하는 것을 강조하는 미하일 바흐친의 논의와도 유사성이 있다.

누군가로부터 지배를 받거나, 반대로 누군가를 지배하려는 욕망에서 벗어나 누가 집권하든지 간에 '비지배적 자유'(freedom as non-dominance)라는 공공선을 추구하도록 하는 공화주의 담론에서 볼 때, 푸코의 정치적 파레시아 개념을 공론형성을 위한 대화형 정치모델을 추구하는 다른 논의자들과 연관하여 함께 살펴보는 것이 문제 해법의 실마리로 의미가 있다. 본 글의 목적은 시민정치와 시민정당이 요구하는 바람직한 소통문화의 정착을 위해 대화형 정치모델의 이론적 실마리를 찾기 위한 대안적 모색으로 푸코의 파레시아(parresia), 아렌트(Hannah Arendt)의 '공공화법(公共話法)', 바흐친(Mikhal Bakhtin)의 '다성악(多聲樂)적 대화법'을 연관하여 검토하는 데 있다.

Ⅱ. 푸코의 논의: 정치적 파레시아

1. 예속화와 주체화 그리고 통치성과 대항품행

푸코(Michel Paul Foucault, 1926-1984)는 1960년대와 1970년대에 『광기의 역사(1961년)』, 『말과 사물(1966년)』, 『감시와 처벌(1975년)』, 『성의 역사 1권: 앎의 의지(1976)』 등을 저술하였다(Foucault 1986; Foucault 2010a; Foucault 2010b; Foucault 2012). 그는 이런 저술을 통해 '근대적 주체'가 어떻게 타율적인 권력관계 속에서 형성되었는가를 분석하였다. 그의 권력관계라는 개념은 처음에는 '규율권력'으로 정의되었으나 말년에는 '생명관리권력' 및 '통치성' 개념으로 변형되었다.

1970년대에 푸코는 '통치'(government)라는 개념으로 근대 국가의 교활하고 압제적인 규율권력을 분해했다. 이런 분해작업은 권력관계라는 개념을 통해 국가권력을 억압기구나 권리배분의 장치로 보는 좌파와 우파노선의 기만적 시각을 폭로하는 것이었다. 푸코는 이러한 권력관계의 전개 과정에 대한 분석을 통해 예속화(assujettissement)와 주체화(subjectivation)의 문제를 진정한 정치의 쟁점으로 제기하였다(Foucault 2012; Foucault 2015).

푸코는 예속화의 메커니즘을 경제적 착취관계나 상품관계에서 찾지 않고, 대신 규율권력이 작동하는 통치성의 측면에서 설명하였다. 그는 여기에서 더 나아가 이런 예속화의 메커니즘에서 벗어날 수 있는 새로운 '주체화' 양식의 필요성을 제기하였다.

푸코는 마르크스주의적 계급투쟁 및 성해방 투쟁, 반(反)식민지 해방 투쟁 등을 포함하는 고전적인 해방의 문제설정은 계급 지배나 성적 지배 또는 식민 지배를 통해 억압된 보편적 인간 본성을 가정하고 있다는 점에서, 권력관계를 순진하게 보는 문제뿐 아니라 해방 이후 주체들 사이의 자유로운 관계 형성이라는 문제에 대해 제대로 해명하지 못한다는 점에서도 비판하였다. 그는 이런 기존 좌파와 우파의 노선문제를 극복하기 위해서는 권력에 관한 새로운 관점과 주체화에 관한 독자적인 문제설정이 요구된다고 보았다.

푸코는 권력을 억압과 부정, 금지의 관점에서 바라보지 않고, 권력의 반응을 스스로 합리화하고 자기 규율적으로 내면화하는 힘의 관점에서 즉, '긍정과 생산의 힘'이라는 관점에서 이해하였다. 이런 접근은 권력의 '실제' 메커니즘을 좀 더 구체적이고 섬세하게 이해하게 해주면서 권력을 지배와 동일시하고 권력과 자유, 권력과 저항, 권력과 해방을 외재적인 대립관계로 환원하는 기존 권력론의 난점에서 벗어날 수 있게 해주는 이론적 준거가 되었다.

1970년 이후 푸코는 새로운 권력이론을 제시하였다. 그의 주된 이론적 관심은 단지 권력이 무엇인가, 권력은 왜 존재하는가가 아니라 권력이 어떻게 행사되는가에 있었다. 그의 권력론은 권력의 형태와 그 목적에 초점을 맞추게 되었다. 그에게 권력은 더 이상 누군가에게 소유된 채 부동인 상태로 존재하지 않는다. 권력은 모든 관계에 편재(遍在)하며, '행위 속에서만' 드러난다. 권력은 행사됨으로써 대상의 품행을 인도하지만 그 관계는 대항품행에 따라 불안정한 것이며 역전가능성을 품고 있다.

푸코는 새로운 권력개념을 통치합리성의 발현으로서 통치성(governmentality)이라고 정의했다. 그는 통치성 개념을 통해 권력이 주체를 어떻게 처벌하고, 규율하고, 배제하고, 예속화함으로써 주체화의 과정 속에서 주체를 구성하고 있는지를 보려고 했다. 1980년대 들어 푸코의 작업은 이런 통치성의 관점에서 자기 자신을 배려하고 형성하는 '주체화'의 탐구로 향한다. 그의 '주체화'의 사례를 찾는 작업은 국가권력의 '장악'에만 경도된 사람들의 관심과 권력중독현상을 "어떻게 우리의 삶을 통치할 것인가?", "어떻게 삶의 미시적 제 국면들을 돌볼 것인가?", "어떤 전략과 기술과 장치로 우리의 몸과 영혼을 인도할 것인가?"하는 물음으로 돌려놓는 작업이었다(Foucault 2007).

푸코는 근대 통치권력의 기원과 계보를 추적하는 과정에서 '타자를 지배하는 통치', 그리고 '자기를 포기하고 타자에게 복종시키는 통치'를 객관화하는 작업 속에서 반대로 이것과는 다른 통치의 개념들, 즉, '타인이 자기를 지배하지 못하도록 자기가 자기를 지배하는 기술, 장치, 전략'들을 발견하였다. 여기서 '통치'란 개인과 무리의 삶을 돌보고 바라는 목표로 인도하는 전략, 기술, 실천들을 조직하는 품행의 통솔 및 인도와 관련된 것이다. 즉, 개인의 몸과 영혼을, 무리의 생명과 안전을, 삶을 돌보거나 인도하는 전략적 실천들이다(Foucault 2010c; Foucault 2011).

푸코는 이런 발견을 통해 통치를 위한 권력이 작동하는 '품행'과 여기에 대응하는 '대항품행'을 통해 '통치성'(governmentality) 개념을 더욱 균형적으로 정립하였다. 푸코는 중세 가톨릭의 사목권력의 품행에 대항품행으로 맞서는 청교도들의 종교개혁을 주목하였다. 그는 대항품행으로 수덕주의, 공동체, 신비주의, 성서, 종말론을 앞세우면서 기존 가톨릭의 사목권력과 품행을 변형해가는 청교도의 통치성을 발견하면서 이런 변형된 청교도의 사목권력이 근대 자유주의 통치성의 기원이 되었다고 주창하였다.

2. 정치적 파레시아

푸코는 타인을 지배하거나 타인의 지배를 받지 않는 상태 즉, 자기통치하는 자유로운 주체되기의 기술습득을 위해서는 자기인식을 넘어 자기배려와 자기돌봄이 중요함을 강조하면서, 4가지 관계맺음 속에서 주체를 변형해야 함을 강조하였다. 4가지 관계맺음이란 진리와 맺는 관계, 의무들과 맺는 관계, 자기 자신과 맺는 관계, 타자들과 맺는 관계이다. 이러한 4가지 관계의 변형기술을 통해 권력에 통치받지 않는 자유로운 주체의 힘을 회복할 수 있다고 보았다(Foucault 2016, 100-102).

그런데, 그가 말하는 주체의 변형기술은 자기수양으로서 자기돌봄(자기배려), 즉 자기 자신에 대한 자신의 태도를 변화시키는 관계맺기를 말한다(Foucault 2016, 112-113). 푸코에게 자기(self)라는 개념은 자기와 맺는 여러 관계 외의 그 무엇도 아니다. 자기는 자기관계인 것이다. 자기는 애초부터 주어져 있는 구조화된 어떤 것이 아니다. 자기는 자기와의 관계이며, 이러한 관계와 그 관계들의 총체인 것이다.

따라서 자기는 자기와 맺는 관계 속에서 자기로 구축되는 것이며,

주체를 구성하는 것은 곧 자기와 맺는 일련의 관계맺음의 총체임을 강조하고 있다. 이것이 자기 실천이고 자기 자신을 주체로 구성하는 방식이다. 즉, 자기통치하는 자유로운 주체란, 규정된 어떤 질서 안에 자신을 편입시키는 것도 아니며, 지향해야 할 어떤 궁극적인 목적을 향해서 있는 것도 아니다. 자기통치하는 주체는 자기완성, 자기성취, 자기실현하는 주체가 아니라, 주어진 조건 속에서 자기를 끊임없이 변형하는 주체이다(Foucault 2016, 120–123).

1980년대 푸코는, 예속화하는 권력작용에 저항하는 새로운 대항품행, 저항의 정치전략을 창조하려 시도하는 과정에서 고대 그리스 시민들이 실천했던 자기 자신과 관계 맺는 방식의 총체(자기배려, 자기돌봄)로서의 주체화 양식을 발견했다. 푸코는 자기와 적극적으로 관계 맺는 여러 주체들의 실천들 중에서 지식과 권력에 '복종하는 주체화 양식'에 대한 대안으로 '자유를 통한 주체화 양식'으로 파레시아(παρρησία, 자기 자신과 진솔하게 말하기)를 찾아냈다.

미셸 푸코는 세상을 떠나기 전 미국 캘리포니아 버클리캠퍼스에서 진행한 강연에서 민주주의의 핵심은 '파레시아'(Parrhesia)에 있으며, 그것은 '속내를 다 말하다'는 것으로 목숨을 좌지우지하는 절대권력자에 대놓고 위험을 감수하면서 용기있게 진실을 말하는 것이라고 그 의미를 부여했다.

푸코에 따르면, 파레시아는 어원적으로는 '모든 것'을 의미하는 'pan'과 '말해진 바'를 의미하는 'rhesis'가 결합하여 '모든 것을 말하기'를 의미한다. 파레시아를 행하는 자인 "파레시아테스(parrhesiastes)는 자신이 생각하고 있는 모든 것을 말하는 자"이다. 파레시아테스는 "모든 것을 말하고, 아무것도 숨기지 않으며, 자신의 마음과 정신을 타인에게 활짝 열어 보이는 태도"를 취한다(Foucault 2017, 98).

푸코는 파레시아의 특성을 크게 네 가지로 정리한다. 첫째, '나는 이러저러한 것을 생각하는 자이다'라는 것이 자유롭게 드러나도록 하는 말하기이며, 둘째, 자신의 의견이 진실이기 때문에, 진실임을 알고 의견과 진실을 하나로 일치시키는 말하기이다. 셋째, 진실을 말하는 데 따르는 위험을 감수하며 이에 맞서 용기를 내서 발언하는 말하기이다. 넷째, 대화 상대자에 비해 힘이 약한 열등한 위치 속에서 위험과 비판을 감내하면서 행하는 말하기이다(Foucault 2017, 92-96).

푸코는 기원전 4세기 에우리피데스의 『이온』 작품에 등장하는 아테네 민주정체의 본질적 특성으로 파레시아의 정치적 성격을 규명하였다. 그는 파레시아를 이소노미아(isonomia, 모든 시민의 권력행사 참여), 이세고리아(isegoria, 발언권의 평등)와 함께 아테네 민주정체를 지키는 제도적 기반의 본령으로 평가하였다. 그는 파레시아의 정치적 성격이 민주정의 보편적 법률이었고, 동시에 훌륭한 시민을 특징짓는 개인의 정치적 태도라고 설명한다.

그는 여기서 파레시아와 이세고리아를 구별한다. 그는 시민들의 평등한 발언권을 의미하는 이세고리아만으로는 아테네 민주정체를 지탱할 수 없었기에 정치적 파레시아가 중요하다고 보았다. 그에 의하면, 정치적 파레시아는 일반적인 수준에서 시민들의 평등한 발언참가를 의미하는 이세고리아와 달리 위험을 감수하며 용기를 내서 진실을 발언하는 '시민들의 말하기'라는 점에서 차이가 난다. 그는 정치적 파레시아가 단순한 말하기가 아니라 민회와 아고라의 시민대중을 거짓으로 선동하여 우중정으로 타락시키는 아첨꾼과 소피스트들로부터 아테네의 민주정체를 지키는 말하기 방식이라고 설명한다(Foucault 2017).

푸코가 『이온』 작품에서 포착한 정치적 파레시아는 아테네 시민이 태생적으로 가지고 있는 시민의 지위와 연결된 '시민적 기본권'을 가리킨다. 즉, 그것은 민주정체의 본령으로서, 아테네에서 살아가는 능동적 주체로서 시민이 향유하는 자유로운 발언행위를 말한다. 푸코는 아테네 민주정체가 자유로운 시민들에게 '법 앞에서의 평등'(이소노미아)뿐만 아니라 시민 자신들의 의견과 신념을 자유롭게 표현하여 공공선에 이바지하거나 참여할 수 있도록 '파레시아'를 보장하는 것은 너무나 당연하다고 보고 있다.

그래서 푸코는 아테네 민주정체에서의 파레시아는 노예의 겁 많은 순종적인 말하기와 수동적인 만장일치와 달리 용기있고 탁월한 말하기로 인해 때론 합의가 동요되는 불평등의 위험까지 수반되는 말하기가 된다고 보았다. 특히, 용기있게 진실을 말하는 자인 파레시아스트는 선동가와 반대로 민중이 듣기 좋아하는 의견들만을 그들에게 들려주는 것이 아니라 공동체 내에 사실과 관련하여 의견의 불일치를 만들어내고 대중의 적대적 반응을 불러일으킬 위험을 감수하면서까지 듣기 거북한 불편한 진실들을 부르짖는 역할을 담당하고 있다고 보고 있다.

그렇다면 어떻게 아첨꾼과 파레시아스트를 구별할 수 있을까? 푸코는 "플루타르코스의 아첨꾼과 친구는 어떻게 구별할 수 있는가?"라는 텍스트를 예로 들어 이것을 설명하고 있다. 플루타르코스는 정치적 파레시아가 필요한 이유를 자기 자신과 관계 맺는 유형의 객관화와 관련되기 때문이라고 말한다. 그런데 이러한 자기 자신의 관계 중에서 자기에 대한 과도한 사랑인 필라우티아(philautia)의 관계가 진정으로 자기 자신을 알기 위한 작업에 방해가 된다.

그에 의하면, 그러한 자기 자신을 착각하게 만드는 것에 대해 투쟁해야 할 첫 번째 아첨꾼이 바로 자기 자신이라는 것이다. 즉, 이러한 필라우티아로부터 벗어나기 위해 우리에게는 좋은 친구인 파레시아스트가 필요한 것이다. 이를 위해서 진정한 파레시아스트를 식별하기 위한 기준은 무엇인가? 하나는 파레시아스트로 간주되는 자가 하는 말과 그의 행동 방식 간의 일치 여부이다. 또 하나는 그의 정신의 안정성과 불변성이다. 우선 자기에 대한 과도한 환상을 타파하는 것은 정신의 안정성과 불변성을 획득하고 유지하는 윤리적이고 도덕적인 품행이다. 그러한 자격을 갖춘 사람이 파레시아스트라는 것이다(Foucault 2017, 308-309).

Ⅲ. 아렌트의 논의: 공공대화법

1. 말하기와 정치

한나 아렌트(1906-1975)는 독일계 유대인 여성으로 히틀러정권의 탄압을 피해 18년의 무국적 생활 이후 미국으로 귀화한 정치학자이다. 그는 히틀러와 나치당이 주도하는 전체주의 사회의 건설과정에서 나타난 유대인 학살의 한 희생양으로서 망명생활과 미국에 정착하는 과정에서 겪게 되는 자신의 소외된 삶과 말 못 하는 비극적 운명을 '정치공동체와 정치의 재구성' 그리고 '정치적 실존으로서 인간됨의 부활'을 통해 승화시켰다.

특히, 그는 어떤 이론가들보다 처지가 다른 인간의 다양성(plurality)에 기초한 말하기의 필요성과 함께 말하기를 통한 공적영역(public realm) 및 정치공동체의 형성을 강조하였다. 그는 진정한 정치적 자유는 말하기를 통해 자신의 개성과 정체성을 타인에게 드러낼 수 있고, 그 과정에서 자연스럽게 자라나는 인간적인 유대관계와 공통감각을 발견하고 느낄 때 가능하다고 강조한다. 이러한 의미에서 아렌트의 대화법은 정치의 핵심인 말하기와 직접적으로 관련되어 있으면서 공공성을 강조한다는 점에서 공공화법(公共話法)으로 명명할 수 있다.

아렌트는 우선 인간에게 있어서 말하는 행위가 지니는 의미에 대해 아리스토텔레스의 철학적 전통을 수용하고 있다. 즉, 그는 인간이 살아가는 '활동적 삶'(vita activa)의 양식을 '노동'(labor)과 '작업'(work) 그리고 '행위'(praxis: action)로 나누고 그 중에서 '행위'의 위치를 말하기와 관련한 최고의 삶의 양식으로 규정하였다.

'행위'는 고대 그리스 자유시민이 살아가던 삶의 양식으로 '말'(speech)과 '행위'(deed)를 통해 자신의 개성을 드러내면서 '자유'(freedom)를 느끼는 것을 말한다. 즉, 자유는 '인간됨'(human)을 느낄 때 발생한다. 따라서 '행위'는 다양한 인간들이 공동세계의 문제에 대해 말과 행위를 통해 타인과 함께 소통하며 공적영역을 형성하는 힘이다.

다시 말해서, '인간을 정치적 존재로 만드는 것은 말(speech)'이기 때문에 타인에게 말을 통해 자신의 개성과 존재감을 드러내는 것이 행위(action)이다(Arendt 1968, 3). 이렇듯 '행위'는 항상 처지가 다른 타인과의 관계 속에서 이루어지므로 행위는 본질적으로 정치적 행위가 된다. 고대의 자유시민들은 정치행위를 함으로써 스스로의 인격을 드러내고 자신의 공적 실재감(public reality)을 얻을 수 있었다.

그러나 아렌트는 '행위' 밑에 있는 '노동'과 '작업'은 고대 노예와 장인의 삶의 양식으로, 먹거나 생존하기 위해 살아가야만 하는 인간형인 노동적 동물(animal laborans) 그리고 이윤과 어떤 목적을 위해 삶을 소비하는 제작인(homo faber)의 삶을 상징한다고 보았다. 따라서 이 둘을 부자유스러운 삶의 전형으로 보았다.

그는 인간이 생물학적인 존재로서 신진대사를 통해 생명을 유지하기 위하여 먹이를 구하기 위한 일(예, 사냥, 식물채집)을 '노동'으로 생각하였다. 즉, '노동'은 전적으로 인간적 삶(life)의 필요(necessity)에 구속되는 행위로서 인간의 성장, 신진대사, 노쇠 등의 생물학적 과정에 부응하는 활동으로 인식하였다(Arendt 1968, 7). 또한 그는 일(활동) 가운데서 직접적인 신진대사와는 다른 보다 항구적인 물건을 만드는 일(예, 기계생산, 도시건설, 사회제도화)을 '작업'으로 구분하여 인간 존재의 비자연성에 부응하는 활동으로 인식하였다. 즉, 작업은 자연 세계와는 다른, 물질을 생산하여 만든 인공적 세계를 제공하는 활동이다(Arendt 1968, 7–8).

따라서 그는 이러한 '노동'과 '작업'을 '행위'와 달리 자기 생존의 필요성과 타인의 목적을 위해 자신의 삶을 노예화(수단화)하거나 이를 합리화하는 '도구적 행위'로 보았다. 즉, '노동'과 '작업' 속에서는 인간이 자유롭게 자기 개성을 표출할 수 없다는 것이다. 특히, '작업'은 미리 어떤 것을 만들 것이라는 아이디어와 모델을 가지고 대상과 자연을 물화(reification)시키는 것이기 때문에 기본적으로 파괴(violating)와 폭력적인(violence) 요소를 지니고 있다(Arendt 1968, 139). 따라서 아렌트는 '노동'과 '작업'과 달리 오직 '행위'만을 '인간적인 것'으로 존대하였다. '행위'의 속성을 '인간의 다양성'(plurality)에 부합하는 활동으로 파악하였기 때문이다(Arendt 1968, 7).

즉, '행위'는 어떤 다른 매개 없이 인간들 사이에서 직접 일어나는 행위로서 단지 단수의 인간(man)만이 아니라 처지가 다른 복수의 인간들(men)이 함께 세계에 살고 있다는 사실에 부응한다. 다시 말해서, '행위' 곧 '정치적 행위'는 1인이 다수를 동원하는 것이 아니라 복수의 사람들(men)의 '말'과 '행위'가 소통되면서 열리는 '공감된 세계'(공적영역) 속에서의 '공감된 공동의 행위'를 말하기 때문에, 행위는 말과 분리될 수 없는 곧, '말로서의 행위'를 말한다. 사람들은 오로지 말로 자신의 인격을 드러낸다. 이러한 이유로 아렌트는 "말이 인간을 정치적 존재로 만들며", "말의 적설한 기능이 문제시되는 곳이라면 어디에서나 이것은 정치적인 문제가 된다"고 보았다(Arendt 1968, 3). 아렌트에 의하면 인간은 말과 행위를 통해 자신의 정체성과 함께 자신이 누구인지를 보여줌으로써 인간세계에 출현(appearance)한다고 보았다. 그는 이러한 출현을 제2의 탄생에 비유하였다(Arendt 1968, 177, 179).

자유시민이 폴리스라는 공적영역에서 말을 통한 정치행위를 하며 살아갈 수 있었던 것은 기본적으로 '사적인 것'(the private)이 안정적으로 보장되었기 때문이다. 사적인 것은 시민 개인의 '가정경제'(oikos)의 일로, 주로 노예와 여성 등에 의한 '생식'과 '노동'을 담당하는 공간을 말한다. 자유시민들은 '노동'과 '작업'의 차원에서 안정적으로 먹고, 생식하며 생활할 수 있었기 때문에 이것을 토대로 하여 '행위'의 차원인 인간됨을 표현하면서 '정치적인 자유'를 누릴 수 있었던 것이다.

그러나 정치적인 것은 공적인 것으로, (가정)경제적인 것이 사적인 것으로 비교적 단순하게 이분화 되었던 고대세계의 개념구도는 자본주의적 생산양식에 기초한 국민경제국가로 전환하면서, 큰 변화를 맞이하게 된다. 그것의 핵심에는 '사회적인 것'의 등장(the rise of the social)이 있다. '사회적인 것'의 등장이란 '자본–임노동 관계'의 전면화로 과거 '사적인 영역'에 속해 있던 경제가 근대와 더불어 국가적 차원에서 공적인 관심의 대상이 되어버린 역사적 과정을 말한다. 즉, '사적인 것'(the private)이었던 경제행위가 '사회적인 것'(the social)으로 이동하면서 공적인 관심을 획득한 것을 지칭한다.

'사회적인 것'의 등장으로 가정에 묶여있는 노예들과 여성들은 '근대적인 임금노동자'로 해방되었다. 하지만 '사회적인 것'의 등장에 따라 공적영역의 구조에도 변동이 찾아왔다. 공적영역에 '사회적인 것'이 침투함에 따라 나타난 큰 변화는 고대시기에 비교적 분명했던 공(公)과 사(私)의 경계가 붕괴됨으로써 결국 진정으로 '공적'이고, 진정으로 '정치적인 것'이었던 것이 공적인 관심에서 멀어지고 망각되었다는 점이다.

그 결과 인간의 삶에서 최고의 가치였던 '정치적 행위'(action)가 사회적인 것의 등장에 따라 부각된 '자본–임노동'이라는 경제논리와 계급적 이해관계에 밀려 '노동'(labor)과 '작업'(work)에 비해 후순위로 전복되었다. 그에 따라 인간의 복수성(plurality)에 기초한 말하기와 의견의 다양성을 기초로 드러났던 공적영역의 가치는 축소되고 그 대신에 '정치적 다양성'을 부정하는 하나의 획일화된 관점과 표준화된 척도가 그를 대신했다.

따라서 '현대의 정치'는 처지가 다른 다양한 사람들이 말과 행위를 통해 자신의 개성을 자유롭게 드러내면서 공적영역을 형성하는 '행위'(praxis: action)라기 보다는 오히려 '노동'(labor)과 '작업'(work)의 속성에서 나오는 목적달성을 위한 '합목적인 도구적 행위'(계몽, 동원)로 변질되어 목적을 위해서는 수단과 방법을 가리지 않는 '정치공학'(즉, labor와 work의 정치적 버전)으로 전락했다. 이에 아렌트는 이 같은 '정치공학'으로는 사회적인 것의 전면화에 따라 축소되고 망각된 '공적영역'을 회복할 수 없다고 판단한다. 따라서 그는 대안으로 '말'과 '행위'로 인간됨과 자유를 드러냈던 고대 시민들의 '행위'개념을 현대에 되살려 공적영역을 복원할 것을 촉구하는 새로운 정치패러다임을 제시한다.

2. 공적영역과 공공화법

아렌트의 대화법인 '공공화법'은 공적영역의 출현(appearance)을 통해 구체화된다. 그에 의하면 행위(action)는 반드시 말(speech)을 수반하며, 사람들은 말하고 행위하는 가운데 자신이 누구인가를 내보이면서 자신의 개성과 정체성을 드러내는데 그 출현공간이 바로 공적영역(public realm)이다.

특히, 그는 공적영역이 자라나고 실현되는 것을 '콘서트 행위'(concert-in-action)와 '공통감각'(common sense)에 비유하여 설명한다(Arendt 1968, 143, 244). 즉, 다양한 목소리를 내는 악기 연주자들이 함께 모여 콘서트를 연주하듯이 다양한 말과 행위가 어울려서 조화를 이뤄나가는 과정에서 공적영역과 공통감각이 자라나고 활성화된다는 것이다. 아렌트에 의하면 콘서트 행위가 성공적으로 발현되기 위해서는 첫째, 다양한 목소리를 내는 악기 연주자들이 각자 자신의 목소리를 드러낼 필요가 있으며, 둘째, 서로의 다양한 목소리가 존재하는 가운데 전체적인 콘서트가 살아날 수 있도록 하는 '공통감각'이 자라나야 한다고 보았다.

그리고 그는 공적영역(public realm)의 의미와 특징을 다음과 같이 두 측면에서 깊게 파악하고 있다(Arendt 1968, 50–57). 공적영역(public realm)이란 첫째, 모든 사람이 보고 들을 수 있는 가장 폭넓은 공공성(publicity)의 공간을 의미하는 것으로 이해한다. 즉, 다양한 사람들의 말이 드러나고 소통이 이루어지는 리얼리티의 공간이다. 다양한 목소리가 드러나지 않으면 내적인 것이 된다. 둘째, 공적영역은 공동공간(common space) 또는 공동세계(common world)를 의미하는 것으로 이해한다. 여기서 공동적이라는 것은 사람들 사이에 공통의 관심으로 성립되는 공통세계(the 'web' of human relationship)를 뜻한다. 그 공통세계는 '사적인 것'과 구별되는 사람들 모두에게 '공동의 것'으로, 이것이 성립되기 위해서는 세계를 보는 다양한 관점(perspectives)과 시각(aspects)이 사람들 사이에(between) 실제로 존재해야만 가능하다(Arendt 1968, 57–58).

공통의 세계가 출현한다는 것은 모든 사람이 똑같이 가진 공통의 인간본성에 의해 보장되는 것이 아니라 다른 위치에서 다른 관점과 목소리로 동일한 대상을 보면서 발생하는 '관점의 복수성'(plurality of perspectives)에 의해 확보되며 보장된다. 바로 이것이 공적영역에 참여하며 살아간다는 의미이다. 그 핵심에는 공통감각을 가지고 세계를 타자와 함께 공유하는 것(sharing the world with others)이 있다.

즉, 이것을 통해 인간들은 공동의 공통세계를 형성할 수 있다. 아렌트에 의하면, 공통세계는 한 세대나 한 평생만을 위한 것이 아니라 인간의 생물학적인 수명을 초월한다. 또한 인간은 태어남으로써 공적영역에 들어가고 죽음으로써 공적영역을 떠나지만 새로운 사람들에 의해서 채워지고 먼저 간 사람들의 말과 행위를 기억함으로써 공적영역 그 자체는 인류가 함께 사는 한 항구적인 것으로 이해된다. 그래서 공동의 공통세계라는 의미는 인간이 동시대의 사람뿐만 아니라 과거나 미래의 사람과도 함께 산다는 뜻으로 넓게 해석된다.

하지만 공적영역의 출현과 유지는 '행위'의 속성이 어느 고정된 틀에 얽매이지 않는다는 점 때문에, 불확실성, 무경계성 그리고 비예측성을 동반한다. 따라서 공적영역의 생명력은 그 항구성(permanent)의 존재여부에 달려있다(Arendt 1968, 55). 공적영역이 불멸의(immortal) 영역으로 살아남기 위해서는 권력(power)의 뒷받침이 필요하다(Arendt 1968, 199–201). '권력'(power)은 '폭력'(violence)과 달리 말하기를 통하여 공적영역을 형성하고 그것을 지속시켜 주는 힘이다.

아렌트에 의하면, '폭력'은 강제적인 힘을 이용하여 타인을 제압하여 자신의 의지를 관철시키는 것이지만 '권력'은 사람들의 공동행동과 상호적 동의와 지지 속에서 형성된 힘이라는 점에서 차이가 있다고 말한다. 따라서 아렌트는 "폭력의 대립물은 결코 비폭력이 아니라 권력"이라고 말한다. 아렌트에 의하면, 폭력이 목적을 이루기 위한 수단이고 목적을 통해서만 정당화될 수 있는 것이라면, 권력은 폭력과 다르게 행위(action)의 가능성이 열려 있는 곳에서 생성된다는 것이다. 즉 사람들이 함께 살아간다는 사실에서 발생하므로, 권력은 개인에게 속하는 것이 아니라 사람들이 말과 행위를 통해 드러난 공통감각(common sense)을 형성할 때, 생겨나는 잠재적인 '약속의 힘'이라는 것이다.

따라서 권력 자체가 이미 정당성을 갖고 있다고 보고 있다. 하지만 권력이 폭력을 사용할 때, 그 권력은 자신의 손아귀로부터 빠져나가는 것을 폭력적 수단을 사용하여 필사적으로 만회하려고 할 뿐이라는 점에서, 폭력을 사용하는 권력은 이미 권력이 아니며 아무런 정당성도 없다고 보고 있다. 즉, 권력이 사람들이 모여서 함께 대화하고 소통할 수 있는 공간을 빼앗고, 사람들이 서로 토론하며 자신을 발견하고 공동으로 성찰할 수 있는 있는 기회를 박탈하거나 사람들의 공동행동으로 나아가는 것을 봉쇄하기 위한 목적으로 사용된다면, 그것은 더 이상 권력이 아니라 폭력이라는 것이다.

상술한 바와 같이 공적영역으로 구체화되는 아렌트의 공공화법은 크게 두 가지 측면에서 세밀하게 설명될 수 있다. 첫째는 외적인 공적영역에서의 대화법이며, 둘째는 내적인 공적영역에서의 대화법이다(Arendt 1978, 32, 99; Arendt 2002, 92–94; 홍원표 2004). 전자는 외적인 차원에서 누구나 보고, 들으며, 공감할 수 있는 가시적인 출현의 대화법이라면, 후자는 내적인 차원에서 비가시적인 자기 자신과의 대화법이다.

특히, 아렌트의 내적 대화법은 소크라테스의 '하나 속 둘'(two-in-one)이라는 사유법을 '나와 다수(관객/관찰자 등)와의 대화'로 확대 재구성한 대화법이다. 즉, 자아 내부에서 대화의 장이 열림으로써 현실적 자아와 자기 자신을 초월하는 자아(즉, 다양한 타인들의 입장과 의견들을 고려하는 자아) 사이에 교감이 이루어지는 대화법이다. 특히, 아렌트는 이 같은 내적 대화법의 가능성과 의미를 말과 사유와의 관계 속에서 다음과 같이 설명하고 있다.

> "스스로 비가시적이면서 비가시적인 것을 다루는 정신활동은 말을 통해서만 자신을 드러낸다…사유하는 존재는 말하려는 충동을, 말하는 존재는 사유하려는 충동을 가지고 있다"(Arendt 1978, 99; Arendt 2002, 152-153).

그에게 있어 사유의 본질은 '대화를 통해 타인과 함께 생각하기'이며, 그것은 '타인과 함께 살아가기'와 같은 의미이다. 내적 대화법에서 초월적 자아를 확보할 수 있는 것은 자아 내부에 '비판적 거리'(critical distance)를 확보함으로써 가능해진다(유홍림 2005, 362-363). 이 비판적 거리의 확보는 다른 사람의 관점을 고려하기 위한 확장된 사고(enlarged thought)와 마음의 확장(enlargement of mentality)을 통해서 가능해진다(Arendt 2002, 92-94).

즉, 공통감각은 마음의 확장을 가능하게 해준다. 마음의 확장과정을 통해 우리는 자신의 판단을 타인의 실제적 판단이 아닌 가상적 판단과 비교함으로써 우리 자신을 타인의 입장에 서게 할 수 있다. 따라서 확장된 사고는 주관적이고 사적인 조건들이라고 할 수 있는 자기이해(self-interest)를 배제함으로써 비판적 거리를 확보할 수 있다.

이상의 논의를 볼 때, 아렌트의 공공화법은 '공통감각'과 '콘서트적 말하기'라 할 수 있다. 따라서 그의 말하기의 관건은 첫째, 정치의 핵심원리로서 다양한 사람들이 자신의 말과 목소리를 가지고 자신의 개성을 드러낼 수 있겠는가 하는 점이다. 둘째, 동일한 대상을 '관점의 복수성'을 통해 여러 측면에서 조망할 수 있는 '진리'가 아닌 '의견'(opinion)의 다양성을 확보하여 공적영역을 형성할 수 있겠는가 하는 점이다. 셋째는 물리적이고 시간적인 제약에 따른 외적인 공적영역의 한계를 내적인 공적영역의 차원으로 확대시켜 자아와 초자아 사이에 '비판적인 거리두기'를 확보할 수 있는지 하는 점으로 요약된다.

Ⅳ. 바흐친의 논의: 다성악적 대화법

1. 다성악과 카니발 공간

바흐친(1895-1975)은 소련 스탈린시대 국가의 공포와 이념적 획일주의로부터 부자유를 체험한 인물이다. 그는 그 누구보다도 말과 소설 그리고 광장이라는 소통의 공간 속에서 인간세계의 다양성과 복잡성 그리고 모순성이 존재한다는 사실을 긍정하였고, 그러한 조건 속에서 사람들이 함께 살아가는 방법을 찾기 위해 노력하였던 사상가이자 문예평론가이다.

그는 보고, 느끼며, 살아가고자 했던 세계를 죽음과 탄생, 공포와 웃음, 위와 아래 등 서로 이질적이고 모순적인 것이 동일한 시공간에 서로 융합되지 않은 채로 함께 공존하는 세계로 규정하였다. 즉, 그에게 있어 말과 소설 및 광장은 공포가 일방적으로 독점하는 공간이 아니라 공포와 웃음이 함께 경쟁하며 공존하는 공적인 세계였다(이득재 2003, 76).

그는 1929년 러시아가 스탈린주의와 사회주의 리얼리즘이라는 하나의 목소리로 획일화되면서 단성화되고 있을 때, 『도스토예프스키 시학의 제문제(*Problems of Dostoevsky's Poetics*. 1929)』라는 저서를 통해 자신의 '다성악'(polyphony)과 '대화주의'(dialogism)라는 혁명적 이론을 선보였고, 이것을 통해 자유롭게 저항하였다(Bakhtin 1984).

그는 앞 저서에서 "독립적이며 융합되지 않는 다수의 목소리들과 의식들 그리고 각기 완전한 가치를 띤 목소리들의 다성악(polyphony)은 바로 도스토예프스키 소설의 핵심적인 특징"이라고 다성악의 기원을 소개하였다(Bakhtin 1984, 6). 바흐친은 권력을 가진 작가중심의 독백적인(monologic) 소설에 반대되는 개념으로 음악용어를 빌려 쓴 '다성악'적 소설의 창시자로 도스토예프스키를 소개하면서, 그의 소설작품에 드러난 다성악의 특징을 다음과 같이 요약하였다.

"그의 작품에서 전개되고 있는 것은 한 작가의 의식에 비친 단일한 객관적 세계에서의 여러 성격들과 운명들이 아니라, 동등한 권리와 각자 자신의 세계를 가진 다수의 의식들이 비융합성을 간직

한 채로 어떤 사건의 통일체 속으로 결합하고 있는 과정이다. 도스토예프스키의 주요한 주인공들은 실제로 예술가의 창조적 구상 속에서 작가가 하는 말의 객체가 될뿐더러 독자적이고 직접적으로 의미하는 말의 주체가 되기도 한다…주인공의 의식은…대상화되어 있지 않고, 닫혀져 있지 않고, 작가 의식의 단순한 객체가 되고 있지 않다. 이런 의미에서 도스토예프스키의 주인공 상(像)은 전통적 소설에 나오는 인습적인 객체적 주인공상이 아니다"(Bakhtin 1984. 7).

그에 의하면, 인습적인(전통적인) 소설유형에는 작품 속 주인공들의 목소리가 권력을 가진 작가의 목소리에 막혀 독자적으로 들리지 않는 것에 반해 도스토예프스키의 소설유형에서는 작가가 주인공들 각자에게 완전한 독립적 자율성을 부여하였다는 것이다. 이것의 의미는 세 가지로 요약된다. 첫째, 주인공이 권력을 가진 작가가 하고자 하는 말의 대상이 아니라 스스로 자신의 가치를 말하고 판단하는 자율성을 가진 존재이다. 작가 도스토예프스키는 자신의 작품속에서 마치 인간을 창조한 신이 인간에게 자유의지를 부여한 것처럼, 주인공들에게 자유의지를 부여하였다.

둘째, 도스토예프스키가 창조한 다성악 소설 속에서는 작가와 반대되는 주인공들의 다양한 목소리와 의식들이 경쟁적으로 병존하게 됨에도 불구하고, 다수의 다양한 목소리들은 작가의 한 가지 목소리에 따라 최종적으로 융합되는 것을 목적으로 하지 않는다.

셋째, 그럼에도 불구하고, 다성악적 소설에서는 다양한 목소리를 내는 주인공들의 목소리가 작품의 전체적인 통일성을 방해하지 않는다. 상이한 가치와 색깔을 가진 주인공들의 목소리들이 대화과정을 통해 자연스럽게 작품의 통일체 속으로 결합된다. 다시 말해서, 바흐친이 도스토예프스키에게서 발견한 것은 도스토예프스키가 말 못하는 노예적 주인공들을 창조한 것이 아니라 권력을 가진 창조주인 작가와 동등한 위치에서 창조주에게 순종하지 않거나 때로는 경쟁하고 저항까지 할 수 있는 자유의지를 가진 주인공들을 창조해냈다. 그럼에도 불구하고 그 주인공들은 전체 작품을 통일성을 위협하지 않는다(김근식 1990).

그렇다면 도스토예프스키의 다성악적 소설은 전통적인 단성악적 소설과 어떻게 다른가? 우선 단성악적 소설은 작품의 전체적인 구성이 전적으로 권력을 가진 작가의 의도와 목소리에 의해 탄생된다. 주인공들은 모두 작가의 목소리를 드러내기 위한 수단으로 존재한다. 즉, 작가는 자신의 의식을 드러내기에 적합한 주인공들을 창조해 놓고 그를 대리인으로 내세워 자신의 목소리를 전달한다. 단성악적 소설에서 주인공은 작가와 별개의 목소리를 가진 자율적인 인물들이 아니라 작가에 종속된 인물이다. 따라서 작품 속 주인공들과 작가 사이의 대화관계는 성립될 수 없고 불필요하다. 그렇기 때문에 단성악적 작품 속에서 독자들이 들을 수 있는 것은 오직 작가의 일방적이고 독백적인 목소리일 뿐인 것이다(정미진 2005).

단성악적인 독백주의에 반대하기 위해 도스토예프스키에 의해 창조된 다성악적 세계 또는 다성악적 가치는 바흐친에 의해 '카니발(carnival) 이론' 또는 '카니발적 공간개념'으로 더욱 명료하게 이론적으로 발전되었다. 바흐친은 카니발적 세계관에서 단성악적인 독백주의가 약화될 수 있다는 것을 발견하였다(Bakhtin 1984, 107).

카니발은 고대 로마의 농신제(農神祭)와 중세와 르네상스 시기 부활제(復活祭) 및 바보제의 형식으로 계승되어온 민중들의 광장축제로서, 이것은 "성스러운 것과 속된 것, 높은 것과 낮은 것, 위대한 것과 열등한 것, 현명한 것과 우매한 것 등을 친숙하게 하고, 통합시키고, 혼약(婚約)시키고, 결합시킨다"(Bakhtin 1984, 123)고 보았다.

그에 의하면, 카니발은 이중적이고 상호모순적인 의식으로, 연기자나 관객의 구분도 없고 모두가 적극적인 참가자로 등장한다. 따라서 카니발에서 모든 인간들의 삶은 관조하는 것도 공연하는 것도 아니며 카니발 그 속에서 함께 사는 삶인 것이다. 즉, 카니발적 삶이란 '통상적인 궤도에서 벗어난 삶'(carnivalistic life is life drawn out of its usual rut)이며, 어느 한도에서는 '뒤집혀진 삶'(life turned inside out), '거꾸로 된 세상'(the reverse side of the world)이다(Bakhtin 1984, 122−123).

카니발 속에서는 일상적인 생활의 질서와 체계를 규정하는 구속, 금기, 법칙들이 자유롭게 제거된다. 무엇보다도 위계질서와 거기에 관련된 공포, 공경, 경건, 예절 등의 형식이 모두 제거된다. 사회적·계급적 불평등과 그 밖의 연령 불평등이 모두 제거되는 것이다. 그럼으로써 사람들은 신분, 지위, 연령, 재산으로부터 해방되어 카니발이 벌어지는 광장에서 자유롭고 거리낌 없이 서로 교류하고 접촉한다.

바흐친이 카니발에 주목했던 이유는 정상 질서를 폭파하는 웃음과 패러디, 이질언어(heteroglossia), 대화성(the dialogic) 등의 요소들이 서로 상호작용하는 가운데, 이러한 카니발적 요소들이 인간의 삶과 공동체를 정화시켜줌으로써 새로운 활력과 자유를 제공해 줄 수 있다는 가능성 때문이다. 그에 의하면 이러한 카니발적 세계관속에서는 다성악이 존재하기 때문에 서로 이질적이고 양립 불가능한 것처럼 보였던 요소들이 놀랄 정도로 한 장르의 유기적인 전체로 연결될 수 있으며, 바로 그렇기 때문에 그 속에서 새로운 생동감과 자유가 발생할 수 있다는 것이다(Bakhtin 1984, 134).

2. 다성악적 대화법

바흐친은 다성악적 소설을 통해 "도스토예프스키는 그 시대의 대화(dialogue)를 들을 수 있었을 뿐만 아니라 위대한 대화를 통해서 그 시대를 들을 수 있었고, 그 시대 속에서 개별적 목소리뿐만 아니라 무엇보다도 먼저 목소리들 사이에 있는 대화관계들과 그 목소리들의 상호작용을 포착하는 데 천재적인 재능을 소유하고 있었다"고 평가하였다(Bakhtin 1984, 90).

바흐친의 도스토예프스키에 대한 이러한 평가는 그의 다성악이론으로 승화되었다. 바흐친의 이론은 도스토예프스키라는 소설작가와 문학비평 및 소설창작론이라는 형식을 통해 전개되었지만, 그의 방법론인 다성악과 다성악적 대화법은 철학, 언어학, 미학, 문학, 심리학, 사회학, 해석학, 페미니즘, 정치학에 이르기까지 학문의 경계를 초월하여 세계를 해석하고 문제를 해결하는 하나의 새로운 패러다임으로 발전되었다(이문영 2000; 김홍우 2007; 정화열 2009).

특히, 그의 다성악적 대화법은 권력을 가진 작가와 주인공의 관계(또는 이것을 확대한 정치인과 시민, 정부·정당과 시민, 선생과 학생 등)에 있어서 서로 종속적이지 않은 다양한 목소리를 내는 가운데 대화관계를 통해 경쟁과 공생을 추구한다. 따라서 이러한 점에서 바흐친의 다성악적 대화법은 현실세계와 인간의 삶을 속단과 편견 및 예단없이 풍부하고 역동성 있게 이해하면서 살아가기 위한 경험적인 인식론이자 규범적인 방법론으로 이해할 수 있다.

즉, 그는 "산다는 것은 대화에 참여하는 것이다(Life by its very nature is dialogic. To live means to participate in dialogue)"(Bakhtin 1984, 293)라고 언급할 정도로, 타자와의 소통을 전제로 하지 않는 모든 실존적, 윤리적, 인식적, 문학적, 미학적, 정치적 행위의 무익함을 깊이 성찰하고 있다. 바흐친의 다성악적 대화법의 핵심은 작가와 주인공간의 대화관계의 연장선상에 있는 나와 타자간 관계가 단성악적인 독백적 대화가 아니라 깊고 풍부한 다성악적 대화를 추구한다는 것이다. 단성악적 독백주의를 분쇄시킬 수 있는 다성악적 대화법 속에서 주인공은 사상적으로 권위와 자주성을 지니게 된다. 따라서 주인공은 작가가 하는 말의 대상이 아니라 스스로 완벽한 가치와 권리를 지니고 있는 주관적 사상의 보유자가 된다(Bakhtin 1984, 5-6).

그렇기 때문에 작가에 의해 창조되는 여러 행위자들은 다성악적 대화에 참여할 수밖에 없다. 대화에 참가하는 작가는 무로부터의 창조가 아니라 창조행위 이전에 먼저 존재하는 다성악적 세계와 이것에 기반하여 존재하는 주인공의 삶을 기억하고 발견하며 재창조하기 위한 역할에 주목한다. 때문에 작가는 단성악적인 독백주의를 경계하기 위한 노력으로서, 서로 이질성을 가진 다양한 목소리와 의식을 존중하되 그것들 간의 상호작용과 상호의존성을 통해 전체적인 통일성과 긴장성을 유지하는 방법으로 대화를 선택할 수밖에 없다.

따라서 바흐친은 자신이 발견한 다성악적 대화법의 특징으로 대화를 나누되 어떤 하나의 관점으로 최종적인 결론을 내리지 않고 유보한다는 점에서 '잠정적 결론'에 도달하는 대화법을 선택하고 있다. 자신의 대화법에 대한 바흐친의 말을 살펴보면 다음과 같다.

> "도스도예프스키의 세계는 예술적으로 조직된 정신적 다양성의 공존이자 상호작용이지 [단성악적인 고백주의처럼: 필자삽입] 유일한 정신의 생성단계들이 아니다…도스토예프스키의 세계는…변증법적일지언정 체계적으로 독백적인 철학적 최종화(systemically monologic, philosophical finalization)를 찾기란 공연한 일이 될 것이다. 왜냐하면 작가가 철학적 최종화를 달성할 수가 없어서가 아니라 그 최종화가 작가의 구상 속에 들어가 있지 않았기 때문이다" (Bakhtin 1984, 31).

> "도스토예프스키의 소설을 최종화시키는 카타르시스는(The catharsis that finalized Dostoevsky's novel)… 다음과 같이 표현할 수도 있을 것이다. 최종적인 일[최종화: 필자삽입]은 이 세계 속에서 아직 한 번도 일어나지 않았으며, 세계에 대한 최후의, 그리고 세계의 최후의 말은 여지껏 발설된 적이 없었고, 세계는 열려 있으며, 자유롭고, 아직 모든 것은 앞에 있으며 영원히 앞에 있을 것이다"

(Bakhtin 1984, 166).

이상의 언급들은 바흐친의 다성악적 대화법의 핵심을 보여 주고 있다. 그 핵심은 어느 하나의 시각으로 또는 어느 하나의 목소리로 최종적인 결론을 내리지 않는 것이다. 다성악적 대화법 속에는 "한번 결정되면 최후까지 영원히 변치 않는 결정적이고 최종화시키는 말이 존재하지 않는다. 이런 까닭에 '그는 누구인가?' 라는 질문에 정답을 제공하는 확고한 주인공의 이미지도 존재하지 않는다. 여기에는 오르지 '나는 누구인가?'와 '너는 누구인가?'라는 질문 밖에 없다. 그러나 이 질문들도 영원히 완결되지 않은 내부적 대화 속에서 끊임없이 메아리치고 있을 뿐이다. 주인공의 말이나 주인공에 관한 말은 자기 자신이나 상대에 대한 폐쇄되지 않은 대화관계로부터 생겨난다. 그러한 이유로 작가의 말도 주인공과 주인공의 말을 사방에서 포위하거나 혹은 가두어버리는 방식으로 최종화시킬 수 없는 것이다"(Bakhtin 1984, 251). 따라서 다성악적 대화법에는 최종적인 결론을 유보한 상태에서 잠정적인 수준에서의 결론만이 있을 뿐이다.

이상의 논의들은 마치 마르크스가 자신의 이론을 '절대적인 것'으로 숭상하는 사람들에게 자신은 '마르크스주의자'가 아니라고 하면서 마르크스주의를 비판한 것처럼, 다성악을 발견한 자신들을 도스토예프스키주의나 바흐친주의로 절대화시키거나 고정화시켜서는 안된다는 말로 들린다.

왜냐하면 바흐친이 이 같은 다성악적 대화법의 핵심을 발견하고 이것을 유지하기 위해 노력하는 배경에는 그가 다성악적 세계에 대한 깊은 통찰을 전제로 그 속에서의 취해야 할 일종의 소크라테스적 진리관을 수용하고 있기 때문이다. 그는 "진리란 개별적인 인간의 머릿속에서 탄생되지도 않고 발견되지도 않는다. 때문에 진리는 공동으로 그것을 탐구하는 사람들 사이에서(between people), 대화와 교류과정에서(dialogic interaction) 탄생된다"고 보고 있다. 즉, 다성악적 대화법이 상정하고 있는 진리관은 사람들 사이의 대화를 통해 부단히 변증법적으로 형성되는 '상호주관성'(inter-subjectivity)의 영역에서 형성되고 발견되며 재구성되는 진리라는 점에서, '소크라테스식 대화법'을 계승하고 있다고 볼 수 있다(Bakhtin 1984, 110).

요약해보자면 이러한 다성악적 대화법의 핵심은, 작가로 상징되는 현실세계의 다양한 사람들(정치인, 교육자, 정당 등)이 자신이 발견하고 창조한 주인공들과 인물들(시민, 학생, 지지자 등)에게 권위와 자유의지 및 개성들을 부여하고 돌려줌으로써, 그들의 활동무대와 공간이 보다 다성악적이고 대화공간을 지향하도록 하는 것이다. 예를 들어, 이러한 다성악적 대화법을 정치영역과 교육영역에 적용해 볼 경우 다음과 같은 대화관계를 상상할 수 있을 것이다.

단성악적인 대화법에서 정치인과 시민의 관계 그리고 선생과 학생의 관계는 위계적이며 대화가 불필요하다. 정치인과 선생은 자신의 시각과 목소리로 최종적인 결론을 내리고 그것을 가지고 시민과 학생을 계몽하고 동원하며 명령하려고 하기 때문이다. 하지만 다성악적 대화법에서 정치인과 시민의 관계 그리고 선생과 학생의 관계는 수평적인 대화이다. 왜냐하면, 정치인과 선생은 자신의 시각에서의 최종적인 결론을 유보할 수밖에 없으므로, 계몽가와 조직가가 아니라 다양한 의견을 반영하면서 토론을 이끄는 '사회자'의 역할에 머물 수밖에 없기 때문이다.

그렇다면 다성악적 대화법에서 핵심적으로 문제가 되는 것은 무엇일까? 바로 어떤 사람의 말이 다성악적 대화법에 가까운지 여부를 어떻게 판단할 수 있을까하는 점이다. 이것에 대한 답은 잠정적일 수밖에 없다. 즉, 말하는 사람의 대화법이 자신의 생각을 절대적인 진리로 만들려는 태도를 포기하면서, 여러 사람들의 다양한 의견 중에 하나의 의견 정도로 머물도록 최종적인 결론도 내리지 않고, 잠정적인 수준에서 멈추려고 신경쓰는가에 따라 달려있다.

V. 결론

본 글은 두 가지 문제의식에서 출발하였다. 첫째, 최근 한국 정당의 조직문화와 소통문화에서 등장한 대깨문, 대깨명, 태극기부대로 표현되는 강성당원들의 존재와 이들의 이탈된 행태가 민주주의 규범을 앞세우는 시민참여적인 정치문화와 시민정당에서 벗어났다는 비판적인 문제의식에서 출발하였다. 둘째, 본 글은 이들의 일탈된 행태를 진단하고 처방하기 위한 대안적 논의를 이끌기 위한 실험적 모색에서 출발하였다.

서론에서 이런 강성당원들의 존재와 이들의 이탈된 모습은 '민주시민'이 과연 존재할 수 있는 것인지, 그리고 민주시민의 참여에 의해 운영되는 '시민정당'이 가능한 것인지를 문제 제기하면서 이런 현상을 푸코의 이론에 의존하여 '권력중독현상'으로 보고 이에 대한 진단과 처방을 위해 권력작용에 저항하는 대항적 품행으로서 시민주체의 자유로운 발화행위에 주목하였다. 자연스럽게 푸코의 '정치적 파레시아'에 대한 논의와 함께 유사한 접근을 시도한 아렌트의 공공화법과 바흐친의 다성악적 대화법을 함께 검토하였다.

본 글은 권력과 의사소통의 관계를 문제 제기하는 차원에서 이론적인 탐색을 시도하고는 있지만 탐색수준을 넘어 엄밀한 내용과 대안을 제시하지 못하는 한계를 가지고 있다. 특히, 이번 시도는 푸코, 아렌트, 바흐친의 논의를 엄밀하게 비교한 것이 아니라 사례의 연관성 속에 함께 다루는 데 그 의의와 한계가 있다.

이런 한계들은 추후 비판을 통해 보완되어야 할 것이다. 그럼에도 불구하고, 본 글은 민주화 이후 시대상황에 부합하는 적실성 있는 시민공론장 형성을 위한 대화형 정치모델로서 푸코의 정치적 파레시아, 아렌트의 공공화법, 바흐친의 다성악적 대화법을 이론적으로 함께 검토하는 가운데 그 시사점을 찾으려고 했다는 데 실험적인 의의가 있다.

푸코가 말하는 정치적 파레시아의 특징은 여러 위험 속에서도 용기있게 진실을 말함으로써 아첨꾼과 선동꾼의 인기영합적인 말하기로부터 민회와 아고라가 타락하지 않도록 시민공론장을 방어하는 역할을 한다는 점이다. 아렌트가 말하는 공공화법의 특징은 정치의 핵심적 운영원리로서 다양한 복수의 사람들이 다양한 차원에서 제기하는 말하기를 통해 형성되는 공적영역(public realm) 또는 콘서트적 행위(action-in-concert)라는 점이다.

그리고 바흐친이 말하는 다성악적 대화법의 특징은 첫째, 이질적이고 다양한 복수의 목소리가 존재하는 상황을 매우 상식적인 것으로 적극 수용하고 있다는 점이다. 따라서 작가로 상징되는 현실세계의 다양한 권력자들(정치인, 교육자, 정당 등)이 자신이 발견하고 창조한 주인공들과 인물들(시민, 학생, 지지자 등)에게 자유의지와 개성들을 부여함으로써 말할 수 있는 조건을 확보한다는 점이다. 둘째, 작가중심의 단성화된 시각에 입각한 최종적인 결론 대신에 잠정적인 수준의 결론을 내린다는 것이다. 바로 이 점 때문에 다양한 목소리가 공명을 내면서 보다 다성악적인 대화공간을 연출할 수 있다는 점이다.

이러한 푸코, 아렌트, 바흐친 논의는 몇 가지 이론적 시사점을 제공한다. 첫째, 한국 시민사회가 민주화 이후 민족 대 반민족, 민주 대 반민주, 진보 대 보수라는 이분법적인 선악관에서 벗어나 복잡성, 다양성, 이질성, 유동성이 중첩되어 있다는 '변화된 현실'을 이해하는 데 이론적 시각을 제공하고 있다. 이어서 이것은 이른바, '빠 정치'와 '팬덤 정치'에 포획된 한국 정당정치의 문제점인 단성악적 독백주의로부터 벗어나기 위한 처방도 동시에 제공해주고 있다.

즉, 진보의 방향 혹은 보수의 방향이라는 하나의 목소리로만 나아가려는 극단주의(편향성)를 경계하면서, 생각과 의견의 다양성과 이질성을 존중하는 가운데 공공성에 기반한 토의민주주의를 강조함으로써 사회통합과 공화주의적 융합에 도달할 수 있는 가능성을 주고 있다. 둘째, 토의민주주의를 내실화 시킬 수 있는 이론적 실마리를 제공해주고 있다. 셋째, 푸코 및 아렌트와 바흐친의 대화법은 '말 차원의 거버넌스 논의'에도 이론적 시사점을 주고 있다.

무엇보다도 한국 정당정치를 정상화시키기 위해서는 2009년 노무현 전 대통령의 서거와 박근혜 전 대통령 탄핵을 계기로 등장한 타인의 존재를 부정하는 증오에 기초한 복수정치, 공멸정치에서 벗어나 타인과 다양성의 존재를 인정하는 공론정치, 상생의 정치가 부활되어야 한다는 점이다(채진원 2016; 채진원 2019). 당연히 그 핵심에는 처지가 다른 여러 행위자들을 인정하는 것에서 출발하는, 토의민주주의를 기초로 하는 정당정치의 정상화가 핵심이다. 다시 말해서 민주화 이후에는 다양성과 복잡성 및 유동성이 커지기 때문에, 민족 대 반민족, 민주 대 반민주, 진보 대 보수라는 '단성악적인 이념'과 정파적 편향성에 기초하기 보다는 '시민들의 구체적인 삶'에 기초한 실용적이며 다성악적인 목소리가 필요하다.

즉, 다양한 사람들이 여러 목소리를 내면서 함께 공존하며 살아야 한다는 다성악적인 세계를 존중할 필요가 있다. 따라서 진보이념이나 보수이념도 절대적인 진리가 아니라 다양한 의견 중에 하나의 의견 정도로 보고, 최종적인 결론이 아니라 잠정적인 결론 수준에서 위치할 필요가 있다. 무엇보다도 이것이 가능해지기 위해서는 정당의 내부 구조가 보다 개방적이고 다성악적으로 변화할 필요성이 있다(채진원 2009).

참고문헌

강민경. 2021. "민주 당원게시판에 이낙연 퇴진·이재명 출당 투표 대결." 《연합뉴스》 (1월 8일), https://www.yna.co.kr/view/AKR20210108050900001.

김근식. 1990. "서평–도스또예프스끼 연구의 현단계와 바흐찐의 〈도스또예프스끼 시학〉." 『러시아소비에트문학』 1권, 217–223.

김홍우. 2007. 『한국 정치의 현상학적 이해』. 서울: 인간사랑.

손원제. 2021. "[유레카] 의회 난입, 미국보다 빨랐던 '태극기부대'." 『한겨레』 (1월 10일), 26.

유홍림. 2005. "민주적 가치관 정립의 과정과 조건." 『가치와 한국 정치』. 서울: 소하.

이득재. 2003. 『바흐찐 읽기: 바흐찐의 사상, 언어, 문학』. 서울: 문화과학사.

이문영. 2000. "바흐찐 이론과 사상의 체계적·통일적 전유를 위한 서론." 『러시아어문학연구논집』 8권, 158–180.

정미진. 2005. "조세희의 난장이가 쏘아 올린 작은 공 연구: 다성성(多聲性)을 중심으로." 경상대학교 석사 학위 논문.

정화열. 2009. "미하일 바흐친의 대화주의 문학이론 정신에서 본 정치평론." 『정치와 평론』 4집, 5–28.

채진원. 2009. "민주노동당의 변화: 원내정당화 현상을 중심으로." 『의정연구』 15권 1호, 261–291.

채진원. 2016. 『무엇이 우리 정치를 위협하는가』. 서울: 인물과 사상사.

채진원. 2019. 『공화주의와 경쟁하는 적들』. 서울: 푸른길.

홍원표. 2004. "언어행위와 공공영역: 대화, 논쟁, 이야기하기를 중심으로." 『세계지역연구논총』 22집 1호, 91–116.

Arendt, Hannah 저 · 김선욱 역. 2002. 『칸트 정치철학 강의』. 서울: 푸른숲.

Arendt, Hannah 저 · 홍원표 역. 2004. 『혁명론』. 서울: 한길사.

Arendt, Hannah. 1961. *Between Past and Future*. New York: Viking Press.

Arendt, Hannah. 1968. *The Human Condition*. Chicago: The University of Chicago Press.

Arendt, Hannah. 1978. *The Life of Mind: Thinking*. New York: Harcourt, Brace Jovanovich. Inc.

Bakhtin, Mikhail. 1984. *Problems of Dostoevsky's Poetics,* edited and translated by Caryl Emerson. Minneapolis: University of Minnesota Press.

Foucault, Michell 저 · 김상운 역. 2015. 『사회를 보호해야 한다: 콜레주드프랑스 강의 1975~76년』. 서울: 난장.

Foucault, Michell 저 · 심세광 역. 2007. 『주체의 해석학: 1981–1982, 콜레주드 프랑스에서의 강의』. 서울: 동문선.

Foucault, Michell 저 · 오생근 역. 2012. 『감시와 처벌: 감옥의 탄생』. 파주: 나남.

Foucault, Michell 저 · 오트라망 · 심세광 · 전혜리 역. 2011. 『안전, 영토, 인구: 콜레주드프랑스 강의 1977~78년』. 서울: 난장.

Foucault, Michell 저 · 오트르망 · 심세광 · 전혜리 역. 2016. 『비판이란 무엇인가: 자기수양』. 파주: 동녘.

Foucault, Michell 저 · 오트르망 · 심세광 · 전혜리 역. 2017. 『담론과 진실: 파레시아』. 파주: 동녘.

Foucault, Michell 저 · 이규현 역. 1986. 『말과 사물』. 서울: 민음사.

Foucault, Michell 저 · 이규현 역. 2010a. 『광기의 역사』. 파주: 나남.

Foucault, Michell 저 · 이규현 역. 2010b. 『성의 역사 1: 지식의 의지』. 파주: 나남.

Foucault, Michell. 2010c. *The Government of Self and Others: Lecture at the*

College de France 1982-1983, translated by Graham Burchell. New York: Picador.

Foucault, Michell. 2011. *The Courage of Truth: The Government of Self and Others* Ⅱ. *Lecture at the College de France 1983-1984*, translated by Graham Burchell. New York: Palgrave.

2부

통치성 제도와 정책

5장 행정과 국가: 푸코의 통치성 관점에서*

김정부

I. 서론

푸코의 통치성(governmentality) 개념은 사회과학 연구에서 매우 널리 적용되고 있으나, 행정학에서 이 개념을 활용한 연구는 흔치 않다. 행정학에서 푸코의 접근법 연구들은 20세기 초 미국에서 통치성 형성의 맥락과 내용을 살펴보거나(Cawley and Chaloupka 1997), 정책네트워크, 국가의 공동화(hollowing out the state), 거버넌스 등의 비교적 최근 현

* 이 글은 *International Review of Public Administration* (2021)에 게재된 "Rethinking public administration and the state: A Foucauldian governmentality perspective"를 수정·보완하여 우리말로 번역한 것이다.

상을 권력의 다면성(multiplicity) 차원에서 이해하고자 한다(Bang and Esmark 2009; Merinetto 2003). 구체적 정책분야를 대상으로 한 연구는 공공보건 정책에서 행위자들 간의 관계에 개재하는 권력작용을 분석하고 있다(Ferlie and McGivern 2013). 권력관계에 대한 분석을 핵심내용으로 하는 행정이론의 필요성이 제기되고(Farmer 1995) 있는 반면, 이러한 몇몇 행정학 연구들은 아직 행정학의 기원, 기본 접근방법 및 가정, 발전과정 등 행정학 전반에 대해 직접적으로 푸코의 접근법을 적용하여 분석하지는 않고 있다. 특히, 전통적인 권력 개념과 국가에 대한 푸코의 비판을 논거로 하여 행정현상과 행정학, 국가의 통치작용에 대해 비판한 연구는 찾기 어렵다. 이러한 기존 연구의 한계를 염두에 두고, 본 장에서는 푸코의 통치성 개념을 적용하여, 특히 행정관행과 제도들에 생명을 불어넣지만 아직 본격적인 반성적 논의의 대상이 되지 못한 실체(즉, 국가)에 초점을 맞춰, 행정학의 근본적 기반과 지향에 대해 비판적으로 논하고자 한다. 나아가, 행정을 통한 국가권력의 작용에 초점을 맞춘 본 장은 통치대상인 유권자, 시민, 공공서비스 수혜자 또는 소비자로서 구성되는 공중(the publics)이 취할 수 있는 권력작용으로서의 행정에 대한 반작용 전략(counter-administrative strategy)의 가능성을 탐색하고자 한다.

푸코가 1978-9년 파리대학(Collège de France) 강의(Foucault 2007)에서 제시한 통치성 개념은 그의 독특한 권력 이해의 연장선상에 있다. 바로 직전(1976-1977) 강의에서 푸코는 권력은 근대 자유주의나 마르크스주의에서 이해하는 것처럼 전취·소유·거래되거나 어떤 한 곳에 집중하는 것이 아니라, 널리 퍼져 유통한다고(diffuse and circulating) 주장한다(Foucault 2003). 푸코에 따르면, 근대정치철학은 권력이 소유할 수 있는 것으로서 특정인이나 조직단위에 집중할 수 있다고 보기 때문에 "왕의 머리"(king's head)로 상징되는 주권, 법, 금지의 문제를 여전히 넘어서지 못하고 있다(Foucault 1994b). 그리고, 국가의 통치수단(governing arm)으로서의 행정에서 "왕의 머리"를 자르기 위해서는 푸코의 대안적 권력 개념에 입각하여 전혀 다른 방식으로 공공관료제를 이해하는 것이 필요하다(Farmer 1995). 만약 권력이 산재적이고 비집중화되어(decentered) 있는 것이라면, 권력은 위로부터 억압적일 뿐만 아니라, 아래로부터는 생산적이고 구성적일 수 있다. 권력이 아래로부터 생산적이라면, 공공관료제를 통한 국가권력의 통치작용에 대해 시민들이 비켜서거나, 엇나가거나, 반발할 수 있는 가능성 또한 엄존할 것이다. 권력에 대한 이러한 이해를 전제하는 통치성 개념은 행정학과 행정의 기원, 나아가 행정이 국가의 통치작용에서 차지하는 위치·역할에 대해 비판적 시각을 취할 수 있게 한다. 또 통치성에 입각한 행정 및 행정현상에 대한 이해는 시민과 국가관료제 간의 상호작용을 생산적(productive) 권력작용의 일환으로 볼 수 있도록 하여, 행정을 통해 사람들이 어떻게 특정한 정체성을 갖는 시민(유권자, 납세자, 소비자, 수혜자) 또는 통치가능한(governable) 존재로 구성·정의되는지를 탐색할 수 있게 한다.

행정은 인간 공동체의 역사와 궤를 같이할 만큼 사회적 존재로서의 인간의 삶과 불가분의 관계에 있다. 반면, 학문으로서 행정학의 근대적 기원은 16세기 초반으로 거슬러 올라간다. 이때 이후 행정학은 군주, 민주정부, 전체주의정부에 대한 기술적 조언 또는 통치의 기술(art of governing)로서 발전해왔다. 근대국가의 형성과 더불어 행정학은 군주에 대한 정치적 조언에서 나아가 국가의 세입·세출 관리에 없어서는 안 될 실무적 기법(techniques), 그리고 정부 기관들의 조직과 운영에 관한 축적된 지식의 체계로 변모해왔다. 국가기능의 확장과 더불어 행정학은 국가기관을 구성하는 공직자들, 경제, 인구 및 국가 그 자체에 대한 지식의 체계로 자리 잡았다. 실제적 업무로서의 행정은 근대 역사를 통해 국가의 역할과 통치범위의 확대와 더불어 그 중요성이 점점 더 강조되어 왔다. 따라서 행정학과 그 대상인 행정현상은 근대 시기 동안 주권자와 인민 간의 변화하는 관계, 사회에 대한 국가의 역할 강화, 국가기구의 성장 및 변화(transformation)와 더불어 진화해 왔다고 할 수 있다. 즉, 행정·행정학의 발전은 근대국가의 성장 및 역할강화와는 떼려야 뗄 수 없는 관계에 있었던 것이다. 그 관계의 본질은 국가가 행정의 범위와 내용을 규정하였으며, 역으로 행정은 통치하는 존재로서의 국가를 실질적으로 떠받쳐 왔다는 점이다.

이런 점에서 보면, 미국 주류행정학의 기원과 발전은 행정과 국가의 관계에 대한 적극적인 자기성찰적 인식을 결여하고 있다는 점에서 매우 흥미롭다. 미국에서 행정학은 시초부터 국가에 대한 적극적인 인식 없이(stateless) 발전해 왔다는 점에서 매우 특이한데(Stillman 1990), 이는 미국뿐만 아니라 공공부문의 관리와 개혁을 위해 미국의 주류행정학과 그 개혁 아이디어를 수용한 나라들에서 중요한 의미를 갖는다. 주류행정학의 시발점은 Wilson(1887)이라 할 수 있는데, 특히 행정학의 정체성 위기에 대한 논쟁이 한창일 때 저명한 행정학자들이 독일행정학(또는, 독일관방학)에 대한 윌슨의 지적 의존에 대해서 주목하고 있다(Mosher 1968; Waldo 1948). 독일행정학과 미국 주류행정학 간의 지적 연계(lineage)는 정치와 행정의 분립(dichotomy)이라는 매우 편리하면서도 오도된 전제를 바탕으로 하고 있다. 미국 주류행정학은 행정이 정치와는 구분되는, 그러면서 정치의 결정을 집행하는 영역에 국한된다고 이해하면서 정책집행에서의 효율성(efficiency)을 제1의 가치로 삼는 가치지향을 갖게 되었다. 본 장에서 푸코의 통치성 개념에 입각하여 비판하고 있는 바와 같이, 정치와 행정의 분립이라는 잘못된 이해는 행정학이 스스로를 비역사적이고 비정치적인 학문으로 인식하도록 해왔다.

주류행정학의 기원이 독일행정학과 연계되어 있다는 비판, 그리고 국가의 존재가 갖는 의미에 대한 이론적 논의가 부족하다는 본 장의 비판은 국가에 대한 초점이 상대적으로 부족한 기존의 자유주의 및 신자유주의 통치성에 대한 연구들(Burchell et al. 1991; Dean 2009; Miller and Rose 1990; Rose 1992; Rose and Miller 1992)을 보완할 수 있다. 이러한 연구들은 (신)자유주의 통치성 하에서 개인들이 "탁월하게 통치가능해지도록"(eminently governable) (Foucault 2008, 270) 만드는 권력의 기술과 관행에 주로 초점을 맞추고 있는 반면, 국가나 국가의 역할을 1차적인 분석대상으로 삼지는 않는다(Jessen and von Eggers 2020; Lemke 2007). 하지만, 국가는 위로부터는 "멀리서"(at a distance) 통치할 뿐만 아니라, 국가기구 및 공공관료제를 통한 무수한 권력작용의 접점에서는 "아래로부터 밀착하여"(up−close−and−personal) 개인들(시민들)을 통치하고 있다. 본 장은 단일체(unity) 이미지를 투사하는 국가와 국가기구를 통해 일반화 또는 무차별화하려는(totalizing) 권력과 구분·분리의 기제를 통해 차별화하는(individualizing) 권력의 양면성에 주목하면서, 국가의 존재에 대한 이론적 논의의 결핍이 어떻게 행정학과 비판적 시민 간의 단절을 낳게 되었는지를 설명하고 있다. 이를 통해, 특히 질풍과 같은 글로벌화와 급변하는 기술발전으로 인해 어느 때보다 삶의 불확실성·불안정성이 높아진 이때, 대안적인 자기정체성과 삶의 가능성을 탐색하려는 시민들과 행정·행정학 간의 점점 깊어가는 괴리를 강조하고자 한다.

이하의 절에서는 우선 미국의 주류행정학이 그 독일행정학적 기원으로 인해 국가가 행정에 대해 갖는 규정적 의미를 적절한 이론적 논의를 통해 숙고하지 못했음을 주장한다. 독일적 기원으로 인해 주류행정학은 행정이 기반하고 있는 통치의 정치적 맥락에 대해 소홀하게 되었고, 이로 인해 "정부화한"(governmentalized) 근대국가의 통치성 하에서 권력관계가 어떻게 구성되고 재생산되는지, 그리고 행정이 국가권력의 통치작용에서 어떠한 역할을 하는지는 적극적인 연구대상으로 삼지 못했음을 밝힌다. 이를 토대로 본 장은 주류행정학은 공공관리(public management)로부터 정부 내외의 권력관계와 권력적 상호작용(encounters)에로 그 연구관심을 확장할 필요가 있으며, 국가의 기술적 관료적 권력작용에 대한 적극적 수용·회피·거부·반항·저항 등 시민들의 여러 대항행동(counter-conduct)의 가능성과 정책형성·정책집행, 재무·인사행정관행 등에서 드러나는 대항행동의 구체적 양상을 보다 적극적으로 이론화할 필요가 있음을 주장한다.

II. 행정, 통치, 그리고 국가

1. 행정학의 탄생과 정체성에 대한 추구

행정학을 학문으로 탄생시킨 비전, 즉 "행정에 대한 탁월하게 실제적인 과학"(the eminently practical science of administration)(Wilson 1887, 197) 그 자체는 주류행정학이 실제(practice)와 이론을 동시에 지향하고 있음을 드러낸다. 하지만, 이 학문적 모토는 행정학의 탄생부터 그 핵심적 정체성을 의심하게 하는 근본적인 긴장(tension)을 내장하고 있다. 여기서 자명한 수수께끼는 '행정의 실제관행에 초점을 두는 학문이 어떻게 그 지향점, 대상, 방법론을 과학적 기반에 놓을 수 있겠느냐'는 것이다. 이는 일종의 모순어법이라 할 수 있는데, 어떻게 이론에 근거하는 "실제적인 과학"이 가능한가? 윌슨의 이 기념비적인 논문은 행정학의 대상으로 크게 두 가지를 제안한다. 첫째는 정부에게 합당한 관심의 영역, 즉 정부의 정당한 기능이 무엇인지를 확인하는 것이다. 둘째는 이러한 기능을 어떻게 하면 최대한 효율적이며 효과적으로 수행할 수 있는지를 과학적으로 조사하는 것이다. 이렇듯 윌슨은 행정학이 학문적으로 두 갈래를 가질 것으로 보았다. 그 하나는 정부의 적절한 범위와 민간영역에 대응한 정당한 정부의 기능에 대한 것이다. 19세기 말 미국 사회는 하루가 다르게 변모하고 있었으므로, 규범적 가치지향을 포함하여 정부의 범위·역할에 대한 새로운 이론적 논의가 필요하다고 본 것이다. 또 다른 이론적 관심은 정치적 결정들을 신속하고도 효율적으로 실행하는 것이다. 그럼에도 불구하고 윌슨은 텔레그래프나 철도 산업의 등장과 같이 정부역할의 확장을 필요로 하는 새로운 사회경제적 변화를 강조하면서, 행정학의 첫 번째 학문적 대상의 전개방향에 대해서는 더 이상 구체적인 논의를 진전시키지 않고 있다. 반면, 부패에 찌든 미국 지방정부들로부터는 모범적인 행정에 대한 개념화조차 불가능하다고 진단하면서 정치적 결정의 효율적인 집행을 위해 행정에 대한 독일식 접근법(행정학)을 수용하고자 한다. 물론 이는 주류행정학에 매우 심대한 영향을 끼치게 된다. 독일행정학의 수용에 대한 윌슨의 주장은, 미국과 독일의 헌법적 정치적 차이에 대한 무시뿐만 아니라, 행정의 독일적 맥락이 그 행정실제와는 분리될 수 있다는 가정을 바탕으로 하고 있다. 이는 행정학이 정치적 결정의 효율적인 집행만을 대상으로 하는 것일 뿐, 행정과 국가와의 상호 규정적(mutually defining) 관계가 학문적 대상은 아니라는 인식을 전제하고 있는 것이다.

윌슨은 국가가 행정의 양심(conscience)이자 정수이며 행정원칙들이 민주적 정책을 철저하게 체현해야 한다는 점을 강조하면서도, 미국에서 헌법형성(constitution-making) 시대가 실질적으로 마무리되었다는 점에서 이러한 민주주의의 이슈는 대부분 해소되었다고 본다. 대신 그는 계몽, 평등, 신속성, 무저항(without friction) 등과 같은 원칙을 준수하면서 법을 집행하는 데 있어 그간 소홀히 다뤄졌던 실제적인 세부 이슈들(practical details)에로 이론적 관심을 돌린다. 향후 행정학의 전개에 있어 정책실행의 이러한 원칙들 중에서도 특히 신속성과 무저항이 가장 중요한 가치로 전면에 등장하게 된다. 또 행정학의 합당한 역할은 정부정책의 집행에 적용할 수 있는 과학적으로 타당한 관행(practices)을 제시하는 데 있는 것으로 이해된다. 이러한 인식에 따라 행정학의 대상으로서의 행정은 정치의 치열한 에너지로부터 멀찍이 떨어진 "관리의 세계"(a world of business)에 국한된다. 행정은 정치영역의 기저에 배경으로만 존재할 뿐으로, 이는 마치 공산품을 생산하지만, 공산품 자체에는 보이지 않는 기계와 같다. 윌슨은 한 걸음 더 나아가 행정과 정치의 관계를 자유인과 노예 간의 몸과 영혼의 차이에 비유한다. 즉, 자유인과 노예는 그 영혼이 아무리 다를지라도, 그 몸의 구성에는 차이가 없다는 것이다. 윌슨은 본질적으로 정치와 행정은 영혼과 몸의 관계에서와 같이 구분·분리될 수 있으며, 행정은 영혼에 따르는 몸에 해당한다고 본 것이다. 이렇게 하여 행정 및 행정학의 주요 대상 및 핵심가치의 근거가 마련되었다.

행정학의 탄생과 궤를 같이하여, 20세기 초에는 산업화의 진전과 이에 따른 사회경제적 도전, 제1차 세계대전, 진보주의운동(Progressive movement) 등이 맞물려 정부가 사회·경제에 대해 보다 적극적인 역할을 담당해야 한다는 요구가 높아졌다. 이를 반영하여 노동부(1913년)나 연방거래위원회(Federal Trade Commission, 1914년)와 같은 연방정부 기관들이 이때 설치된다. 행정학의 태생적인, 실제적인 관심 및 정부역할의 확대로 인해, 행정학은 당시의 좀 더 거시적인 통치이슈나 국가(정치)와는 더욱 괴리된다. 더구나 효율성을 강조하는 과학적 관리운동의 확산은 (정치로부터 독립된) 과학적 행정원리에 대한 학문적 탐구라는 행정학의 관심과 잘 부합하였다(Gulick 1935; Gulick and Urwick 1937).

정부기능 확대와 팽창이 한창 진행되던 시기에 발간된 행정학의 초기 교과서들에서도 정치와 행정 간의 이러한 오도되고 비현실적인 (illusory) 분리가 매우 구체적으로 드러나고 있다(White 1926; 1939). White(1939)는 사람과 사물에 대한 관리를 통해 국가목표의 달성에 기여함으로써 국가에 이바지하는 것이 행정의 역할이라고 본다. 그에 따라면 행정은 본질적으로 국가기관들이 결정한 공공정책을 집행하여 그 목표를 달성하도록 하는 활동(operations)과 관련된다. 즉, 공공자원을 가장 효율적으로 활용하면서 동시에 보존하는 것이 국가에 대한 봉사로서의 행정의 목표가 된다. 이런 의미에서 행정은 국가기관에 의해 결정된 정책에 대한 가장 효율적인 실행을 통해 국가의 궁극적 목표를 가장 효율적으로 달성하는 것이라고 할 수 있다. 여기서 핵심은 정치가 결정한 정책을 가장 효율적으로 실행하는 것이 행정의 역할이라는 점이다.

행정의 목표에 대한 이러한 이해는 Wilson(1887)이 담고 있는 행정과 정치의 관계에 대한 비전과 정확히 부합한다. 행정은 정치영역에서 한 결정을 기계가 작동하는 것과 같은 방식으로 실행하는 것이다. 이것이 행정이라면, 행정학은 정치적 결정의 본질이나 그 사회경제적 함의에 대해 특별한 관심을 할애할 필요가 없다. 이는 미국 주류행정학이 그 태동부터 독일행정학을 차용하면서도 독일의 정치체제가 그 행정학에 새겨놓은 흔적을 미국행정학에서 배제할 수 있을 뿐만 아니라, 미국의 근본적인 사회구조적 이슈들도 핵심 연구대상으로 고려하지 않는 행정과 행정학이 가능하다고 보았다는 의미이다. 이러한 사회구조적 요인들이 오직 정치인들의 결정을 통해서만 간접적으로 행정·행정학에 의미를 갖는다고 이해한 것이다. 이로 인해 행정학은 정치가 행정에 대해 갖는 본질적 규정적인 의미를 소홀히 다룰 수밖에 없었고, 따라서 사회구조적 요인들과 행정 간의 상호 규정적 관계를 본격적인 이론적 대상으로 삼지 못했다. 20세기의 전 기간에 걸쳐 현재에 이르기까지 공공관리 이슈에 이론적 관심이 집중된 주류행정학의 연구경향은 이를 잘 보여준다고 할 것이다.

이렇게 행정이 비정치적인 도구라면 행정학 자체도 비역사적(ahistorical) 성격을 띠게 되었다. 즉, 역사의 일정한 시점에서 전체 체제의 유지·재생산을 위해 그 한 구성부분으로서 행정이 일정한 기능을 담당한다고 보는 한편, 그 행정의 기능이란 효율적으로 정치적 결정을 집행하는 것일 뿐이라는 것이다(Perez 1993). 이러한 비역사성으로 인해 주류행정학이 담당해야 할 역할은 한 사회의 사회구조적 구성이나 성격을 주어진 것으로 보고, 다만 전체 시스템의 운영에 대한 도전을 관리하기 위한 정치적 결정을 가장 효율적으로 실행하는 방안을 과학적 연구에 근거해 제시하는 것이다. 주류행정학의 비역사적 경향 또한 Wilson(1887)에서 연원하고 있는데, 그는 미국에서 헌법형성기가 매듭시어신 이후에는 행정은 정치의 결정을 다만 실행하는 역할에 집중하는 것이 가능해졌다고 믿었다. 또한, 이런 배경에서 그는 절대왕정에 뿌리를 둔 독일행정학이라 하더라도 그 연원과 흔적에 상관없이 민주정치체제에서도 점점 높아지고 있는 더 효율적 행정의 필요에 대응하는 데에 잘 활용될 수 있다고 보았던 것이다. 이렇게 보면, 정치로부터 행정의 개념적 분립은 주류행정학의 발전에서 가장 결정적이고 편리한 가정이었다고 할 수 있다. 주류행정학의 비역사성은 독일행정학의 역사적 배경이나 프리드리히대왕 시기 프로이센 국가건설에서의 그 역할을 무시한 채 이를 차용하고자 한 전략적 선택 또는 그 필연적 결과(corollary)라 하겠다.

주류행정학의 발전에 있어 또 다른 결정적인 국면이 1940년대 행태주의 연구경향이 한창 무르익는 시점에 전개되었다. 특히 행정학의 기본 가정, 대상 및 방법에 대한 사이먼(Herbert Simon)과 왈도(Dwight Waldo) 간의 논쟁은 행정학에 정체성 위기감(Waldo 1968)을 불러오면서 향후 행정학의 발전에 지대한 영향을 미쳤다. 행정학의 발전과정 전반을 조망한 연구들(Raadchelders 2008; Riccucci 2010; White and McSwain 1990)이 드러내는 바와 같이, 행정과학으로서의 정체성에 대한 치열한 탐구에도 불구하고 아직도 여러 행정학자들이 합의할 수 있는 과학으로서의 공통분모에 이르지는 못하고 있다. 다만, 관리적, 정치적, 법적 접근법(Rosenbloom 1983, 2013)들의 부상이 돋보인다. 또 비교적 최근에는 공공성(publicness)이라는 핵심적 가치를 중심으로 다소 폭넓은 패러다임 안에서 행정학 연구가 진행되고 있다고 보는 시각도 있다(Lan and Anders 2000). 하지만, 공공성이 구체적으로 어떤 방식으로 민간부분과 공공부문의 상대적 역할이나, 정치와 행정의 관계에 관한 행정학의 근본적 가정들을 새롭게 변화시키고 있는지는 아직 분명하지 않아 보인다. 특히, 공공성 개념은 공공관료제와 공공(the public)의 무수한 접점(encounters)에 깃든 국가의 근본적인 현존(presence)에 대한 이해를 제고하는 데에는 큰 도움이 되기 어렵다. 역설적이게도 새로운 정체성을 향한 부단한 노력을 통해 겸허한 인식이 자리 잡게 되었는데, 이는 여러 하위분야에서 다양한 접근법이 공존하는 "후기정상 과학"(postnormal science)으로서 행정학이 그런대로 만족할 만하다는 것이다(Riccucci

2010).

행정학에는 인식론, 근본적 지향, 그 하위분야 등에서 매우 다양한 접근법들이 공존하고 있다. 행정학의 발전과정과 근본과제에 대한 연구들(Riccucci 2010; Raadschelders 2008; Rosenbloom 2019)은 행정학자들이 접근법이나 인식론 등에서는 서로 동의하지는 않더라도, 이들 각각이 상대적인 장점이 있고, 지식의 발전에 대한 고유한 기여도 인정된다는 데에는 대체로 동의한다고 본다. 가령, 실증주의, 합리주의, 해석학, 후기실증주의, 비판이론 등 인식론적 접근법들이 행정학을 더욱 풍부하게 하고 있다(Riccucci 2010). 그럼에도 불구하고, 다학문적(multidisciplinary) 분야로서 행정학에는 확고한 학문적 기반을 다지기 위한 원심력이 여전히 강하게 작용하고 있다. 더구나, 아직 논란이 많은 개념인 "공공성"에 대한 초점 이외에는 행정·행정학을 권력과 공공(the public)과의 권력관계 차원에서 반성적으로 정의하려는 이론적 노력은 여전히 부족하다고 하겠다.

2. 국가의 의미에 대한 행정학의 침묵과 통치(governing)로서의 행정

행정학 전반에 대한 문헌연구를 통해 McCurdy(1986)는 행정이 "통치"(governing) 또는 다스림에 관한 것이라고 본다. 본질적으로 정치적 과정인 행정은 국가기능을 수행하는 핵심적인 수단이며 한 나라를 다스리는 수단이라는 것이다. 20세기 후반부터 행정학은 여러 학문분야를 통섭하는 지식기반으로 자리잡아 왔으며, 그러한 지식을 실용적인 지침(lessons)으로 변환시켰다. 이로써 행정학은 국가통치에 있어 주류로 자리매김했고, 나아가 행정이 통치과정의 일부라는 인식이 등장했다. 이 통치과정에서 관리기술(management technology)은 다만 복잡하고 역동적인 사회를 다스리는 수단으로서만 의미를 갖는바, 행정은 이러한 관리기술보다 훨씬 포괄적인 것으로 이해되기 시작한 것이다(McCurdy 1986). 1970년대 국가통치와 행정의 관계에 대한 이러한 새로운 인식을 배경으로, 행정과 행정학은 고도로 정치화된 환경에서 정부를 보다 잘 이해하고 국가의 통치활동(governing operations)을 향상시키기 위한 노력으로 부각되었다(Riccucci 2010).

McCurdy(1986)와 비슷한 맥락에서 Goodsell(1990)은 행정과 행정학이 "통치의 교사"(teacher of governance)로서 국가의 통치작용에 있어 보다 근본적인 의미를 갖는다고 주장한다. 그는 통치와 관련한 실질적 지식에서나 더 나은 거버넌스를 위한 규범적 이상(ideals)의 측면에서 행정은 사회를 이끌(guide) 역량을 갖추고 있다고 본다. 이는 행정과 그 행정행위자들의 역할이 정치적 결정을 집행하는 데에 국한된다는 전통적인 입장과는 확연히 다른 인식이다. 행정과 행정공무원들은 통치를 둘러싼 권력관계에서 없어서는 안 될 본질적 구성요소의 의미를 갖는 것이다. 행정과 공공관료제는 공공(the public)에 봉사할 뿐만 아니라 그들을 통치하고 있는 것이다. 즉, 행정은 공공서비스의 제공을 넘어 곧 "다스리는 것"(governing)이다. 이렇게 볼 때, 행정과 공공관료제는 공공(the public)의 행동(conduct)을 일정한 방향으로 제약하거나 유도하면서 이들에 권력을 행사하며, 동시에 그들을 시민, 유권자, 소비자, 수혜자, 혁명가 등 특정한 성격(정체성)을 갖는 존재로 구성하고 또 그러한 구성을 강화하는 역할을 하고 있다.

행정과 행정학의 역할에 대한 이러한 새로운 인식이 1970년대 이후 등장했음에도 불구하고, 행정에 대해 근본적으로 제약적이거나 내재적인 영향을 미치는 요인으로서 국가에 대한 주목은 여전히 미흡하다. 국가는 "일정한 지역 내에서 물리적 힘의 정당한 사용에 대한 독점권을 (성공적으로) 주장하는 인간 공동체"(Weber 2009, 78)로 정의할 수 있다. 공공기관 또는 국가기구들은 징세, 법과 질서(치안), 재산권의 보호, 경제활동에 대한 규제, 복지, 보건 등의 기능을 효과적으로 수행해야 한다. 국가기구들은 인간 삶의 번영에 기여해야 하고 동시에 국가 그 자체의 존속을 보장하여야 한다. 나아가 국가기구들과 국가 내 국민들은 명시적으로 또는 암묵적으로 합의한 이념을 통해 유기적 전체(organic whole)로 통합된다. 국가기구와 그 국민을 하나로 묶는 이러한 이념은 통치제도의 조직과 기능에 녹아들어 국민의 활동과 삶을 규율하여 일관성을 부여한다. 이러한 통치이념은 국가에 있어 없어서는 안 될 요소라고 할 수 있다(Dyson 1980). 국가가 실제로는 매우 다양하고 이질적이며 심지어 상호대립적인 조직·기구로 구성되어 있음에도 불구하고, 바로 이러한 통치이념으로 인해 국가는 마치 오케스트라에서와 같이 일관되고 단일한 이미지를 투사하는 권력의 장이 될 수 있다(Migdal 2001).

알렉산더 해밀턴의 연방주의자(*Federalist* No. 58)에서 제시했고 주류행정학이 수용하고 있는 행정과 정치에 관한 전통적인 입장(Stillman 1990)에 따르면, 좋은 행정(good administration)은 좋은 국가·정치(good politics)로부터 자연스럽게 따라오는 것이다. 이러한 주장은 매우 간결하면서도 직관적임에도 불구하고 좋은 정치(국가)를 구성하는 요소나 특성이 무엇인지에 대해 특별한 관심을 기울이지 않는다. 앞서 간략히 언급한 바와 같이, 국가는 국가 그 자체와 국민들에게 고유한 목적과 지향을 부여하는 통합적 이념을 체현하고 있다. 제2차 세계대전의 교훈에 대한 강의에서 Gulick(1948; Spicer 2001a에서 재인용)은 진실로 효과적인 행정적 행동은 국가목표의 통일성·단일성 및 정책의 명확성에서 나온다고 주장한다. 이러한 목표와 정책은 지도자뿐만 아니라 각계각층의 국민들이 모두 공감하고 받아들이는 것이어야 한다. Wilson(1887)의 행정학은 국가 거버넌스 및 행정과정 전반에 녹아들어 이를 규정하는 국가를 전제하고 있을 뿐, 국가와 그 핵심적 목표나 통합적 이념, 나아가 이들의 행정에 대한 구체적인 효과는 아직 진지한 고려의 대상으로 삼지 못하고 있다.

미국의 주류행정학에서 국가결여(neglect of the state)의 문제에 대해 Spicer(2001b)는 미국적 실용주의, 국가의 역할과 잠재성에 대한 전통적인 불신, 행태주의 혁명에 근거한 과학적 지향(scientific orientation)이 복합적으로 작용한 때문이라고 본다. 이러한 요인들과 더불어, 미국에서 애초 13개 식민지(colonies)에서 의도적으로 국가를 회피하면서 아래로부터 행정이 이뤄져 왔을 뿐만 아니라, 주류행정학 자체도 국가에 대한 고려 없이 발전해 왔다는 사실은 매우 중요한 의미를 갖는다. 우선, 정치, 즉 정치적 경쟁이나 행정에 대한 정치의 규정적 영향이 주류행정학의 주요관심사가 될 수 없게 하였다. 대신, 민간영역이나 공공영역에 똑같이 적용될 수 있는 과학적 관리의 원리들(principles)이 행정학에 열렬하게 수용되었고, 행정학계 전부는 아닐지라도 공공관리적 접근법(public management approach)을 취하는 하위분야에서는 여전히 지배적인 영향을 미치고 있다. 개인적·집단적 사익뿐만 아니라 공동체의 다양하고 대립적인 가치들을 포용하려는 "정치공동체 모형"(polis model)보다는 효율성을 최우선시하는 "시장모형"(Stone 2012)을 암묵적으로 수용함으로써, 행정학의 주류 접근법은 "의심할 여지도 없고 의심의 대상도 되지 않은"(unquestionable and unquestioned) 국가의 정치적 결정에 대한 기술적 집행과 관련한 이슈들만을 이론적 대상으로 삼게 되었다.

둘째, 행정 및 행정학에서 국가의 존재에 대한 의식적인 고려가 없는 상황에서도, 국가기구는 19세기 말, 20세기 초 급격한 산업화·도시화에 따른 이슈에 대응하는 과정에서 빠르게 확장되었다. 이 시기는 미국에서 진보주의운동 시대(progressive era)와 맞물려 있다. 이러한 국가기능 및 기구의 빠른 확대는 공화주의적 전통이 강하게 남아 있었던 국가를 "행정국가"(administrative state)로 전환시켰다(Waldo 1948). 행정국가화는 결과적으로 시민들이 자발적 주도적 노력을 통해 새로운 사회경제적 노선에 대한 대응방안을 찾기보다는 바로 공공관료제가 먼저 나서 행정적 해결책을 실행하는 관행을 일반화시켰다. 이렇게 하여 행정국가의 등장은 (관료제를 포함한) 통치자와 피통치자 간 권력관계의 추를 통치자에게 급격히 쏠리게 하였다. 공공(the public) 주도보다는 이미 잘 갖춰진 국가기구를 통한 문제해결이 새로운 규범으로 정착함으로써 시민들은 그 삶 전반에 걸쳐 공공관료제에 대해 수동적인 피통치자로 자리매김 되었다.

그럼에도 불구하고, 국가와 권력관계에 대한 이론적 관심의 부족으로 인해, 국가통치의 기술적 수단에 그치지 않고 국가를 매개로 한 개인의 자기정체성 형성과 그 삶에 미치는 행정의 근본적 영향에 대한 적극적인 분석이 행정학에는 여전히 미흡하다. 또 행정을 둘러싼 권력관계의 접점(encounters)에서 벌어지는 역동적인 상호작용의 구체적 내용에 대한 관심 또한 대체적으로 부족한 실정이다. 따라서, 행정학은 정책과정에서 관료제 조직과 관료들의 행태가 갖는 권력관계적 함의나 이들이 시민성(citizenship)과 민주적 거버넌스에 대해 갖는 구성적 영향을 보다 적극적으로 규명할 필요가 있다. 주류행정학에서의 이러한 제한점(lacuna)을 보완하기 위해, 다음 절들에서는 근대국가의 "정부화"(governmentalization)에 대한 푸코의 논의를 유용한 이론적 틀(framework)로 소개하고 행정국가의 통치논리 안에서 행정이 어떤 역할을 담당하게 되었는지를 공공관료제의 권력작용에 주목하여 비판적으로 논하고자 한다.

III. 푸코의 지배행동(conduct), 대항행동(counter-conduct), 그리고 통치성

미셸 푸코는 20세기 프랑스의 가장 독창적이고 영향력 있는 철학자로 손꼽힌다. 그 자신이 밝히고 있듯이, 1960년대 및 1970년대 푸코의 저술과 강의들은 서양문화의 맥락에서 인간이 주체(subject)로 구성되는 여러 방식과 그 변화 양태에 초점을 두고 있다(Foucault 1982). 그의 저술 및 프랑스대학(Collège de France)에서 행한 일련의 강의에서 푸코는 인간 주체의 구성에서의 세 가지 대상화(objectification) 방식에 천착한다. 즉, 말하고 노동하는 주체, 정상과 비정상으로 구분(구별)되는 주체, 그리고 특정한 성적 주체로의 구성이다. 푸코의 이러한 관심을 고려한다면, 1975년−1979년 사이에 행한 강의는 주체의 대상화 방식에 대한 관심과는 다소 동떨어진 것으로 보일 수도 있다. 이와 달리 본 장은 푸코가 주체의 구성에서 핵심적인 이슈로 보았던 권력의 문제를 이 기간 보다 구체화하여, 미시적 권력작용뿐만 아니라 국가통치성의 구성이라는 거시적 차원으로 관심을 확대하는 동시에, 미시적 권력작용과 거시적 권력작용을 일관되게 하나의 분석 틀 내로 통합하고 있다는 점을 밝힌다. 즉, 푸코는 개인을 주체로 구성하는 데 있어 결정적인 역할을 하는 권력관계와 권력작용이 근대국가에서는 정부화된 통치성으로 통합된다고 보고 있는 것이다. 따라서 개인이 자신의 자아를 일정한 양식으로 정의하여 주체화하거나 또는 개인을 구분하여 권력관계의 망에 위치시키고 규율하는 것은 근대국가의 통치성에서는 오직 국가의 권력작용을 통해 이루어진다.

1. 지배행동과 대항행동

푸코에게 권력분석의 초점은 지배권력이 집중된 국가기구가 아니다. 오히려, 국가기구의 안팎에서 다른 사람이나 조직에 대해 그 가능한 행동(conduct)의 범위를 정해주는 기술과 절차가 권력분석의 초점이다(Foucault 2010). 그러므로, 국가기구로부터 권력관계로 초점이 옮겨갈 경우, 관건은 권력관계의 장소(locus)에 상관없이 일방이 타방의 행동을 어떻게 지도하느냐(conducting)에 대한 규명이 된다. 국가기구 내에서든, 국가기구와 민간조직·개인 간의 관계에서든, 민간조직·개인 간에서든, 권력관계가 형성·유지되는 장소는 권력분석에서 본질적인 이슈가 아니다. 이런 이유 때문에 푸코는 다양한 사회적 정치적 맥락에서 개인들 및 집단들 사이에서 어떻게 권력관계가 작동하는지에 초점을 둔다(Foucault 2003). 만약 권력이 사회적 행위자들의 관계 속에 보편적으로 존재하는 것이라면, 권력은 이들에 의해 전취되거나 소유되는 것이 아니라, 이들 사이를 흘러 다니면서 이들 사이에 힘의 연쇄(chain of force)를 형성하는 것으로 이해할 수 있다. 각 개인이나 조직은 권력관계의 그물망에서 연결점(node; relay)으로서 이중적 역할을 수행한다. 즉, 다른 사람에게는 행동의 가능한 범위에 대해 권력을 행사하면서(conduct), 동시에 타인으로부터도 자신의 행동에 대해 권력의 작용을 받게 되는(conducted) 것이다. 권력관계의 그물망에 붙잡힌 모든 이들이 권력을 행사하면서 동시에 권력에 굴복한다.

그리고 권력의 효과는 개인들(조직들)을 권력연쇄의 전달자로서 구성하며 동시에 권력관계의 양상(modes)에 영향을 미친다. 권력은 개인 및 조직 간 관계에 본질적으로 내재하여 그러한 관계가 존재하고 확산하는 방향으로, 즉 아래로, 위로, 옆으로 흘러간다. 즉, 권력은 보다 힘있는 사람들(조직들)로부터 힘없는 사람들(조직들)에게로 흐를 뿐만 아니라, 동시에 (권력관계의 연쇄를 통해) 힘없는 사람들(조직들)로부터 힘있는 사람들(조직들)에게로도 흐른다. 이러한 다방향성(multi-directionality)으로 인해, 권력은 그 분포가 불균등하고 편파적일지라도 여전히 비집중화되어(decentered) 있다(Kelly 2010). 비집중화된 권력의 순환으로 인해, 인간의 몸과 그 동작 및 욕망은 "개인"으로 구성되고 그 개인에게 정체성을 부여한다. 개인으로서의 정체성을 갖는 인간은 권력의 효과(power-effect)로서 "개인적 주체"(individual subject)로 구성된다(Foucault 2003). 푸코의 권력개념에서 또 하나 주목할 점은, 권력이 이렇듯 비집중화되고, 산재하며, 이질적인(heterogeneous) 성격을 갖기 때문에, 힘없는 조직·개인들도 권력관계에서 자신들에게 부과된 힘에 저항하거나 이를 무효화시키는 전술이나 기술을 고안할 가능성이 아예 없지는 않다는 것이다.

권력관계의 본질적 내용과 관련하여 푸코는 일방의 행동이 타방의 현재나 미래 행동에 있어 그 가능한 범위를 설정하는 것이라고 본다(Foucault 1982). 즉, 일방이 타방의 행동 내용에 제약을 가하는 것이 관력관계의 핵심이라는 것이다. 권력이 권력관계에 있는 행위자들을 통해 작용하는 것이라면, 타인의 작용에 의해 제한된 범위 이내에서는 선택의 여지(자유)가 있을 수밖에 없다. 그렇지 않다면, 즉 인간-기계의 관계 또는 기계-기계의 관계와 같다면 이는 권력관계로 볼 수 없다. 권력작용이 행동의 가능범위를 정의하고 설정하는 것이라면, 권력관계에 있는 타방이 그 제한된 범위 내에서 스스로에게 최상의 행동대안을 선택할 가능성을 열어놓는 것이 불가피하다. 이렇듯 권력은 타방이 그 행동에 대해 선택할 수 있는 여지의 정도에 대해 행사되는 것이다. 따라서, 주인-노예의 관계 그 자체는 더 이상 절대적인 지배(absolute domination)의 관계로 볼 수 없고, 다만, 회피, 저항, 반항, 반란의

가능성을 잉태하고 있음을 알 수 있다.

권력이 오직 권력관계에 본질적으로 내재하여 거래할 수 없다는 인식을 바탕으로 푸코는 권력관계와 그 특정성(specificity)을 분석하는 데에 매우 적절하고 유용한 개념으로 지배행동(conduct)과 대항행동(counter-conduct)을 제시한다. "행동"은 적어도 세 가지 의미를 갖는다. 즉, 1) 다른 사람의 행동을 지도하는 것, 2) 스스로 자신의 행동거지를 관리하는 것 또는 자신의 행동에 대해 다른 사람의 지도를 받는 것, 3) 다른 사람의 지도를 받아 행동하는 것 등이다(Foucault 2007, 193). 다른 사람을 지도·인도한다는 것(conduct)은 강제력이나 정당화를 통해 다른 사람들에게 그 허용되는 행동 범위 내에서 행동하도록 이끄는 것을 의미한다. 그러므로 타인의 행동을 지도한다는 것은 지도하는 사람의 소망에 부합하도록 설정된 행동의 가능성 범위 이내에서 타인이 행동하도록 만드는(guiding; directing; forcing) 것이다. 타인의 행동 가능 범위를 제한함에 있어 중요한 것은 이를 통해 자신이 바라는 바를 이루고자 한다는 것이며, 이런 의미에서 이는 일방의 타방에 대한 권력의 작용(exercise of power)에 다름 아니다.

만약 지배행동(conduct)이 다른 사람의 행태를 지도하는 것이라면, 이는 넓은 의미의 "다스림"(governing) 또는 "통치"(government)와 공통점이 많다. "통치" 또는 "다스림"은 애초 어린이, 미치광이, 빈자, 노동자에 대한 지도·관리의 의미로 사용되는 경향이 있었다(Foucault 2003). 같은 의미에서 가정·가계, 영혼, 지방·지역, 종파, 종단 등에 대해서도 "통치"나 "다스림"을 사용할 수 있다(Foucault 2007). 이렇게 보면, 정부(government)라는 말이 원래는 오늘날과는 달리 국가에 대한 관리나 정치구조, 국가기구를 지칭하는 용어로 사용되지 않았던 것이다. 오히려, 이 용어는 개인이나 집단의 행동이 지도자에 의해 지도·통솔되는 방식, 즉 어떤 사람이나 조직이 다른 사람들이나 조직들의 행동 범위(가능성)를 제약하여 영향을 미치는 행동방식(mode of actions)을 의미한다고 볼 수 있다(Foucault 1982). 푸코에게 있어 통치한다는 것은 다른 사람의 행동 가능성에 허용되는 범위를 구조화하여 이들의 행동에 영향을 미치는 것을 의미한다.

타인의 행동 가능성에 대한 영향력 행사로서의 권력작용은 여러 영역(domains)과 수준에서 특정 인간에 의한 다른 인간들에 대한 "통치"라고 이해할 수 있다. 이런 "통치"에는 크게 자기 자신에 대한 통치, 재산을 포함한 가계(경제)에 대한 통치, 그리고 국가에 대한 통치가 있다(Foucault 2007). 권력작용으로서 국가통치(governing of the state)는 국가에 고유한 통치의 여러 형식과 관행(practices)을 동반하게 된다. 통치성(governmentality)에 대한 푸코의 강의에 따르면, 국가를 통치하는 데 있어서 통치자는 반드시 그 영토 내에서 경제체제를 수립하고 실행하여야 하며, 그 구성원들의 행동, 재산 및 다른 이슈들에 대해 그들을 지도·감독할 수 있어야 한다(Foucault 2007). 즉, 국가통치는 국가 그 자체의 존속과 이를 구성하는 인구에 유용한 목표의 추구를 위해 그 구성원들과 사물들(자원)을 특정한 방식으로 배치·결합시키고 활용할 수 있도록 지도하는 것이다. 이러한 국가통치는 그 핵심적 수단으로서 일단의 행정기구들, 국가 그 자체에 대한 지식(즉, 통계학 "statistics" 및 정치경제학), 그리고 중상주의·자유주의·신자유주의와 같은 통합적(organizing) 통치이념을 전제로 한다.

국가통치에 있어 모든 형태의 권력과 권력관계는 두 가지 길항하는 힘 간의 줄다리기, 또는 긴장관계를 내장하고 있다. 앞서 언급했듯이, 지배행동은 인구를 구성하는 개인들을 시민-유권자-납세자-수혜자-소비자로 구성하고 그 행동 가능성에 허용범위를 설정하는 것이다. 역으로, 이들이 자신들에게 가장 유익한 행동전략을 선택함에 있어 자유가 어느 정도 허용될 수밖에 없다면, 이들이 실제 지배행동이 부과하는 현실과는 다른 방식으로 지도받거나 살아가는 것을 희구할 수도 있다. 즉, 이렇게 통치받는 사람들이 통치자의 지배행동으로부터 비켜서거나(즉, 이를 회피하거나), 다른 방식으로 통치받기를 추구하거나, 아니면, 스스로를 통치하기를 선택할 수 있는 가능성이 열려있을 수밖에 없는 것이다. 푸코는 이러한 권력관계에서의 대립이 반드시 의도적이거나 조직적일 필요는 없다고 보았다(Foucault 2007). 즉, 대항행동이 다분히 우연적이고 즉흥적이며, 분산적일 수 있는 것이다. 대항행동은 통치행동(government)의 힘을 빼는 피통치자들(the conducted)의 모든 비조직적이고 즉흥적인 행동과 우연적 전개를 포함한다. 이렇게 보면, 대항행동은 의도적이며 조직적일 수도 있고, 그렇지 않을 수도 있다. 나아가 대항행동은 시장 내에서 무수하고 흩어진 이기적인 선택들의 결과일 수도 있을 것이다.

이 지배행동과 대항행동의 짝은 정부 내부나 정부와 공공(the public) 간 관계뿐만 아니라 공적 이슈(public issues)를 둘러싸고 사회 곳곳에서 발생하는 권력관계에서 실제로 통치가 어떻게 이뤄지는지에 대한 분석에 새로운 지평을 열 수 있다. 이러한 지배행동과 대항행동의 길항을 통해 공적 권력관계가 형성되거나 구조화하며, 또 유지·재생산되거나 전변한다. 이를 통해 개인들은 시민, 유권자, 납세자, 수혜자, 소비자 등 특정한 정체성을 갖는 존재로 구성될 것이다. 그리고 이렇게 구성된 개인들과 국가기구 간의 지배행동–대항행동의 짝이 어떻게 전개되느냐에 따라 공적 문제들을 둘러싼 이슈들의 부침, 지속, 해결의 양상이 달라질 것이다. 지배행동과 대항행동의 짝에 주목한다면, 행정학 연구는 권력관계의 접점들에 초점을 맞출 수 있게 됨으로써, 국가통치의 실제적 수단으로서 행정이 어떻게 특정하게 구성된 개인들의 대항행동을 가능하게 하거나 또는 억압·제약함으로써 사회 구석구석에서 권력관계를 유효화하고 지탱하는지를 규명할 수 있게 될 것이다. 이렇게 하여 국가의 통치기제로서의 행정이 어떻게 지배행동과 대항행동의 길항을 본질적 내용으로 하는 권력관계를 유지·재생산·전환시키면서 국가의 권력작용에 기여하는지가 비로소 이론적 탐구의 대상이 될 수 있다.

2. 푸코의 통치성과 권력작용으로서의 행정

1977년에서 1979년 사이에 있었던 푸코의 두 강의 시리즈, 즉 『안보, 영토, 인구』(*Security, Territory, Population*, 1977–78)와 『생명관리 정치의 탄생』(*The Birth of Biopolitics*, 1978–79)은 주로 근·현대에 있어 거시적 통치구조, 즉 근대국가의 탄생·발전과 그 정당화의 논리(rationalization)에 초점을 맞추고 있다. 『안보, 영토, 인구』를 구성하는 강의들(Foucault 2007)에서는 통치성 개념을 도입하여 16세기 이래 근대적 통치기술(art of governing)의 등장과 발전을 분석하고 있다. 이들 강의에서 푸코는 중세 봉건적 군주제와는 확연히 구분되는 "통치(governing; government)의 대상"을 규명하려고 한다. 통치성의 개념은 국왕들의 통치에 새로운 도전을 야기하고 근대국가의 등장을 가능하게 하는 인구와 정치경제적 조건의 변화를 포착하고 있다. 이러한 근본적인 사회경제적 변화들로 인해, 마키아벨리가 『군주론』에서 논한 바와 같이 물려받거나 정복한 영토를 단순히 유지·보존하는 것에서 더 나아가, 국가의 가장 합당한 목적에 맞게 그 인구와 이들의 경제적 활동을 관리하는 것이 통치의 주요 내용이 되었다. 이제 통치자는 그 영토와 인구를 통치함에 있어 그 자신의 국가를 구성하는 요소들(인구 및 경제활동)의 장·단점은 물론이거니와 경쟁 국가들에 대한 지식도 갖출 필요가 있게 되었다. 또한 새롭게 발휘될 통치의 기술은 주권자(sovereign)의 결정을 실행에 옮길 국가기구(apparatuses)의 발전으로 뒷받침되어야 했다. 이러한 국가기구들은 새롭게 요청되는 지식을 습득·축적·활용할 능력, 즉 전문성을 갖춘 인력으로 충원되어야 한다.

통치성은 먼저 "인구를 그 대상으로 하고, 정치경제를 주요 지식형태로 하며, 안보기구(apparatuses of security)를 필수불가결한 기술적 수단(technical instrument)으로 하는, 매우 특정적이면서도 고도로 복잡한 권력의 행사를 가능하게 하는 제도, 절차, 분석·숙고, 계산, 기술(tactics)의 조화로운 전체(ensemble)"를 의미한다(Foucault 2007, 109). 이렇게 보면 통치성은 국가 권력작용의 기술과 실제 관행을 하나의 통일된 전체로 아우르는 종합적 틀(organizing framework)일 뿐만 아니라, 국가, 주권자 및 국가기구가 피통치자들의 행동(conduct)에 일정한 영향을 미치는 구체적인 방법과 논리를 말한다. 국가권력의 전개 및 행사에 있어서의 실제적인 관행 및 기술들을 하나의 일관된 전체로 통합하는 논리로서 통치성은 피통치자들의 사회·경제·정치적 행동에 대한 축적된 지식의 체계를 필요로 한다. 통치성은 또한 통치자와 피통치자 간의 어떤 공유된 인식을 전제하는데, 여기에는 일상의 삶, 신념, 생산활동, 생식활동, 정치적 행동, 그리고 심지어 죽음에 이르기까지 통치자와 피통치자들이 점하는 상대적인 역할·책임의 내용까지 포함된다. 따라서 통치성은 통치자의 세계관, 추구가치, 그들이 정의하는 삶의 의미와 궁극적 목적을 피통치자들이 수용하게 함으로써 권력관계에 포섭되도록 하고, 이를 통해 권력관계 자체의 존속에 기여하도록 만든다. 본질적으로 통치성에 포획된 인간은 근대국가의 통치논리에 따라, 근대국가의 존재를 당연한 것으로 전제하고, 근대국가를 대상화하여, 자신의 자아, 삶의 본질, 그리고 자신의 역할을 정의하게 된다.

푸코의 통치성은 또한 근대국가 통치기구의 역사적 발전, 즉 서구에서 16세기 이래 정부(the government)가 다른 권력유형을 압도해 가는 경향성과 과정을 의미한다(Foucault 2007). 이러한 경향성은 공공관료제가 국가의 핵심기구로 발전하면서 국가의 목적을 추구하는 데 필요한 지식을 축적해 가는 과정이기도 하다. 이런 의미에서 통치성은 근대국가의 "정부화"(governmentalization) 과정 및 그 결과를 간취하고 있다. 근대국가의 통치에 있어 "통합적 논리의 틀"이라는 첫 번째 의미와 더불어, 근대국가의 정부화 과정으로서의 통치성은 공공관료제에 대한 분석에서 중요한 논점을 제공한다. 정부화 과정 자체가 근대국가에서 통치를 실질화하는 것이라고 보면, 공공관료제는 국가 및 그 구성

요소(경제 및 인구)에 대한 통치의 중요한 수단임과 아울러 권력관계를 유효화하고 지탱하는 존재라 할 수 있다. 즉 근대 공공관료제는 거시적 권력작용의 중요한 수단임과 동시에 미시적 권력이 작동하는 데 있어서도 필수불가결한 존재임이 드러나는 것이다.

정부화는 근대국가 형성과정에서 매우 중요하고 구별되는 특징이다. 앞서 언급했듯이, "통치기술"이 탄생하고 발전하게 된 것은 주권자들이 변화하는 통치환경에 대응하는 과정에서 새로운 통치기구와 이를 뒷받침하는 지식을 필요로 했기 때문이다. 물론 이러한 지식은 국가 그 자체, 인구 및 이들의 경제활동에 대한 것이다. 이렇듯 정부화가 변화하는 통치환경·조건에 대한 국가의 자의식(self-awareness)을 전제로 한다는 점에서, 정부화는 근대국가에 매우 독특한 역사적 특수성(peculiarity)을 부여한다. 왜냐하면, 통치대상에 대한 지식의 축적과 주권자에 의한 자기성찰적(self-reflection) 관행이 정부화를 통해 제도화됨으로써 비로소 근대국가의 통치성이 완결된 모습을 갖추게 되었기 때문이다. 만약 통치(government)가 자기 자신(soul)에 대한 관리, 가계 및 그 경제활동에 대한 관리, 그리고 한 사회에 대한 통치를 의미하는 것이라면, 정부(the government)는 더 이상 국가의 통치수단에 그치지 않는다. 정부화를 핵심 내용으로 하는 국가는 오히려 이러한 통치와 통치성의 한 역사적 계기 또는 에피소드라고도 볼 수 있다. 즉, 정부화한 국가는 통치성의 역사적 전화과정(transformation)의 한 국면에 다름 아니다. 바로 이러한 이유 때문에 푸코는 국가가 개인, 가계, 사회 등 여러 층위에서의 통치성들(multiple governmentalities)로 구성되는 레짐의 역사적 효과에 불과하다고 본다(Foucault 2008).

따라서, 통치성은 국가기구와 이를 떠받치는 지식체계의 융합일 뿐만 아니라 권력관계의 그물망에 붙잡힌 개인과 가계까지도 포괄한다. 푸코는 1982년 미 버몬트대에서 행한 강의 『자아의 기술』(Technologies of the Self)에서 타인에 대한 권력작용의 기술과 자기 자신의 자아에 대한 관리기술의 교차점(confluence)에 통치성을 위치시킨다(Foucault 1994a). 이제 푸코에게 있어 통치성의 문제는 국가에 의한 통치뿐만 아니라 개인의 자신에 대한 관리, 그리고 개인들 간의 권력작용의 논리와 실제를 모두 포괄하게 된다. 이렇게 하여, 『감시와 처벌』에서는 아직 본격적으로 다뤄지지 않았던 문제, "주체의 계보학"과 "국가의 계보학" 간의 간극이 매워지게 되었다(Lemke 2002). "자아와 타인에 대한 통치성"(governmentalities of self and others)과 같은 푸코의 표현에서 보이듯이(Foucault 2019, 288), 이제 통치(government)는 통치성(governmentality)과 그 의미에서 구분하기 어려워진다. 통치 그 자체가 통치의 논리를 전제하고 있기 때문이다. 1980년대 초 푸코에게 통치성은 넓은 의미에서의 통치(government)의 기법(techniques)과 절차의 일관된 체계를 의미한다. 이렇듯 푸코의 통치성 개념은 한 사회의 국가기구 내부뿐만 아니라, 정부–민간의 상호작용 및 민간부분에서의 무수한 권력관계 전체에서 그 관계의 핵심이 권력작용임을 드러내고 있다.

이런 맥락에서 보면, 푸코의 통치성 개념은 그의 권력작용에 대한 분석의 연장선이다. 즉, 통치성의 절차(procedures)와 기술(technologies)은 인구와 개인들에게 권력이 행사되는 기제로 이해된다(Foucault 2010). 근대국가의 통치성을 통해 미시적 수준에서의 권력관계가 국가와 사회가 거시적 수준에서 통치되는 방식에 일관성 있게 통합된다.

그러므로, 한 사회 내에서의 거시적·미시적 권력관계는 그 사회 전체가 위로부터 아래로, 그리고 아래로부터 위로 효과적으로 통치되도록 보장하는 역할을 한다. 이것이 바로 개인을 인구, 사회 및 국가 속으로 통합시킴(totalizing)과 동시에 각각이 독립적이고 독자적인 자아를 갖는 존재로 개별화시키는(individualizing) 권력의 효과에 다름 아니다 (Foucault 1994c).

한편, 모든 권력관계가 대항행동의 가능성을 배태하고 있다는 점에서 통치성의 전환 가능성 또한 생각해 볼 수 있다. 통치자와 피통치자 간 관계의 요소들이 맞물리는 양상(interlockings)이나 통치성을 떠받치는 지식체계가 느슨해지거나 내적 부조화가 심해진다면, 통치성의 위기가 발생할 수도 있다. 가령, 근대 자유주의 통치성의 부상은 이러한 기존의 주권적·사목적 권력을 기반으로 한 통치성의 약화를 배경으로 한 것이었다. 또 글로벌화라는 거대한 파고가 덮치면서 나타난 신자유주의 통치성의 위기도 통치성 자체가 내장하고 있는 전환적인 대항행동의 잠재력을 보여준다.

이렇듯, 푸코의 통치성은 공공부문의 제도단위들과 그 운영, 즉 정부화한 근대국가의 곳곳에 어떻게 권력이 관통하여 이들을 일관된 통치의 틀에 붙잡아 두는지를 새로운 관점에서 분석할 수 있게 한다. 통치성 관점은 힘있는 자와 힘없는 자 간의 미시수준에서의 접점(encounters)에 주목하게 할 뿐만 아니라 이들을 국가와 사회 전반에 대한 통치의 논리에로 일관되게 포섭한다. 나아가 통치성 관점은 마르크스주의처럼 국가를 자본가 계급의 통치수단으로 보는 입장에 매몰되지도 않고, 또 국가를 둘러싼 지배관계를 두 계급 간의 투쟁으로 환원하지도 않는다. 대신, 통치성 관점은 근대국가의 거버넌스에서 행정제도와 그 실제관행을 통해 구체화·지탱·영속화하는, 사회에 미세혈관처럼 뻗어 있는 사회적 경제적 정치적 관계를 권력의 장 및 그 효과로서 이해하도록 한다. 결론적으로, 통치성 관점은 정치와 국가에 대한 고려가 결여되었던, 행정에 대한 우리의 이해를 정치화하는 잠재력이 있다. 통치성 관점은 행정이 '가치의 권위적 배분'이라는 정치적 속성을 지닌다고 보는 것을 넘어, 네트워크로 구성된 사회의 권력관계에 대해 그리고 그 사회를 관통하여 권력이 흘러 다닐 수 있게 하는 중요한 메커니즘으로 행정을 보다 잘 이해할 수 있게 한다. 그리고, 이렇게 오밀조밀하게 밀도 높은 권력관계로 짜인 사회의 중심에 공공관료제, 행정관행 및 관련 지식체계로 무장한 정부화한 근대국가가 있다.

IV. 행정과 권력작용

주류행정학에서 권력 개념은 지금껏 천덕꾸러기 신세였다고 할 수 있다. 행정학은 모든 행정현실과 관계에 녹아있는 비사법적(nonjudicial)·비초월적(nontranscendent) 권력에 대한 논의에 대해 매우 소극적이었고 심지어 적대적이었다. 행정은 비정치적이고 비역사적이며 중립적이고 수단적인 영역으로서 권력행사의 사후적 이슈를 다루면 될 뿐, 권력관계와 권력작용은 행정에서 실제적인 고려사항이 아닐 뿐 아니라 그래서도 안될 것이었다. 이 절은 푸코의 권력 및 통치성 개념에 입각하여 이러한 주류행정학의 인식에 대해 비판적 관점을 제시하고자 한다.

행정학은 그 태생부터 기능주의와 실용주의를 바탕으로 하여 국가통치체제의 안정적 유지·개선에 이바지해 왔다. 근대국가의 통치성에 있어서 권력관계는 삼권분립, 공공관료제의 조직과 운영, 나아가 공공관료제와 시민-유권자-소비자들 간의 관계에 이르기까지 국가통치의 전 영역에 걸쳐 내재하며 이들에 규정적인 영향을 미치고 있다. 푸코가 주장하듯이, 근대국가의 통치성에서는 사목적(pastoral) 권력 및 규율(disciplinary) 권력이 생명관리권력(biopower)과 유기적으로 결합하여 '특정하게 구성된 개인들의 집단', 즉 인구(population)에 작용하는바, 삼중적 그물망으로서의 권력관계는 정부 안팎의 공공관료제와 개인들을 하나의 일관된 논리와 관행의 체계로 통합시킨다. 그러므로, 국가의 규정적 작용을 고려하지 않는 행정은 권력의 효과에 대해 맹목적일 수밖에 없다. 또 이러한 행정은 권력 그물망의 각 연결점(node)에서 시민들의 국가와 공공관료제에 대한 대항행동(counter-conducts)이 어떤 양상으로 전개되며, 또 그것이 국가통치에 대해 어떤 (생산적, 회피적, 파괴적) 의미를 갖는지에 대해도 적극적으로 고려하지 못한다. 모든 권력관계가 지배행동과 대항행동의 짝으로 구성되어 있음에도, 전통적 행정학은 실제로 국가 관료제의 지배행동에 대해 피통치자들이 어떻게 대항해왔는지에 대해 정책집행 과정에서의 순응(policy compliance) 확보 차원 이상으로는 거의 관심을 기울이지 않고 있다. 그런 점에서 행정학은 국가통치와 행정의 관계에 대해 매우 부분적이거나 심지어 왜곡된 이미지를 제시한다고 하겠다.

우드로 윌슨의 논의(Wilson 1887, 218)를 다시 언급하자면, 행정기능을 효율적으로 수행하기 위해 모든 정부들은 "구조적 유사성"(structural likeness)을 가질 수밖에 없다. 즉, 이들은 동형화(isomorphism) 되어야 한다. 행정의 가장 근본적인 가치로서 효율성과 효용을 추구하는 과정에서 모든 행정조직과 그 운영방식이 정치체제의 근본적 차이에 상관없이 구조적으로 유사하게 된다는 것이다. 공공관료제 내외부의 권력작용을 무시하는 경우에만 이러한 인식이 정당화될 수 있다. 하지만, 공공관료제는 특정한 이념과 목적으로 조직된 게임의 규칙(rules of the game)과 권력관계의 유기적 총체(collective)에 다름 아니다. 또, 권력관계의 그물망으로서 공공관료제는 그 자체에 행정구조의 동형화를 어렵게 하는 대항행동의 가능성을 내장하고 있다. 이런 이유로, 권력관계와 그 작용의 효과로부터 독립적인 행정조직의 구조적 동형화는 환상(illusion)에 불과하다. 그러므로 행정현상 전반에서 피통치자에 의한 대항행동의 가능성과 그 역동적인 양상을 고려하기 위해서는 효율성·효용의 추구를 넘어 권력관계와 그 작용이 행정과 행정학의 정당하고 본질적인 내용 및 대상으로 자리매김 되어야 한다.

행정학이 전통적으로 효율성을 강조하게 된 것은 체제의 안정성과 질서의 유지를 위협하는 문제들과 인구에 대한 (통치자들의 시각에서) "적절한" 관리(management)가 직접적인 관심이었기 때문이라 할 수 있다. "과학"으로서의 행정학과 행정이 "정치와 행정의 분립"이라는 편리한 가정을 받아들였을 때, 권력관계로 충만한 정부에 대한 종합적인 시각의 가능성은 멀어졌고, 이와 함께 행정과 시민의 직접적인 연결(direct connection)이라는 비전이 설 자리도 사라졌다. 그리고 행정의 근본적인 지향이 체제의 항상성(homeostasis) 유지에 있다고 본다면, 행정학의 이론적 초점이 특정시기에 안정적 통치에 제기되는 문제·도전과 공공조직의 제도적 구성(arrangement)으로 제한된 것은 어쩌면 당연한 귀결이라 하겠다. 이에 따라, 공공이슈 및 행정활동 전반에 걸쳐 정부 안팎에 형성·유지되는 무수하고 다양한 권력관계의 양상과 그 통치적 의미는 행정학의 본질적 대상이 되지 못하게 된 것이다.

행정과 행정학의 이러한 지향으로 인해 행정가들은 국가와 국가기구를 당연히 받아들여야 할 정치구조로 보게 되었고, 이는 국가와 그 행정활동에 대해 시민들이 대항행동의 대상과 매개체로 인식하면서 스스로 시민성을 구성할 잠재력이 있다는 점을 잊게 만든다. 이러한 경향은 행정학이 공동체적인(associational) 삶에 대한 관심으로부터 후퇴하도록 만들었다(Evans and Wamsley 1999). 이것은 현재의 자유주의적, 신자유주의적 통치성에 입각한 근대국가의 통치양식과 정확히 일치하는 것이다(Foucault 2008).

행정과 행정학이 권력작용의 접점들과 대항행동의 가능성 및 그 실제에 대해 주목한다면, 공공정책을 비롯한 통치 이슈들에 대해 매우 다양한 질문들을 제기할 수 있다. 가령, 어느 수준에서 누구를 위한 정책문제이며, 그 원인은 무엇인지를 양방향적 권력작용의 차원에서 다룰 수 있다. 또 이러한 정책문제를 다루는 방식과 과정이 개인과 시민들에게 어떠한 지속적인 영향을 미치는지도 시민적 정체성의 형성 및 변화의 견지에서 다룰 수 있게 된다(Schneider and Ingram 1997). 나아가, 현재의 신자유주의적 통치성 하에서 행정이 그 구분하는(dividing and discriminating) 기제들을 통해 어떻게 개인들을 차별적으로 구성하며, 이들을 정상화하여(normalize) 통합하고, 비정상화하여(ab-normalize) 배제하는지도 행정학자와 반성적 행정가들에게 중요한 관심의 대상이 될 수 있다. 피통치자들에 의한 대항행동의 가능성과 장소에 관한 이러한 이슈들은 국가기구 내부, 국가-사회의 접점, 나아가 사회 곳곳에 내재하여 개인을 국가와의 관계 속에서 정의하도록 만드는 권력과 권력관계에 대해 천착할 때에만 비로소 정당한 연구질문으로 설정될 수 있을 것이다.

V. 결론

행정은 그 목적과 실제에서 수미일관 통치에 관한 것이다. 행정은 그 태생부터 국가의 통치에서 없어서는 안 될 영역으로 자리매김해 왔다. 하지만, 행정과 행정학은 국가 그 자체와 그 규정적 역할에 대해서는 이상하리만치 무관심했다. 역사적으로 볼 때 국가가 체현한 이념과 그 의지가 전체주의적이든 민주적이든 상관없이 "영혼 없는" 행정은 국가의 일을 해야 한다는 점에서 이미 주어진 역할이 있었다. 이렇게 보면, 만성적 정체성 위기에 대응하여 행정학이 애초에 Wilson(1887)이 설정한 행정의 고유한 역할, 즉 "사무적이지 않은"(unbusinesslike) 정치로부터 분리된 정책실행(execution)을 위한 행정조직의 구성과 운영에 더욱 주목하게 된 점은 어쩌면 당연한 귀결인지도 모른다.

비판적 반성의 일환으로 본 장은 푸코의 통치성 개념을 원용하여 정부 안팎의 행정활동·관행에 깊이 내재해 있는 권력관계와 권력작용에 대해 주목할 필요가 있음을 보였다. 권력이 어떻게 공공문제를 다루는 행위자들 간의 관계에 작용하고 있는지를 좀 더 잘 이해하기 위해, 본 장의 논의는 권력이 집중되어 거래되거나 소유되기 보다는 행정활동의 접점들과 연결점에 분산적으로 흘러 다닌다는 푸코의 권력이해에 주목하였다. 이러한 권력개념을 바탕으로 한 푸코의 통치성 관점은 행정학자들로 하여금 정부화한 근대국가의 통치에서 행정의 권력작용적 역할을 보다 잘 분석할 수 있도록 할 수 있다.

이러한 입장에 따르면 행정은 그 자체로 권력작용의 장일 뿐만 아니라 근대국가의 정부화와 동전의 양면을 이룬다. 근대국가는 그 정부화 과정에 따라 인구 및 경제활동의 유지·확장을 위한 역할을 행정이 담당하도록 하였다. 행정을 이렇게 이해하면, 공공관료제와 공공(the public)의 상호작용은 개개인에 대한 생생한 권력행사의 장소에 다름 아니며, 동시에 생명관리권력(biopower)이 작용하여 인구 전체에 대한 규율을 실효화하는 기제임이 드러난다. 점점 더 위험하고 불확실한 세계에서 국가의 기능과 역할이 매우 광범위하게 강화되는 지금, 이러한 푸코의 권력관과 통치성 관점은 행정학과 행정에 대해 공공관료제와 시민들 간의 변화하는 관계 양상을 완전히 새로운 시각에서 다룰 수 있는 기회를 제공한다. 특히 푸코의 시각은 시민 각자가 고유한 정체성을 갖는 주체로서 스스로 정의하는 방식 자체에 대한 국가의 침윤이 더욱 심화하고 있는 이때에 더욱 시의적절한 시사점을 준다고 하겠다.

참고문헌

Bang, Henrik and Anders Esmark. 2009. "Good Governance in Network Society: Reconfiguring the Political from Politics to Policy." *Administrative Theory & Praxis* 31(1): 7–37.

Burchell, Graham, Colin Gordon, and Peter Miller. 1991. *The Foucault Effect: Studies in Governmentality*. Chicago: University of Chicago Press.

Cawley, R. McGreggor and William Chaloupka. 1997. "American Governmentality: Michel Foucault and Public Administration." *American Behavioral Scientist* 41(1): 28–42.

Dean, Mitchell. 2009. *Governmentality: Power and Rule in Modern Society* (2nd ed.). Sage Publications.

Dyson, Kenneth. 1980. *The State Tradition in Western Europe: A Study of an Idea and institution*. New York: Oxford University Press.

Evans, Karen G. and Gary L. Wamsley. 1999. "Where's the Institution? Neo-institutionalism and Public Management." In *Public Management Reform and Innovation: Research, Theory, and Application*, edited by H. George Frederickson and Jocelyn M. Johnson, 117–144. Tuscaloosa, Ala: University of Alabama Press.

Farmer, David J. 1995. "Kill the King: Foucault and Public Administration Theory." *Administrative Theory & Praxis* 17(2): 78–83.

Ferlie, Ewan and Gerry McGivern. 2013. "Bringing Anglo–Governmentality into Public Management Scholarship: The Case of Evidence–based Medicine in UK Health Care." *Journal of Public Administration Research and Theory* 24(1): 59–83.

Foucault, Michel. 1982. "The Subject and Power." *Critical Inquiry* 8(4): 777–795.

Foucault, Michel. 1994a. "Technologies of the Self." In *Ethics: Subjectivity and Truth (Essential Works of Foucault, 1954-1984, Vol. 1)*, edited by Paul Rabinow, 223–251. New York: The New Press.

Foucault, Michel. 1994b. "Truth and Power." In *Power (The Essential Works of Foucault, 1954-1984, Vol. 3)*, edited by James D. Faubion, 111–133. New York: The New Press.

Foucault, Michel. 1994c. "Omnes et Singulatim: Towards a Criticism of 'Political Reason'." In *Power (The Essential Works of Foucault, 1954-1984, Vol. 3)*, edited by James D. Faubion, 298–325. New York: The New Press.

Foucault, Michel. 2003. *"Society Must Be Defended": Lectures at the Collège de France, 1975–1976*. New York: Picador.

Foucault, Michel. 2007. *Security, Territory, Population: Lectures at the Collège de France, 1977–1978*. New York: Palgrave.

Foucault, Michel. 2008. *The Birth of Biopolitics: Lectures at the Collège de France, 1978–1979*. New York: Palgrave.

Foucault, Michel. 2010. *The Government of Self and Others: Lectures at the Collège de France, 1982–1983*. New York: Picador.

Foucault, Michel. 2019. *Subjectivity and Truth: Lectures at the Collège de France, 1980–1981*. New York: Picador.

Goodsell, Charles T. 1990. "Emerging Issues in Public Administration." In *Public Administration: The State of the Discipline*, edited by Naomi B. Lynn and Aaron Wildavsky, 495–509. Chatham, NJ: Chatham House.

Gulick, Luther and L. Urwick. 1937. *Papers on the Science of Administration*. New York: Institute of Public Administration.

Gulick, Luther. 1935. "Saturday Afternoon Session." In *Minutes of the Proceedings of the Conference on Training for the Public Service*, edited by Louis Brownlow, 25–38. Princeton, NJ: Public Administration Clearing House.

Gulick, Luther. 1948. *Administrative Reflections from World War II*. University of Alabama Press.

Jessen, Mathias Hein and Nicolai von Eggers. 2020. "Governmentality and Stratification: Towards a Foucauldian Theory of the State." *Theory, Culture & Society* 37(1): 53–72.

Kelly, Mark G. E. 2010. *The Political Philosophy of Michel Foucault*. Routledge.

Lan, Zhiyong and Kathleen K. Anders. 2000. "A Paradigmatic View of Contemporary Public Administration Research: An Empirical Test." *Administration & Society* 32(2): 138–165.

Lemke, Thomas. 2002. "Foucault, Governmentality, and Critique." *Rethinking Marxism* 14(3): 49–64.

Lemke, Thomas. 2007. "An Indigestible Meal? Foucault, Governmentality and State Theory." *Distinktion: Scandinavian Journal of Social Theory* 8(2): 43–64.

Marinetto, Michael John Paul. 2003. "The Governmentality of Public Administration: Foucault and the Public Sphere." *Public Administration* 81(3): 621–649.

McCurdy, Howard E. 1986. *Public Administration: A Bibliographic Guide to the Literature*. New York: Marcel Dekker.

Migdal, Joel S. 2001. *State in Society: Studying How States and Societies Transform and Constitute One Another*. Cambridge University Press.

Miller, Peter and Nikolas Rose. 1990. "Governing Economic Life." *Economy and Society* 19(1): 1–31.

Mosher, Frederick C. 1968. *Democracy and the Public Service*. New York: Oxford University Press.

Perez, Andres. 1993. "Historical Change and the Administrative State: An Analysis of the Theoretical Foundations of Public Administration." *International Journal of Public Administration* 16(2): 261–293.

Raadschelders, Jos C. N. 2008. "Understanding Government: Four Intellectual Traditions in the Study of Public Administration." *Public Administration* 86(4): 925–949.

Riccucci, Norma M. 2010. *Public Administration: Traditions of Inquiry and Philosophies of Knowledge*. Washington, D.C.: Georgetown University Press.

Rose, Nikolas and Peter Miller. 1992. "Political Power beyond the State: Problematics of Government." *The British Journal of Sociology* 43(2): 173–205.

Rose, Nikolas. 1992. "Governing the Enterprise Self." In *The Values of the Enterprise Culture: The Moral Debate*, edited by Paul Heelas and Paul Morris, 141–164. Taylor & Francis.

Rosenbloom, David H. 1983. "Public Administrative Theory and the Separation of Powers." *Public Administration Review* 43(3): 219–227.

Rosenbloom, David H. 2013. "Reflections on "Public Administrative Theory and the Separation of Powers."" *The American Review of Public Administration* 43(4): 381–396.

Rosenbloom, David H. 2019. "Past and Present Futures in Public Administration and Policy: Reflecting on a Half–Century." *International Journal of Policy Studies* 10(2): 171–208.

Schneider, Anne Larason and Helen Ingram. 1997. *Policy Design for Democracy*. University Press of Kansas.

Spicer, Michael W. 2001a. "Value Pluralism and Its Implications for American Public Administration." *Administrative Theory & Praxis* 23(4): 507–528.

Spicer, Michael W. 2001b. *Public Administration and the State: A Postmodern Perspective*. University of Alabama Press.

Stillman, Richard J. 1990. "The Peculiar 'Stateless' Origins of American Public Administration and the Consequences for Government Today." *Public Administration Review* 50(2): 156–167.

Stone, Deborah. 2012. *Policy Paradox: The Art of Political Decision Making* (3rd ed.). New York: Norton & Company.

Waldo, Dwight. 1948. *The Administrative State: A Study of the Political Theory of American Public Administration*. New York: The Ronald Press Company.

Waldo, Dwight. 1968. "Public administration." *The Journal of Politics* 39(2): 443–479.

Weber, Max. 2009. "Politics as a Vocation." In *From Max Weber: Essays in Sociology*, edited by Hans Heinrich Gerth and C. Wright Mills, 77–128. Routledge.

White, Leonard Dupee. 1926. *Introduction to the Study of Public Administration*. New York: Macmillan.

White, Leonard Dupee. 1939. *Introduction to the Study of Public Administra-*

tion (2nd ed.). New York: Macmillan.

Wilson, Woodrow. 1887. "The Study of Administration." *Political Science Quarterly* 2(2): 197–220.

6장 법과 정치: 헌법의 정치적 의미*

이경민

I. 서론

미국 혁명과 프랑스 혁명의 열렬한 옹호자였던 토마스 페인(Thomas Paine)은 『인간의 권리들(*Rights of Man*)』(1791)에서 두 나라의 헌법을 실제로 존재하는 것으로 규정하고 '성문헌법'을 옹호하며 이렇게 말했다. "헌법은 명목상 존재하는 것이 아니다. 그것은 하나의 사실이다. 그것은 이상이 아니라 실재의 존재이다. 그렇기에 가시적인 형태로 나오지 않는다면 그것[헌법]은 아무것도 아니다"(Paine 2000, 89). 아울러 그는

* 이 글은 『정치사상연구』 27권 1호(2021)에 게재된 "헌법의 정치적인 의미"를 수정·보완한 것이다.

정부를 통치자와 피통치자 사이의 계약의 산물로 보는 관념을 거부하며 이렇게 말했다. "인간은 이미 정부가 존재하기 이전에 존재하고 있었다. 그렇기 때문에 정부가 존재하지 않았을 때 주권적 권리를 가지고 있는 개개인이 함께 정부를 만들기 위해서, 계약을 맺을 그 단계로 진입해야 한다는 사실이 중요하다. 이 단계를 거쳐 정부가 형성된다. 그리고 그 정부가 존재할 수 있는 권리를 가지게 된다"(Paine 2000, 89–90). 아울러 그는 이러한 논증을 바탕으로 헌법이 통치체(government)에 우선하고 통치체는 오직 헌법의 산물일 뿐이라는, 다시 말해 한 나라의 헌법은 통치체의 행위가 아니라 그 통치체를 구성하는 '인민(the people)'의 행위라는 결론에 도달한다.

페인의 논의에 대한 반대 입장은 같은 휘그였던 에드먼드 버크(Edmund Burke)에게서 나왔다. 버크는 팸플릿 『프랑스 혁명에 대한 성찰(*Reflection on the French Revolution*)』(1790)에서 "정부는 자연권에 기반하여 형성된 것이 아닌, 인간의 욕구를 충족하기 위해서, 인간의 지혜로 고안해낸 것"이라고 주장하면서 페인의 자연권 이론을 부정했다(Burke 2017, 80–81). 이어서 그는『구 휘그파에 대한 신 휘그파의 호소(*An Appeal from the New to Old Whigs*)』(1791)에서 다음과 같이 말했다. "현명한 영국의 헌정사가 이를 증명한다. 영국의 어떠한 기존 헌장들도 인민의 힘으로 새로운 정부를 세울 권리에 대해서 이야기하지 않았다. 영국의 자랑스러운 헌정 관련 문서로 찰스 1세 3년 차에 작성된 '권리청원(Petition of Right)'에서 '폐하의 신민들은 이 자유를 '상속'받았다고 적혀 있을 뿐이다'라고 주장한다"(Bourke 2015, 774–775). 버크는 페인처럼 프랑스의 영향을 많이 받은 신 휘그파의 주장이 '인민'의 주권성이 지닌 최고의 권력을 '다중'의 그것과 혼동하고 있다며 비판의 날을 세웠다. 아울러 그는 이러한 혼동이 인민의 '자기통치'라는 이상에 근거한 개념적인 건설물에 불과하다고 주장하면서, 현실 세계에서는 온갖 종류의 당파가 국가권력을 장악하기 위해 경쟁하는 무정부 상태라고 개탄했다(Bourke 2015, 774–775).

이후 민족국가의 형성 과정에서 성문헌법이 대부분 수용되면서 헌법을 둘러싼 통치의 행위에 대한 원리들을 근대적인 의미의 헌정주의라고 칭하게 된다. 찰스 맥일웨인(Charles H. McIlwain)은 페인의 정치적 사고를 토대로 '권력을 제한하는 것(limited government)'의 원리를 도출한다. 그에 따르면, "헌법이라는 상위법(higher law)이 정부에 앞서 존재하기 때문에, [이러한 원리로] 헌법에 기반을 둔 정부는 제한정부가 될 수밖에 없고, 또 그래야만 한다"(McIlwain 2007, 3; Maddox 1989, 50–67). 근대 자유주의적 헌정주의는 권력의 견제와 균형의 원리에 입각한 '제한정부'의 기본 원리를 바탕으로, 모든 시민은 법 앞에 평등하며 민주적으로 선출된 공직자는 스스로 법의 권위에 복종해야 한다는 의미에서의 '법의 지배', 입법 및 행정과 관련된 통치 행위의 합헌성이 사법부에 의해 심사받을 수 있다는 '사법심사' 원리와 함께 근대 민족국가의 통치 기예로 그 이념적인 우수성을 보여주고 있다.

그렇지만 이러한 성취에도 불구하고 자유주의적 헌정주의 논의는 정작 정치공동체가 형성되고 유지되는 과정에서 제기되는 '정당성'의 문제를 적극적으로 논의하는 데 한계를 보인다는 견해가 있다. 유럽의 공법학 전통을 현대적으로 재해석한 마틴 러프린(Martin Loughlin), 리차드 턱(Richard Tuck), 퀜틴 스키너(Quentin Skinner), 닐 워커(Neil Walker)

와 같은 공법학자들이 대표적인 논자들이다. 이들은 '정당성'을 정치 공동체에서 통치자와 피통치자의 관계가 끊임없이 갱신되는 과정에서 형성되는 '정치적인 힘'과 관련된 것으로 이해하면서, 헌법을 이러한 '정치적 힘'이 생성되는 장소(locus)라고 본다. 왜냐하면 헌법은 통치자에게는 통치의 형식과 내용을 부여하고, 피통치자에게는 자신의 법적, 정치적인 지위를 확인하거나 이를 새롭게 전유(reclaim)할 수 있는 '규범적 근거'를 제공해 주기 때문이다. 이것이 헌법의 정치적인 의미이다.

러프린은 헌법의 이 같은 위상과 기능을 치밀하게 분석한 공법학자다. 『공법의 이념(*The Idea of Public Law*)』(2004), 『공법의 토대들(*Foundations of Public Law*)』(2012)과 『정치적 법리학(*Political Jurisprudence*)』(2017)에서 그는 선술한 헌법의 정치적인 의미를 탐구하는데 '정치공동체에서 헌법은 왜 복종을 받아야 하는가?' 라는 질문으로 변경한다. 그는 헌법이 지닌 권위의 원천 즉 헌법의 정당성에 대한 학계의 관심이 부족했다고 보면서, 이 이유를 헌법을 헌법의 개별 조항들의 집합체로서 이미 성립된 '통치체(government)'의 일부로 보거나 통치의 도구로 보는 시각에서 찾았다. 러프린에 따르면 이러한 접근은 헌법에 관한 '정당성'의 물음을 통치체가 형성되는 과정에서의 절차적 내지는 산술적인 '합법성(legality)'의 차원으로 축소 시켜 버린다(Loughlin 2017, 1-10).

이 글은 선술한 공법학자들이 이러한 문제의식을 바탕으로 헌법의 정치적인 의미를 다시 구하기 위해 각각 장 보댕(Jean Bodin), 토마스 홉스(Thomas Hobbes), 칼 슈미트(Carl Schmitt)를 재해석하는 논의들을 살펴본다. 이 중에서도 헌법의 이러한 측면에 대해 첨예한 정치적 사유를 전개한 슈미트의 헌법 개념을 보댕의 주권론과 홉스의 국가론과의 연관 속에서 이해하고자 했던 러프린의 논의가 중심이 될 것이다. 러프린은 턱의 보댕의 주권에 대한 재해석과 스키너의 홉스의 국가이론은 슈미트의 헌법 개념의 연원을 형성할 수 있다고 보고 있다. 이 글은 보댕, 홉스, 그리고 슈미트의 개념들을 개별적인 역사적인 맥락 속에서 이해함으로써 개념의 정의를 구축하는 작업에 거리를 두면서, 각각의 개념들이 어떻게 같은 의미를 지니고 있는가를 보여주는 것이 목적이다.

글의 내용은 이렇다. 리차드 턱은 보댕에 대한 지배적 견해인 주권을 절대적 입법권으로 해석하는 견해(Franklin 1973)를 반대하면서 '주권'과 '주권의 행사'를 구분한다. 턱은 입법권은 주권 행사의 하나의 양식이고, 이로부터 야기되는 주권자의 권위의 특징으로 보댕의 '주권' 개념을 대체하는 것은 오류라고 본다. 그는 '주권' 그 자체와 그 주권적인 힘이 행사되는 방식과 장소를 통칭하는 '통치체'를 구별하면서 보댕은 주권을 오로지 '정의로움에 스스로 구속되는'의 개념으로 추상화 시켰다고 주장한다. 러프린은 보댕의 주권론에 대한 턱의 이해를 바탕으로, 스키너에 의해 정초된 통치자와 피통치자에도 해당되지 않는 '가상적인 인공물'으로 제시된 홉스의 국가 개념으로 연결시킨다. 추상적으로 개념화된 '주권'은 이제 정치공동체에서 그 소재지가 없는 것이 되었기 때문에, 그 힘이 행사되는 일종의 '그릇'이 필요한데, 홉스가 정초한 '국가' 개념이 바로 그것이다. 왜냐하면 스키너의 분석에 따라, 홉스의 국가개념은 통치자와 피통치자 양쪽에도 속하지 않는 단지 이 두 행위자가 계약을 맺음으로써 발생하는 비인격적인 가상의 그 무엇을 지칭하기 때문이다. 이제 국가가 달성하는 단일성은 인민이 정치공동체를 만들겠다는 통일적인 의지로 달성된 '단일성(unity)'의 상태를 지칭하는 슈미트의 헌법 개념으로 계승된다. 러프린은 개념적인 연원을 이렇게 살피고 난 뒤, 헌법을 인민의 주권적 힘을 계속 '인지 가능하게' 장소라는 슈미트의 논증으로 헌법의 정치적인 의미를 제안한다.

II. '주권(sovereignty)'과 '주권의 행사'의 구분: 장 보댕

1. '주권'과 '통치체'의 구분

보댕이 "권능, 기능, 그리고 권력 행사의 시간의 길이에서 제한이 없는 상태"(Bodin 2010, 3)로 '주권자(sovereign)'의 힘의 성격을 규정하게 된 계기는 아리스토텔레스의 혼합정 이론에 대한 비판에서 시작된다. 그는 1566년 저작 『역사를 쉽게 이해하는 방법(*Methodus ad Facilem Historiarum Cognitionem*)』(이하 『방법』)에서 "아리스토텔레스에게는 공화국의 [통치] 활동에서는 세 가지의 부분이 있다. 그것은 공동체의 문제를 숙고-심의하는 일, 치안판사(magistrate) 임명을 결정하는 일, 그리고 통치와 행정의 관할권을 정하는 일이다"(Tuck 2016a, 17 재인용)라고 일별하며 혼합정에 대한 논의를 이어간다. 공동체의 이러한 정치적 활동들을 다른 주체들이 분담해서 맡으면서 정체를 혼합된 양식으로 운영하는 것이 이상적이라고 바라보는 아리스토텔레스의 혼합정 이론에 보댕은 이에 매우 불만족했다. 왜냐하면 보댕이 살던 시기의 프랑스에서는 아리스토텔레스가 공동체의 중요한 행위라고 꼽았던 심의와 관할권을 정하는 일은 시민들에 의해서 공공연히 행해지면서, 정작 그가 주권자라고 믿었던 프랑스의 왕이 이러한 주권적 행위로부터 소외되고 있었기 때문이다. 공동체의 운영과 관련된 중요한 판단들을 심의하는 일들은 지방법원의 판사들이 하고 있었고, 전쟁을 일으키거나 평화조약을 맺는 외교 업무, 그리고 법 제정과 같은 중요한 일도 왕이 부재한 의회에서 수행되고 있었다.

보댕은 '주권적인 힘'의 행사는 오직 '왕'이라는 '주권자'에 의해서만 이루어져야 한다고 믿었다. 『방법』에서 그는 주권자의 힘의 영역과 정부의 영역을 구별하면서 다음과 같이 적고 있다. "[정체를 조사하기 위해서는] 모든 국가에서, 누가 치안판사에게 권한을 주거나 혹은 빼앗는지, 혹은 누가 법을 만들거나 혹은 철폐하는지를 조사해야 한다. 이것이 확실해질 때만이 그 정부의 유형이 쉽게 이해될 수 있다"(Tuck 2016a, 18 재인용). 이러한 입장은 1576년 저서 『공화국에 관한 여섯 개의 책(*The Six Books of the Commonwealth*)』(이하 『공화국』) 7장에 반복된다. "정부의 유형을 결정하는 것은 누가 행정권을 가지느냐 혹은 누가 정부를 장악하는가를 묻는 것이 아니다. 그것은 사무관을 임명하고 해직하거나 혹은 법을 만드는 것이다"(Tuck 2016a, 19 재인용). 『공화국』에서 다음과 같이 설명한다. "지금까지 그 누구도 발견하지 못했지만 '정부(government)'와 '국가(state)'의 개념에는 커다란 차이가 있다. 정부의 유형이 다양할 수 있다고 해서 공화국이 혼합정이 될 수 있다고 생각한다면 이는 '국가'가 '정부'와는 다른 것임을 이해하지 못한 것이다"

(Tuck 2016a, 20 재인용).

보댕의 의도는 주권을 보호하는 것이었다. 이를 위해 그는 치안판사를 임명–면직하고 법령을 만들고 무효화하는 두 가지 권한으로 '주권자'의 힘의 범위를 제한한다. 그는 앞서 말한 두 가지 권한 외의 통치 업무들을 단순히 통치체(정부)의 행정으로 보면서 '주권'의 영역과 구분한다. 그러면서 보댕은 주권자의 힘의 '분리불가능성(indivisibility)'의 원리를 도출한다.

보댕에게 주권자의 힘이 나누어질 수 없는 이유는 주권이 위임받지 않은 권력이기 때문이다. 그는 『공화국』 8장에서 역사의 무대에서 다양하게 등장하는 통치자들의 법적 성격을 '주권자'와 '비주권자'로 구별하면서 주권자의 통치성은 위임되지 않은 것이기에 시간적인 제약을 받지 않는 영원한 권력이며 분리되거나 나누어질 수 없는 권력이라고 설명한다. 그러면서 그는 정반대의 모습으로 로마 독재자의 예를 들고 있다. "주권에 대한 이러한 원리들이 놓여 져서 제한된 시간 안에 공동체의 일을 처분할 수 있는 힘을 가진 로마 독재자들도, 스파르타의 군사총독(harmoste)도, 그리고 다른 어떠한 대리인(commissioner)도 주권성을 가지고 있지 않다. 로마의 초대의 독재자가 강력한 권한을 가질 수 있었던 이유는, 모든 관리들은 호민관이 임명될 때까지 직무정지의 상태였기 때문이다. 독재자는 군주가 될 수 없고 또한 주권자도 아니다"(Bodin 2010, 2). 강력한 힘을 보유했던 로마의 초기 독재자들이 주권자가 아닌 이유는 그의 힘이 시간적인 제한성을 전제로 한 것이기 때문이다.

또한 위임받은 권력을 가진 자는 비주권자이다. 보댕은 이와 대비되는 사례로 '참주(tyrant)'에 대해서도 언급한다. 그는 임기가 한시적인 최고 통치가의 경우를 예로 들면서 이 통치가가 자신에게 부여된 힘을 연장하는 두 가지 방법으로 '강제'와 '암묵적 동의'를 언급하며 다음과 같이 설명한다. "강제적인 힘을 사용한 경우 참주제라고 부를 수 있다. 그렇지만 이때 참주는 주권자이다. 이것은 마치 약탈자의 폭력적인 소유가 설령 법에 반한다 하더라도 그의 소유임이 사실이고 자연적인 것과 매한가지다. 그러나 만일 어떠한 통치가가 암묵적 동의에 의해 자신의 최고 권력을 연장시킨다면, 그는 주권적인 군주가 아니다. 왜냐하면 마지못한 용인이 아니고서 그는 아무것도 아니기 때문이다. 그리고 이 통치가는 일견 역설적이게도 만일 임기 제한이 없는 경우에는 더욱 주권적인 군주가 아니다. 왜냐하면 그럴 경우 이 법관은 오직 불안정한 상태에서 자신의 직책을 수행하는 것이기 때문이다"(Bodin 2010, 6 필자 의역). 어떤 방식으로든지 권력을 위임받은 것이 아니라, 새롭게 창조하는 것이라면 그의 힘은 주권적인 힘인 것이다.

보댕은 주권자의 힘에 대해서 나눠지 않고, 위임받지 않으며, 영속적인 것이라고 주장하면서 '주권' 개념을 다음과 같이 정의한다. "주권은 국가(commonwealth) 안에서 절대적이고 영속적인 권력이다"(Bodin 2010, 1).

2. '주권'의 추상화와 공화국의 수호

보댕의 정치적 사유에서 행정 권한의 행사와 관련된 '정부'와 구별되는 '국가'라는 정체가 지닌 권력을 표현하는 개념이 '주권'이다. 보댕은 정치공동체 내에서 주권이 절대적인 최고 권력일 수 있는 까닭은 그것이 어떠한 실정법에도 구속되지 않기 때문이라고 말한다. 국가 안에 존재하는 최상위의 권력이기 때문에 주권자는 실정법을 지켜야 할 의무에 구속되지 않고 심지어 어길 수도 있다. "민법은 선하고 정의롭고 합리적일 수 있다. 그래도 군주는 민법에 복종할 의무가 전혀 없다. 가령 군주가 살인과 소요를 근절시키기 위해 무기 소지를 목숨을 걸고 반대한다 해도, 군주는 자기 법률에 복종할 의무가 없다"(Bodin 2010, 34). 주권에 관한 보댕의 논의는 여기서 끝이 아니라 한 걸음 더 나아간다. 주권의 절대성에 대한 보댕의 주장은 역설적이게도 그것이 신의 법과 자연법에 구속된다는 전제 위에 서 있다.

> "군주(princes)는 자연의 질서 속에 내재되어 있는 정의와 관련되지 않는 한 그러한 칙령과 법령에 결코 구속되지 않는다. 군주는 칙령이나 법령에 구속받지 않는다. 반면에 신민은 군주가 변경하지 않는 한 해당 칙령과 법령에 계속해서 구속된다. 이는 우리가 신께서 우리 위에 두신 군주가 만든 칙령과 법령에 복종해야 함은 신과 자연의 법이기 때문이다. 군주의 칙령이, 모든 군주들 위에 계신 신의 법에 직접적으로 반대되는 것이 아닌 한 우리는 그의 칙령에 복종해야 한다. 봉건적 주종관계에서 신하가 그 누구도 아닌 영주에 충성을 맹세하면서도 그 영주의 주권자인 군주를 상기하듯이, 신민은 다른 누구도 아닌 주권자인 자신의 군주에게 복종하면서도 지상의 모든 군주들의 절대적인 주인인 신의 존엄을 다시 섬긴다

(reserving)"(Bodin 2010, 34).

보댕은 군주와 신민의 관계에서 군주가 주권자로서 갖는 절대적인 권력을 인정하면서도 그것이 신의 법과 자연법을 뛰어넘을 수 없음을 분명히 하고 있다. 그것이 그가 신민이 군주에 절대 복종하면서도 군주 위에 있는 신의 존엄을 상기한다는 묘사에서 잘 드러난다. 이 지점에서 주권자로서의 군주의 위상과 관련한 미묘한 긴장성이 읽힌다. 아울러 군주는 명령자의 모습만 갖지 않고 계약과 약속의 주체이기도 하다. 이과 관련해 보댕은 다음과 같이 설명한다.

> "우리는 … 국가 통치의 또 다른 측면을 다음과 같이 이야기할 수 있다. 주권자 군주는 그가 스스로 맺은 계약에 구속된다. 그것이 자신의 신민과의 계약이든 다른 국가와의 계약이든 상관없이 말이다. 그것은 군주가 신민들이 서로 간에 체결한 합의나 상호책무에 대한 보증인이라는 점에서 자신의 결정을 정의롭게 실천해야 할 이유가 더 크기 때문이다"(Bodin 2010, 35).

국가의 통치는 통치자가 단순히 피통치자와 맺는 민법적인 의미의 계약을 넘어서서, 통치자가 스스로 구속되면서, 정의로움을 실현해야 한다. 주권은 신과 자연의 법에 구속되는 주권이고, 그런 점에서 주권은 스스로 정의로움에 구속되어서 정의로움을 실현해야 하는 공동체의 최고의 권력이다. 보댕의 이러한 개념화로 '주권'은 현세에 존재하는 정치권력에 정당성을 제공하지만, 그 어떠한 소재지도 가지고 있지 않은 추상적인 그 무엇이 된다.

이와 같은 보댕의 이론적 논증에는 어떠한 정치적 판단이 있었던 것일까? 보댕은 아리스토텔레스의 혼합정 논의는 '국가의 형태'와 '정부의 운영원리'를 구분하지 못하고 있고 따라서 민주정의 정체가 귀족주의적으로 운영되거나 혹은 그 반대가 될 수 있는 정체의 다양한 가능성을 놓치고 있다고 보았다(Tuck 2016a, 20). 정체로서의 국가(state, commonwealth) 혹은 공화국(republic)에 정당성을 제공하는 오직 신과 자연의 법에 귀속되는 절대적인 힘으로서의 추상화된 '주권'을 전제하고, 정부와 행정의 수준에서 다양한 방식을 채택하면서 통치의 '양식'을 그 공동체가 처해 있는 상황에 맞게 변화시킨다면, 이것은 정체의 차원에서 다양한 가능성을 확장시키면서 국가에게 매우 유익한 것이 된다고 생각했다(Tuck 2016b, 121). 이 지점에서 우리는 보댕이 주권 개념에 대한 새로운 발상을 토대로 왕정 체제에 다양한 통치 방식을 적용하면서 궁극적으로는 프랑스의 '왕정-공화국'을 수호하려 했던 모습을 엿볼 수 있다. 이러한 그의 정치적 문제의식은 다음 언명에서 확인된다.

> "군주정인 국가는, 만약 그 군주가 의회, 행정관, 그리고 관료들의 채용을 시민에게 개방하고 그들의 고귀성, 부의 수준, 덕성들을 고려하지 않고 모든 시민들을 평등하게 취급한다면 이 군주정인 국가는 민주적으로 운영되는 것이다. 반대로 시민 대부분이 주권을 가지고 있다는 믿음이 팽배함에도 불구하고 그 국가가 오직 소수의 귀족들에게만 관직들을 허용한다면 그 국가는 민주정이라는

외관을 가질 수 있으나 그것은 귀족정의 방식으로 운영되는 것이다"(Tuck 2016a, 21 재인용).

'주권적인 힘'의 소재지로 왕, 상원, 혹은 평민원을 선택할 것인가에 따라 군주정, 귀족정, 그리고 민주정이라는 다른 형태의 정부를 가질 수는 있지만, 이것은 모두 공화국의 다양한 통치의 모습에 불과하다. 보댕은 법의 요소들로부터 연원하는 정통성을 의미하는 '주권'은 추상적인 수준에서 존재하는 것이고, 이러한 개념을 전제함으로써 주권적인 힘의 소재를 다양화할 수 있다고 보았다. 한마디로 '국가'와 '정부 혹은 통치체'는 구분되어야 한다는 것이다(Tuck 2016a, 19). 아리스토텔레스가 논한 혼합정처럼 다양한 사회세력들의 이익을 배분하고 이들 간의 조화를 찾아가는 방식은 보댕에게는 정치적으로 매우 제한적인 선택이라고 간주되었다. 신교도들과 종교전쟁을 치르며 약체화된 프랑스의 왕정을 수호하기 위해서는, 보댕은 왕에 대해 간언을 하면서도, 왕권을 궁극적으로 강화시킬 수 있는 기관으로 파리고등법원(Parlement de Paris)이 역할을 할 수 있을 것이라고 판단했다(Tuck 2016a, 41).

러프린은 턱이 보댕의 주권의 개념을 해석하면서 '주권'과 '통치체'의 구분한 것은 '주권'을 '주권의 행사'를 분리시키는 것이며, 이는 보댕이 살았던 16세기 프랑스가 신교도와의 갈등으로 종교전쟁을 겪으며 절대왕정이 내적인 한계에 처하면서, 신민에게서 복종을 얻어 내기 위해서는 주권적인 힘이 더 이상 지배자의 개인에게 내재하는 것이 아니라 오로지 '통치의 육체(governing body)'를 통해서만 행사되어야 했던 시대적 변화를 개념화하는 것이라고 본다. 통치자가 사인의 얼굴을 하고 인민들에게 직접 나서서 통치를 하는 중세에서 그의 권력이 내각, 협의회, 법원, 의회, 군대와 같은 다른 제도로 나누어져서 실현되어야 함을 의미한다. 보댕이 '주권의 표식'이라고 칭했던 '의회 안의 왕(the King-in-Parliament)', '협의회 안의 왕(the King-in-Council)', '왕의 내각(the King's Ministers)', '왕의 법원(the King's Courts)'의 모습들은, 그가 '주권'이라는 개념을 통해서, 지배하는 힘의 절대적인 법적 권위는 오로지 그 권위를 담는 제도적인 틀이 있어야만 행사되어야 함을 역설하고 있음을 보여준다(Loughlin 2010, 184-186). 이러한 역사적인 과정을 개념화했던 보댕의 주권의 개념은 더 이상 정치공동체에서 구체적인 소재지가 없게 되었다. 러프린은 추상적으로만 존재하는 이 보댕의 주권은, 존재하지 않는 인민의 결사체가 통치자와 맺는 가상의 계약의 상태를 지칭하는 토마스 홉스의 '국가(the state)'의 개념으로 계승된다고 주장한다.

III. 국가, 보댕의 '주권'을 담는 그릇: 토마스 홉스

1. '인격(person)'과 '본인(author)'

공법학자들은 보댕이 정초한 '주권'의 개념으로 근대 정치학이 태동하였다고 본다. 통치자의 사적인 능력, 의지, 감정의 영역이었던 '통치 행위'는 마치 용기(容器)처럼 '주권'이라는 고도로 추상적인 개념을 담을 수 있는 육화된 영역으로 이전되었다. 아울러 '통치 행위'는 사적인 영역이 아닌, 지배자와 신민, 내지는 지배자가 속한 기관(의회, 평의회, 법원)과 신민 혹은 인민, 신민과 인민의 관계, 그리고 더 나아가 인민들 그 자체의 관계성의 영역, 즉, '공공의 영역'을 창출한다. 17세기 영국의 내전은 '통치체가 지닌 정통성의 근원'에 관한 뜨거운 논생을 낳았다. 로버트 필머(Robert Filmer)가 왕의 권위를 아버지의 권위와의 유비 속에서 찾았다면, 존 로크(John Locke)는 '개인'의 영역을 발굴하며 개인이 천부적으로 타고난 자신의 생명, 자유 그리고 노동에 의한 자신의 확장인 소유에 대한 권리를 동의를 통해, 어느 정도 양도하는 것이 타당할 수 있다는 의견을 피력했다(Dunn 1969). 수평파(Levellers)는 의회조차도 인민의 이익을 대변하지 않는다면서 의회의 전면적인 개혁을 주창했다(Galligan and Versteeg, ed. 2015, 134–156).

그러나 이러한 논의들이 이른바 '인민주권', 즉 '주권적 힘은 신으로부터 부여 받은 것이 아니라 인민에 내재한다'는 관념을 전제로 하고 있다면, 토마스 홉스의 국가에 대한 이론은 매우 중요하다. '인민주권'의 기치를 내건 이론가들에게 가장 커다란 고민은 인민은 구체적인 형태가 확인되지 않는 '자연적인 존재'라는 점에 있었다. 인민의 개념이 지닌 이러한 '존재적 무(nothingness)'와 같은 성격은 주권 논의에서 매우 치명적인 결함을 가지게 된다. 왜냐하면 인민은 보댕의 이론적 혁신에 의해서 제시된, 추상화된 '주권'을 담을 수 있는 육화된 존재로 간주되기 어렵기 때문이다. 바로 이 지점에서 헨리 파커(Henry Parker)는 자신의 저작인 『왕권에 대한 몇 가지 고찰(*Observations Upon Some of His Majesties Late Answers and Expresses*)』(1642)에서 '자연적인 존재'로 존재하는 '인민'에게 '주권'을 부여하기 위해서 인민은 하나의 단일한 법인(corporate)이고, 이 인민은 자유롭게 결사체를 형성하며, 이 인민체를 국가로 부를 수 있다고 주장한다(Skinner 2010, 26−46).

그렇지만 홉스는 이러한 파커의 입장에 동의하지 않았다. 홉스가 자연상태에서 인간의 삶이 '짧고', '끔찍하고', '짐승스럽다'고 묘사한 이유는 헨리 파커를 위시한 이른바 '민중주의' 이론가들을 공박하기 위해서였다. 파커는 인민을 단일성을 유지하는 실체로 보고 국가를 그러한 인민의 자발적인 계약을 통해서 형성되는 '인민의 결사체'로 묘사했다. 그러나 홉스는 정반대로 자연상태에서 '짧고', '끔찍하고', '짐승스러운' 인간 삶의 특성을 부각시키면서, 자연상태에서 인간은 서로 절연되어 있는 고독한 다중에 불과하고, 이러한 다중은 '단일성'을 확보할 수 없기에 인민결사체를 형성할 수 없다는 입장을 견지한다(Skinner 2010, 26−46).

그렇지만 홉스는 지배자에 대한 인민의 종속성을 전제로 한 왕권신수설에도 동의하지 않았다. 이 지점에서 그는 '협약(covenant)' 개념을 새롭게 정립했다. 홉스는 헨리 파커가 주창한 '계약(contract)'의 전제인, 인민결사체와 주권자 사이의 '동의'가 성립되려면 먼저 동의의 주체가 단일성을 보유해야 한다고 보았다. 그는 바로 이러한 단일성을 바탕으로, 그들의 이름으로 행동하도록, 개인이나 집단을 '본인이 되게 하는(authorising)' 형식을 취할 때 비로소 동의의 기반이 마련될 수 있다고 주장했다.

홉스는 이제 주권의 제도적인 조건으로서의 '권위'의 궁극적인 원천을 찾기 위해서 자신의 1651년 저작인 『리바이어던』에서 가상적인 협약으로서의 '국가' 개념을 창시하게 된다. 이때 홉스가 특별히 착목했던 개념은 '인격'과 '본인'이었다. 『리바이어던』16장에 소개된 '인격'이라는 어휘는 그 어원인 페르소나(persona)의 용례가 보여주듯이, 극장에서 배우가 가면을 쓰는 행위나 법정에서 어떠한 말과 행위를 다시 시현하는 것을 의미한다. '본인'은 개인 각자가 신으로부터 부여받은 단독자로서의 결코 침범될 수 없고, 섞일 수 없는 고유한 영역을 일컫는다. 홉스는 이러한 개념적 이해를 바탕으로 인격이 자신만의 것으로 인정되는 '자연적 인격'과 다른 사람의 말과 행동을 다시 시현하는 것으로 인정되는 '인위적 인격'을 구분한다(Hobbes 2008, 112).

이 가운데 홉스의 논증 과정에서 보다 핵심적인 것은 '인위적 인격'이다. 만약 누군가가 햄릿의 연극을 하고 있는데, 햄릿의 가면을 쓰고 극에 임한다면, 그 누군가가 쓴 가면은, 햄릿의 말과 행위를 '다시-시현함(re-presenting)'으로써 햄릿의 말과 행위를 소유하게 되는, 햄릿의 '인위인 인격'이 된다. 홉스는 바로 이러한 논증을 통해 '인위적 인격'을 '다시-시현하는 자', 즉 '대표자(representer)'라고 말한다. 다시 말해 햄릿의 말과 행위를 소유함으로써 '햄릿-본인이 되게 하는' 과정으로 이 '인위적 인격'이라는 대표자가 되는 것이다(Skinner 2010, 26-46). 홉스에 따르면,

> "'인위적 인격'은 그들이 '다시 시현하는(대표하는)' 사람에 의해 행해지는 말과 행동을 소유하는 자들이다. 이제 그 행위자(대표자)는 그의 '본인성(authority)'을 그 권리의 소유자로부터 위임 또는 인가를 받아서 행동하게 된다"(Hobbes 2008, 112).

홉스는 '인위적 인격'을 이렇게 정의한 뒤 '대표자'의 권능을 일별한다. 어린이나 백치 혹은 광인처럼 '본인성'을 가질 수 없는 자들은 자신의 후견인에게 자신의 말, 행위, 이익을 대표시킬 수 있다. 그렇지만 이때 후견인의 권한은 제한적이다. 우상이나 허구 또한 본인성을 가지고 있지 않기 때문에 후견인은 오직 시민정부의 보증 하에서만 권한을 가질 수 있다. 아울러 홉스는 '본인성'을 지닌 주체가 대표되는 경우, 특히 기독교의 신에 대해서 이야기한다. 그에 따르면 신의 본인성은 절대적이며, 이러한 신은 역사의 무대에서 모세, 예수, 그리고 성령에 의해 대표되었다(Hobbes 2008, 113-114).

2. 국가, '주권자'로 대표되는 그 이름

홉스는 이제 시민정부의 성립을 설명하기 위해서 '다중'에 대해서 이야기한다. 그가 일찍이 지적했듯이, 자연상태의 인간들은 상호 불신만이 팽배한 상태에서 다중에 불과하고, 이 다중은 본인성을 가지지 않는다. 그들이 본인성을 얻기 위해서는 오직 단 하나의 인격에 의해 대표되어야만 한다. 홉스는 다음과 같이 말한다.

> "다중은 하나의 인격에 의해 대표될 때, 만약 그것이 그 군중 개개인 전부의 동의에 의해 그렇게 된 경우 하나의 인격이 된다. 왜냐하면 '하나의' 인격을 이루는 것은 대표자의 '단일성'이지 대표되는 자의 단일성은 아니기 때문이다. 그렇지 않으면 다중의 '단일성'

은 이해될 수 없다"(Hobbes 2008, 114).

이렇게 다중은 '인위적 인격'에게 '본인'을 부여하는 행위를 통해서 이제 그의 말과 행동이 마치 우리 자신의 것이라고 말해지고, 마치 우리 자신이 말하고 행동한 것처럼 책임을 지는 '단일성'을 획득한다. 여기서 홉스는 자연상태에서는 존재하지 않았던 두 가지 인격을 말한다. 첫 번째 인격은 우리의 말과 행위를 '인위적으로 다시-시현하는' 자이고, 두 번째 인격은 첫 번째 인격의 탄생과 동시에 존재하게 되는 인격으로서, 우리가 우리의 말과 행동을 다시-시현시킬 것이라고 결단하는 하나의 단일한 의지를 가지게 될 때 만들어 지는 '가상의' 인격이다. 다시 말해 우리가 우리를 '다시-시현시킬(대표할)' 한 사람이나 혹은 하나의 그룹을 우리의 대표자로서 봉헌하면서 하나의 의지와 목소리를 가질 때 그 단일성이 우리가 탄생케 하는 인격이다(Skinner 2010, 26-46). 홉스는 전자를 '주권자(sovereign)'로, 후자를 '키비타스', '리바이어던' 혹은 '국가'로 부른다(Hobbes 2008, 120).

이제 상술한 협약으로 탄생한 '리바이어던' 혹은 '국가'는 영속적이다. 홉스는 다시 묻는다. "만약 주권자들이 '다시 시현하는 자(대표자)'라면, 그리고 그 행위가 '다시-시현되는 자들'의 이름으로 행해 졌다면, 그 이름은 무엇인가?" 이제 홉스는 스스로 던진 질문에 답을 할 수 있게 되었다. 인민들을 다시 시현하는 주권자들이 정통성을 가지고 있다고 말한다면, 그들은 그 국가라는 이름을 대표하고 있는 것이다. 왜냐하면, 오직 국가를 통해서만 인민은 하나의 이름을 얻게 되고, 그 이름으로서만 우리는 '다시-시현될 대표자'를 가지게 되기 때문이다. 그리고 그 관계는 가상 협약의 결과이며, 그 협약은 근대의 무대에서 '국가'를 정치적 주체로 등장시킨다(Kelly 2004, 113-134).

스키너에게 논증된 홉스의 국가는 통치자와 피통치자, 그 누구에도 속하지 않는 비인격적인 존재이다. 이제 홉스의 국가 개념에 의해서, 국가를 단순히 '통치체'로만 보고 이 통치체를 운영하는 자의 사적인 특질(능력, 의지, 감정)로만 국가의 통치 성격을 규정하는 통치의 사적인 성격을 완전히 탈각하게 되었다고 평가한다. 더 중요한 것은, 홉스의 국가는 가상의 상태를 지칭하는데, 이것은 피통치자가 자신의 모든 권리를 주권자에게 양도하겠다는 단호한 결단으로 형성되는 피통치자의 통일된 의지를 표현하는 '단일성'의 그 자체를 말한다. 이러한 이론은 약 3세기 후 슈미트에게 다시 전유된다.

IV. 헌법, 홉스의 '국가' 그 상태: 칼 슈미트

1. '국가'의 헌법과 '통치체'의 헌법

슈미트는 1928년 저서 『헌법이론(*The Constitutional Theory*)』에서 그는 원자화된 개인들이 이 '헌법-만들기'의 행위를 발생시키겠다는 의지를 모으면서 형성되는 단일성으로부터 인민의 '수행적(performative)' 행위로 형성되는 것을 헌법으로 정의했다. 헌법은 국가라는 정치공동체를 발생시키는 시원적인 행위인 '헌법-만들기'의 인민의 행위의 결과

물인 것이다. 따라서 슈미트에게 헌법은 국가의 상태 그 자체를 지칭한다.

> "국가가 헌법을 가지고 있는 것이 아니다. 국가는 바로 헌법, 다시 말해 [하나의 정치공동체의] 단일성과 질서의 바로 그 상태 자체를 일컫는다. 만약 이 헌법이 보다 구체적으로 이 단일성과 질서가 존재하기를 멈춘다면 이 국가는 존재하기를 멈추는 것이다" (Schmitt 2008, 60).

헌법의 진정한 기원은 그 헌법이 속한 국가를 성립시키려는 인민들의 단일한 의지가 헌법-만들기의 과정으로 표현되는 그 '행위' 그 자체에 있다는 것이다. 따라서 헌법은 정치공동체의 성립 이전에 발생하는 역사적인 사실을 전제하고 있는 헌법은 그 정치공동체의 상태가 존재하는 방식을 드러내는 그 무엇이다.

슈미트의 이 헌법 개념은 홉스의 국가 이론을 떠올리게 충분하다. 홉스에게 국가는 인민들이 정치공동체를 만들겠다는 단일한 의지의 형성을 주권자와 계약을 맺는 그 행위의 발생을 전제하고 그 과정에서 수반되는 가상의 계약이고 따라서 정치적 단일성이 형성될 때에만 협약이 발생해서 정치공동체가 탄생할 수 있듯이, 슈미트는 이 정치적 단일성이 형성되는 인민의 공통의 집합적인 행위가 전제 될 때 비로소 정치공동체가 형성될 수 있으며 이 국가의 구성의 지칭하는 개념을 통하여 (절대) 헌법이라는 개념이 형성된다는 것이다.[1] 슈미트는 다음과 같이 적고 있다. "'헌법-만들기' 행위에서 기원하는 헌법에서 헌법을 만드는 행위는, 따라서 [그 헌법-만들기로 형성된 정치공동체가 내재하고 있는] 규범의 체계에서 분리되지 않는다. 이러한 단 하나의 결정이라는 하나의 행위로부터 공동체의 특별한 존재의 양식이 결정되기 때문에, 이것은 온전하게 그 공동체의 단일성을 결정짓는다"(Schmitt 2008, 74). 따라서 슈미트는 바이마르 헌법의 정통성은 그 헌법의 조문들에 있는 것이 아니라, 헌법을 만들어 내는 독일 국민들의 존재의 결단과 의지로부터 형성되는 정치적 단일성에서 유래한다고 주장한다(Loughlin 2010, 209-216).

슈미트는 이러한 주장을 이끌어 내기 위해, 두 가지 반대 논의들을 제시한다. 첫 번째는, "헌법을 규범들의 체계로 보면서 구체적으로 존재하는 단일성의 총체로 보고 있지 않은"(Schmitt 2008, 493) 켈젠의 이론이다. 켈젠은 칸트의 '귀속(ascription 혹은 imputation)'의 개념을 통해 모든 개별 법률들의 정당성은 상위법으로 귀속되고, 이러한 위계적인 법체계를 완성하는 '근본 규범(Grundnorm)'을 법이 가지고 있는 모

1 그러나 슈미트는 홉스가 국가 개념을 형성할 때 적용하고 있는 방법론적 개인주의에는 불만을 표현하고 있다. "홉스가 주권적, 대표적 인격을 법적으로 설명하는 데 도움을 주었던 계약론도 국가의 전체성이라는 귀결로 나아가는 것은 아니다. 평소에는 그렇게 확실한 홉스의 사고 과정 속에 법적으로 결정적인 지점, 즉 개인들에 의해서 체계되는 계약으로부터 나오는 국가에 대한 법적인 해명에서는 결정을 내리지 못한 머뭇거림이 끼어들어 있다는 것은 오래전부터 주목되어 왔다. 계약은 완전히 개인주의적으로 파악되고 있다. 모든 구속과 공동체는 해체되어 있다. 원자화된 개인들은 이성의 빛이 번뜩여서 합의가 성립될 때까지는 불안 속에서 함께 모여 있다" (Schmitt 2020, 493).

든 규범적인 힘의 원천이라고 주장한다.[2]

켈젠의 규범주의는 1910년도 유럽의 정치적 상황과 무관하지 않다. 파시즘과 공산주의 볼셰비즘, 그리고 우익 가톨릭 정치의 발흥을 매우 불편하게 생각했던 켈젠은 '인민'이라는 존재를 매우 회의적으로 바라보면서 다음과 같이 기술한다.

> "'인민은 무엇인가?' 이것은 그 안에 하나의 단일성을 지닌 인간들의 다중의 무리로서 민주주의라는 정치이념에 하나의 기본적인 전제 조건인 것처럼 보인다. 민주주의에게 이러한 인민의 단일성은 매우 중요한데, 왜냐하면 그 이념의 이상에 따르면 지배하는 자가 주인이면서 동시에 대상이 되어야하기 때문이다. 그러나 현실은 그렇지 않다. 인민이라는 집단은 국적, 종교, 경제적 갈등으로 찢어지고 분열되어 있고 그리고 이 단일성이라는 것이 있다면 그것은 기껏해야 오직 동질적인 집단들의 모음집일 뿐이다"(Kelsen 2002, 89).

형식을 가지고 있지 않은 무정형의 인민의 개념은 켈젠에게는 그 자체로는 어떠한 법적 유효성도 지닐 수 없었다. 그는 "오직 규범적인

---

2 이 '귀속'의 개념은 슈미트에게도 차용되었다. 1922년의 저서 『정치신학』에서 켈젠의 '존재(sein)'와 '당위(sollen)'를 하나로 보는 일원론을 비판하며 '당위'의 영역에 속하는 규범 보다, '존재'에 속하는 의지와 결단의 우선성을 채택했지만, 슈미트는 1914년의 『국가의 가치』에서 켈젠의 '귀속'의 개념을 차용하고 있다(Paulson 2017, 510−546).

의미에서만 [인민의] 단일성은 유효하기 때문에, 인민의 단일성은 법적인 개념이고 그리고 궁극적으로 인간의 행위의 도덕적인 규범은 오직 이 법적인 질서에서 찾을 수 있다"(Kelsen 2002, 90)고 주장하면서, 이러한 법체계의 원리를 제도적으로 완성시키는 오스트리아 헌법재판소의 모델을 창시한다. '국가'의 개념도 유사하다. 사회의 부분들이 합쳐져서 국가를 형성한다는 관념을 반대하는데, "국가는 사회학적인 물체를 형성하는 행위 혹은 그 모든 것들을 합친 것과 동일시 될 수 없다. 국가는 어떠한 하나 혹은 몇 개의 행위가 아니다. 또한, 우리가 그 질서를 통해서 인간의 행위가 형성되며 또한 그 이념을 통해서 개개인이 자신의 행동을 적응하는 법적인 질서도 또한 아니다. 국가는 사회학적인 개념이 아니다. 오직 법적인 개념일 뿐이다"라고 다루고 있다(Kelsen 1945).

슈미트는 켈젠의 이론을 기능주의에 불과하다고 비판한다. "켈젠은 국가를 단일한 법적인 규범들의 시스템으로 묘사한다. 그러나 이 단일성과 시스템의 실체와 논리적인 원리에 대한 어떤 설명도 없다. 국가의 단일성의 '정치적인 존재' 혹은 '존재되기'는 이제 단순히 기능으로 전환된다. 존재의 반대말과 그리고 그것의 규범적인 측면은 이제 완전히 그것의 물질적인 실체 그리고 법적인 기능과 혼합된다"(Schmitt 2008, 63-64). 그는 이렇게 규범적으로만 접근할 수밖에 없다면 역사, 정치, 도덕과 같은 인간 세계의 법철학의 권위의 원천은 봉쇄되기 때문에, 이러한 체계는 다시 자연법의 권위체계에 다시 항복하게 된다고 비판한다. 슈미트의 이러한 일성은 그의 1922년 저서 『정치적인 것의 의미(*The Concept of the Political*)』에서 다시 확인된다.

"켈젠이 오로지 순수한 의미에서 법철학을 고양시키기 위해서 찾는 규범 과학이라는 것은 절대로 규범적일 수 없다. 왜냐하면 법학자는 오직 그의 자유 의지에 따라서 가치를 평가하며, 그는 오직 그 실증적으로 판단된 가치에만 의존할 수 있기 때문이다. 객관성은 가능해 보인다. 그러나 그 객관성은 실증적으로 등장하는 개념과 연결 고리를 찾을 수 없다. 따라서 아무리 법학자가 그에게 주어진 대로 충실하게 그 가치를 평가 한다고 하더라고 그가 마주하는 것은 오직 상대적인 우월성일 따름이다"(Schmitt 2005, 20).

슈미트의 두 번째 반대이론은 바이마르 헌법의 해석에 대한 지배적인 견해였던 법실증주의이다. 1932년 저서 『합법성과 정당성』에서 그는 법의 안전성을 그 법을 만드는 입법 과정을 절차적인 합법성에서 찾는 법실증주의는 그 유효성이 의심되는데, 왜냐하면 가치 다원주의가 팽배한 사회에서 법이 지니는 규범의 옳음은 궁극적으로 판단할 수 없다고 판단하기 때문이라고 분석한다(양천수 2007, 101-102). 그는 또한 법실증주의가 지탱하는 법치국가에 대해서도 비판적인 자세를 취했는데, 여기에는 의회에 대한 현실적인 판단이 있었다. 법률을 만드는 의회는 시민들의 진정한 정치적 의사 형성과 매우 무관한 공간인데, 이 이유는 군소정당의 난립으로 의회는 이 정파들의 파벌 투쟁의 전쟁터가 되었고 토론과 타협으로는 정치공동체의 중요하고 긴급한 사안에 대해서 시의적절한 결정을 내릴 수 없기 때문이라는 것이다(Schmitt 2015, 149-166). 법치국가는 의회주의를 바탕으로 한 입법부 우위의 국가이지만, 슈미트에게 법치국가의 이념은 오로지 켈젠의 '법체계'의 신화로만 완성될 수 있는 현실에서는 존재하지 않는 것이었다. 오히려 이미 존재하는 헌법적인 질서 안에서 법치국가의 개념은 정치적인 개념의 법, 즉 홉스적인 의미의 국가의 존재적 형식으로부터 유래해야 하는 의미의 법과 공존해야 한다고 보았다(Loughlin 2017, 124-140).

2. '헌법이 존재한다는 것'의 의미와 정치적인 힘

헌법을 통치의 제도의 일부가 아닌, 반대하면서 형성한 슈미트의 헌법에 대한 개념은 국가에서 헌법이 존재한다는 것의 의미를 규명하는 것으로 귀결된다. 그는 세 가지의 의미를 제시한다. 첫째, 헌법은 그 국가에 속한 인민들이 스스로 형성한 정치공동체의 성격, 제도적인 배열 그리고 작동의 원리들을 끊임없이 '알아차리도록(intelligibility)' 하면서, 그 공동체의 애초의 단일성과 질서를 재현하고 재생산하도록 하는 역할을 한다(Loughlin 2010, 212-214). 슈미트는 이러한 헌법의 기능을 합창단이 노래를 할 때의 예를 들어 설명한다.

> "만약 노래를 하는 합창단이 장소와 시간을 바꾸어서 혹은 설령 그 합창단의 단원들이 바뀌어서 노래를 한다고 하더라도, 그 노래 혹은 그 음악은 같은 것이다. 왜냐하면 그 노래 혹은 음악의 단일성이 그 노래와 음표에 내재하고 있는 한, 그 노래와 음악의 단일

성은 유지되고 있기 때문이다"(Schmitt 2008, 60).

합창단이 노래하는 장소와 시간이 바뀌고 심지어 단원이 바뀌어도 합창단으로부터 만들어지는 노래의 소리가 가지고 있는 '단일성'은 그대로 유지되는 이유는 악보라는 헌법을 매개로, 단원들이 악보가 표현하는 곡의 원리를 그대로 '알아차리도록' 했기 때문이다(Loughlin 2010, 212). 이러한 비유를 통해 슈미트는 헌법을 통해 정치공동체의 구성원들이 그 공동체의 원리와 이념을 '알아차림'으로써 정치공동체가 성립했던 시기의 단일성을 재생산시키고 통치자와 피통치자의 관계의 변화를 겪게 하면서 정치공동체의 단일성을 갱신시킨다는 의미까지 확장된다. 둘째, 헌법이 공동체의 구체적인 정치형태를 의미한다고 할 때, 이것은 헌법이 법적인 형식으로 일컬어지는 것이 아니라 실재로 작동하는 양상 그 자체를 말한다(Loughlin 2010, 213). 이는 마치 인류학자가 에스노그라피 방법론으로 하나의 공동체를 탐구하는 것과 같이 사회의 어떠한 부분이 우월하고 그래서 나머지 부분을 지배하고 종속시키는가를 구체적으로 나타내는 것이다(Loughlin 2010, 214).

마지막으로, 헌법이 존재하는 것의 의미는 그 정치공동체의 단일성이 끊임없이 재편되고 갱신되는 것을 말한다. 이러한 헌법에서는 통치자와 피통치자와의 관계로부터 형성되는 단일성을 전제로 하고 있기 때문에, 헌법을 통해서 통치자와 피통치자의 관계가 유지, 변화 그리고 재편되게 된다는 것이 전제되어 있다. 여기에는 '헌법-만들기' 행위로 정치공동체를 성립시켰던 인민들은 또 다른 새로운 '행동'을 할 수 있는 것도 포함한다(Loughlin 2010, 214). 헌법이 국가에서 존재하는 것의 의미를 이렇게 규명하면서 슈미트는 헌법을 공동체의 단일성을 유지, 재생산 하려는 정치적인 힘을 생성하는 장소로 볼 것을 제안하고 있다.

V. 결론

헌법학자 마크 투쉬넷(Mark Tushnet)은 공법의 전통은 성문헌법이 존재하지 않은 영국이라는 정치공동체의 특수한 맥락의 산물이라고 말한다(Tushnet 2018, 209-215). 그는 헌법을 정치적인 힘이 생성되는 장소로 보면서 궁극적으로 인민의 정치적 의사의 결정체인 헌법을 통해 정치공동체의 정당성 근원을 끊임없이 찾아야 하는 이러한 법적인 실행들은, 법정에서 공적인 이성의 추론(public reasoning)으로 법을 끊임없이 생성하는 보통법의 그것과 다르지 않다는 것이다. 이러한 공법의 관점은 미국의 헌정 경험에 익숙한 학자들에게는 다소 낯설게 보이는데, 이는 무엇보다도 미국에서 헌법이 이미 정치공동체의 훌륭한 '통치의 도구'로 작용해 왔기 때문이다. 견고하게 쓰여진 미국 헌법을 법정의 판사와 그리고 공동체의 시민들의 이성적인 추론을 통해 해석하면서, 공동체는 정치적인 힘을 만들어 왔다는 것이다. 이른바 '얇은 헌정주의(thin constitutionalism)'를 표방하며, 그는 『독립선언서』(1776) 와 『미국 헌법 서문』(1789)과 같은 미국의 훌륭한 헌정 문서들이 시민들이 민주주의 원리를 스스로 학습하고 체득하며 민주적인 삶을 영위하는데 있어 충분한 규범적 토대를 제공하고 있다고 말한다. 아울러 이러한 선순환은 사회에서 발생하는 다양한 이익들이 조정되면서 갈등이 관리, 해소되는데 헌법이 충분한 역할을 하게 한다는 것이다.

따라서 그는 미국 헌정체제 하에서는 '왜 헌법에 복종해야 하는가?' 라는 정당성에 관한 공법학자들의 물음 대신, '이떻게 헌법을 수호할 것인가?' 라는 보다 실용주의적인 지향을 함축한 질문이 부각되고, 이러한 관점은 정치권력을 제한하는 다양한 방식들의 고안과 적용에 대한 강조로 귀결되고 있다고 지적한다. 그러나 투쉬넷은 공법학자들의 헌법에 대한 근본적인 문제의식은 매우 유효하다고 본다. 많은 민주주의 국가에서 포퓰리즘이 부상하면서 시민들의 합리적인 정치적 의사가 형성되거나 발현되고 있지 못하고 있는 상황에서 헌법을 해석의 대상으로만 바라보는 것은 공동체의 '정당성'의 문제에 관한 적극적인 사고와 토의로 이어지는 데 한계를 노정한다는 것이다. 이런 의미에서 그는 공법이 가지는 시의성과 중요성은 매우 가치가 있다고 바라보고 있다.

시선을 한국사회로 돌려 보면, 헌법은 시민들이 그들의 정치적 의사를 형성하는데 길라잡이가 되어 왔다. 그러나 민주주의의 공고화와 퇴행을 동시에 경험하고 있는 지금의 시점에서 헌법이 공적 이슈에 관한 합리적인 시민적 토의와 정치적 논쟁을 이끄는 길라잡이가 되기보다는, 법정으로 옮겨진 쟁점에 대한 사법 엘리트의 판단의 준거점이 되어 버리는 이른바 '정치의 사법화' 현상이 점점 강화되고 있는 것을 보고 있다. 이 경우 극심한 갈등과 분열을 제도적으로 해소할 수 있는 방편으로서 사법심사의 순기능을 인정한다고 하더라도, 보다 근본적인 문제가 남는다. 정치공동체에서 헌법을 해석할 수 있는 권한이 사실상 소수의 법조 엘리트에게만 부여되는 상황에서 헌법에 대한 이해는 '통치의 도구'를 넘어 정당성에 대한 보다 근본적인 물음으로 적극적으로 연계되기에 어려운 것이다. 이러한 문제의식에 비춰볼 때 이 글에서 소개한 공법학자들이 이해하는 헌법에 대한 개념, 시민이 정치적 의사를 형성해가는 주요한 장을 제공해 준다는 관점은 한국사회의 민주적 헌정에 기여할 수 있는 '인지적 자원(cognitive resources)'이 될 수 있을 것이다.

참고문헌

양천수. 2007. “합법성과 정당성–칼 슈미트의 이론을 중심으로 하여.” 『영남법학』 25호, 91–115.

이수석. 2001. “마키아벨리와 홉스의 권력에 관한 연구.” 『정치사상연구』 5집, 81–103.

홍철기. 2018. “비밀투표는 ‘민주적’인가?: 존 스튜어트 밀과 카를 슈미트의 비밀투표 비판.” 『정치사상연구』 24집 1호, 101–129.

Bodin, Jean. 2010. *On Sovereignty: Four Chapters from the Six Books of Commonwealth*, translated by Julian Franklin. Cambridge: Cambridge University Press.

Bourke, Richard. 2015. *Empire and Revolution: The Political Life of Edmund Burke*. Princeton, NJ: Princeton University Press.

Dunn, John. 1969. *The Political Thought of John Locke: An Historical Account of the Argument of the 'Two Treatises of Government'*. Cambridge: Cambridge University Press.

Franklin, Julian H. 1973. *Jean Bodin and the Rise of Absolutist Theory*. Cambridge Eng.: University Press.

Galligan, Denis J. 2014. “The Levellers, the People, and the Constitution.” In *Constitutions and the Classics: Patterns of Constitutional Thought from Fortescue to Bentham*, edited by Denis J. Galligan, 122–151. Oxford: Oxford University Press.

Hobbes, Thomas. 2008. *Leviathan*. Cambridge: Cambridge University Press.

Kelly, Duncan. 2004. “Carl Schmitt's Political Theory of Representation.” *Journal of the History of Ideas* 65(1): 113–134.

Kelsen, Hans. 1924. "The Conception of the State and Social Psychology." *International Journal of Psycho-Analysis* 5: 1–27.

Kelsen, Hans. 1945. *General Theory of Law and State*. Cambridge, Massachusetts: Harvard University Press.

Kelsen, Hans. 2002. "On the Essence and Value of Democracy." In *Weimar: A Jurisprudence of Crisis*, edited by Arthur Jacobson and Bernhard Schlink, 84–109. Berkeley, California: University of California Press.

Locke, John. 1988. *Two Treatises of Government*. Cambridge: Cambridge University Press.

Loughlin, Martin. 2000. *Sword and Scales: An Examination of the Relationship Between Law and Politics*. Oxford: Hart.

Loughlin, Martin. 2004. *The Idea of Public Law.* Oxford: Oxford University Press.

Loughlin, Martin. 2010. *Foundations of Public Law.* Oxford: Oxford University Press.

Loughlin, Martin. 2016. "Active, Passive, or Dead?." *London Review of Books* 38(12): 43–44.

Loughlin, Martin. 2017. *Political Jurisprudence*. New York, NY: Oxford University Press.

McCormick, John P. 1997. "The Dilemmas of Dictatorship: Carl Schmitt and Constitutional Emergency Powers." *The Canadian Journal of Law & Jurisprudence* 10(1): 163–187.

McIlwain, Charles Howard. 1969. *Constitutionalism & the Changing World: Collected Papers*. New York: Cambridge University Press.

McIlwain, Charles Howard. 2007. *Constitutionalism: Ancient and Modern*. Indianapolis, Ind.: Amagi/Liberty Fund.

McLean, Janet. 2012. *Searching for the State in British Legal Thought: Competing Conceptions of the Public Sphere*. Cambridge: Cambridge University Press.

Paine, Thomas. 2000. *Paine: Political Writings*. Cambridge: Cambridge University Press.

Paulson, Stanley L. 2017. "Hans Kelsen and Carl Schmitt: Growing Discord, Culminating in the 'Guardian' Controversy of 1931." In *The Oxford Handbook of Carl Schmitt*, edited by Jens Meierhenrich and Oliver Simons, 510–546. Oxford: Oxford University Press.

Schmitt, Carl 저·김도균 역. 2015. 『합법성과 정당성』. 서울: 길.

Schmitt, Carl 저·김효전 역. 2019. 『헌법과 정치』. 부산: 산지니.

Schmitt, Carl. 1996. *The Concept of the Political*, translated by George Schwab. Chicago: Chicago University Press.

Schmitt, Carl. 2004. *Legality and Legitimacy*, translated by Jeffrey Seitzer. Durham: Duke University Press.

Schmitt, Carl. 2008. *Constitutional Theory*, translated by Jeffrey Seitzer. Durham: Duke University Press.

Schmitt, Carl. 2014. *Dictatorship: From the Origin of the Modern Concept of Sovereignty to Proletarian Class Struggle*, translated by Michael Hoelzl and Graham Ward. Cambridge: Polity.

Schmitt, Carl. 2015. *The Guardian of the Constitution: Hans Kelsen and Carl Schmitt on the Limits of Constitutional Law*, translated by Lars Vinx. Cambridge: Cambridge University Press.

Skinner, Quentin. 2010. "The Sovereign State: A Genealogy." In *Sovereignty in Fragments: The Past, Present and Future of a Contested Concept*, edited by Hent Kalmo and Quentin Skinner, 26–46. Cambridge:

Cambridge University Press.

Stanton, Timothy. 2016. "Popular Sovereignty in an Age of Mass Democracy: Politics, Parliament, and Parties in Weber, Kelsen, Schmitt and Beyond." In *Popular Sovereignty in Historical Perspective*, edited by Richard Bourke and Quentin Skinner, 320–358. Cambridge: Cambridge University Press.

Thornhill, Chris. 2011. *A Sociology of Constitutions: Constitutions and State Legitimacy in Historical-Sociological Perspective*. Cambridge: Cambridge University Press.

Tuck, Richard. 2016a. *The Sleeping Sovereign: The Invention of Modern Democracy*. Cambridge: Cambridge University Press.

Tuck, Richard. 2016b. "Democratic Sovereignty and Democratic Government." In *Popular Sovereignty in Historical Perspectives*, edited by Richard Bourke and Quentin Skinner, 115–141. Cambridge: Cambridge University Press.

Tushnet, Mark. 2018. "Foundations of Public Law: A View from the United States." In *Questioning the Foundations of Public Law*, edited by Michael A. Wilkinson, 209–215. Oxford: Hart Publishing.

7장 정치와 경제: 시장과 사회모순을 중심으로*

임상헌

Ⅰ. 서론

금융위기와 극우정치의 발현, 그리고 팬데믹까지 이어지고 있는 오늘날 우리는 신자유주의적 통치성의 위기를 목도하고 있다. 지금의 이 상황과 닮아있는 과거로서, 제1차 세계대전의 발발과 이어지는 경제 대공황, 그리고 파시즘의 등장과 제2차 세계대전의 발발로 이어지는 19세기 자유주의 문명이 파국을 맞이한 20세기 초반의 역사가 오늘날의 위기상황에 주는 교훈을 찾고자 많은 학자들이 관심을 기울

---

* 이 글은『현상과 인식』43권 1호(2019)에 게재된 "정치와 경제의 분열과 화해: 칼 폴라니와 사회 민주주의"를 수정·보완한 것이다.

이고 있다. 이 가운데 자기조정적 시장과 사회보호운동의 이중운동(double movement)으로써 근대 경제사회의 등장과 몰락을 설명한 칼 폴라니(Karl Polanyi)도 이러한 성찰의 시간에 빠질 수 없는 인물 중 하나일 것이다.

본 연구에서는 19세기의 자유주의적 통치성이 한계를 맞이하고 몰락하게 된 이유에 대한 폴라니의 논의 가운데 핵심이 되는 '정치와 경제의 분리'에 대하여 살펴보고자 한다. 특히, 20세기 복지국가라는 새로운 통치성을 이끌어낸 사회민주주의가 폴라니가 말하는 정치와 경제의 분리에 대한 대안이 될 것인지에 대하여 고찰해 보고자 한다. 폴라니는 그의 역작인 『거대한 전환(*The Great Transformation*)』[1]에서 자본주의 시장경제체제의 추진과 이에 대항하는 사회보호운동의 등장이 민주주의 정치와 자본주의 경제의 분리로 이어지고, 화해되지 않는 정치와 경제의 대립이 결국 제1차 세계대전, 경제 대공황, 파시즘의 확산, 그리고 제2차 세계대전이라는 파국으로 이어졌음을 밝힌다. 그리고 전후(戰後) 새롭게 열리는 세상에서는 이러한 역사가 반복되지 않기를 바라는 당부를 하고 있다. 신자유주의적 세계화의 확대와 2008년의 글로벌 경제위기, 그리고 불평등과 복지 축소에 대한 비판이 커지고, 극우정치마저 힘을 얻어가는 지금 상황에서 폴라니의 연구는 새로운 주목을 받고 있다.

---

1 『거대한 전환』 제1쇄는 1944년, 즉 제2차 세계대전이 한창이던 시기에 출판되었다. 그러나 이 글에서 참조한 판본은 1957년 출판된 제2쇄를 다시 발간한 2001년 본임을 밝힌다.

물론, 폴라니의 저작들에서 가장 주된 관심사는 사회의 회복이다. 사회 속에 배태되어 있어야(embedded) 할 경제가 자본주의 시장경제의 발전으로 인해 거꾸로 사회를 자기 안에 배태되게 만든 것이 사회의 자기 보호 운동을 불러일으켜 결과적으로 자본주의 시장경제 자체가 파국으로 가게 되었다는 것이 폴라니가 보여주는 통찰력이며, 양차 세계대전과 대공황의 폐허를 딛고 일어나 어떻게 하면 사회의 우위를 회복할 것인가 하는 것이 『거대한 전환』의 큰 주제이다(Polanyi 2001, 259).

그럼에도 불구하고 본 연구에서 정치와 경제의 분열에 초점을 맞추는 이유는, 사회와 경제의 대립이 실제로 일어나는 장이 된 것이, 그리고 파시즘의 등장에 직접적인 원인을 제공한 것으로 폴라니가 제시하고 있는 것이 바로 민주주의 정치와 자본주의 경제의 대립이기 때문이다. '고리타분한 맑스주의자들(old-fashioned Marxians)'은 민주주의가 자본주의의 집행위원회에 불과하다고 말하지만(Polanyi 2018, 126), 폴라니가 보기에 민주주의는 노동자들이 노동을 상품화시키는 자본주의에 대항하여 인간성을 회복하고 자유를 지킬 수 있는 도구가 되었으며, 파시즘은 이러한 민주주의를 파괴하려고 한 자본가들의 극단적인 선택이었다(Polanyi 1935, 2018). 그리고 폴라니는 파시즘이 중하층과 농민 등 비자본가 계급들의 지지까지도 받게 된 것은 노동자 계급이 민주주의를 자신의 계급이익만을 위하여 활용했기 때문이었다고 설명하고 있다(Polanyi 2018, 132-133; Polanyi n.d.b, 6-7). 폴라니의 저서들이 단지 사회와 경제의 관계에 대한 이론적인 논증을 하는 것이 아니라 실제 역사적인 상황에 기반하여 19세기 유럽 자유주의 문명의 몰락과 파시즘의 등장에 대한 원인을 성찰하고 있다는 점을 생각한다면, 사회와 시장경제의 대립이 현실에서 극적으로 드러나게 된 20세기 초반의 민주주의 정치와 자본주의 경제의 대립에 대하여 살펴보는 것은 의미 있는 작업이 될 것이다.

그런데 폴라니는 정치와 경제 분열의 역사에 대하여 이야기하고 있지만, 이들이 어떻게 화해할 수 있을까에 대해서는 별로 언급하고 있지 않다. 어떤 식으로 이러한 파국을 피할 수 있는지에 대하여는 뚜렷한 방안을 제시하지 않고 있다. 반면에, 폴라니의 연구로부터 영향을 받아 현재의 상황을 연구하는 학자들 가운데에는 정치와 경제의 분리에 의해 나타나는 파국의 해결책으로서 사회민주주의와 이에 따르는 복지국가를 되살릴 것을 제시하는 경우가 많다. 본 연구에서는 사회민주주의가 정치와 경제의 분리, 그리고 그 결과로 나타나는 통치성의 붕괴를 막을 수 있는 대안이 될 것인지에 대하여 폴라니의 시각을 중심으로 살펴보고자 한다.

Ⅱ. 이중운동, 그리고 정치와 경제의 대립

폴라니는 나폴레옹 전쟁이 끝나고 제1차 세계대전이 발발하기 전까지 유럽에서 이어진 '100년의 평화'를 가능하게 한 원동력으로서 국가 간 힘의 균형, 금본위제를 바탕으로 한 국제 경제 질서, 자기 조정적 시장(self-regulating market), 그리고 자유주의 국가를 들고 있다(Polanyi 2001, 3). 이들 가운데에도 가장 근원이 되는 것은 자기 조정적 시장이라고 보았다. 국내 및 국제 경제 질서의 원칙으로 받아들여지고 국가 간 자유무역이 이루어지면서 경제적으로 서로 매이게 되면서 평화가 이익이 되는 상황이 만들어졌고, 이에 따라 평화가 이루어지게 되었다는 것이다.

그러나 역설적이게도 19세기 유럽의 평화와 빈영을 가져왔던 자기 조정적 시장은 20세기 초에 발생한 파국의 원인이 되었다. 자기 조정적 시장은 인간들의 삶의 터전이 되고 인간관계의 바탕이 되는 '사회'를 파괴하는 결과를 가져왔다. 더 정확히 말하면, 자기 조정적 시장은 사회를 파괴하여야만 이루어질 수 있는 것이었다. 자기 조정적 시장은 인간의 활동으로부터 노동을 빼내어 상품화시키고, 인간의 의식주를 채워주는 삶의 공간인 토지를 상품화시키며, 마침내 거래의 수단인 화폐까지도 상품화시켰다. 그러나 실은 이들이 없이는 인간의 삶은 지속되기 어려운 것이었고, 이들의 상품화는 허구적인, 그러나 자기 조정적 시장을 발전시키기 위해서는 필수적인 것이었다. 그러나 사회는 순순히 자기 조정적 시장이 사회를 종속시키는 것을 내버려두지 않았고, 자본주의적인 허구적 상품화(fictitious commodification)로부터 인간의 생존과 인간관계를 지키기 위한 행동을 취하였다. 그 결과, 19세기 문명의 발전에는 두 가지 서로 대립되는 운동들, 즉 이중운동(double movement)이 이어졌다. 하나는 자기 조정적 시장을 더욱 발전시키고자 하는 자유시장운동이고, 다른 하나는 시장으로부터 사회를 보호하기 위한 사회보호운동(social protection movement)이다(Polanyi 2001, 79). 사회를 경제에 종속시키려는 자본주의 시장경제와 경제를 사회에 종속시키려는 사회보호운동의 대립은 20세기에 이르러서도 계속 이어졌다. 그리고 결국은 통치성을 붕괴시키고 파시즘과 공산주의의 등장으로 이어졌다.

1. 자기 조정적 시장

자기 조정적 시장이란 국가나 사회로부터 간섭을 받지 않고 오직 가격으로만 가치가 매겨지고 거래가 이루어지는 경제시스템을 말한다. 이 경제시스템은 경제를 넘어 사회관계를 지배하고 정치로부터 독립된 영역을 구축하여 19세기에서 20세기 초에 이르는 '100년의 평화' 시기에 유럽을 지배한 시스템이다. 폴라니는 자기 조정적 시장이 유럽에 등장하고 유럽의 사회를 지배하게 되는 과정에 대하여 다음과 같이 설명하고 있다. 원래 시장 거래라고 하는 것은 중세까지는 자유도시의 거상들이 독점적으로 국경을 넘어 행하던 무역에나 있던 것이고(Polanyi 2001, 62–65), 일상적인 경제행위는 개인이나 공동체 간의 호혜(reciprocity), 그리고 권력자가 행하던 재분배(redistribution)였다(Polanyi 2001, 52–53). 그러다가 18세기에 중상주의 국가들이 자유도시와 거기에 있던 길드들의 기득권과 독점을 깨고 더 많은 행위자들이 끼어드는 무역을 장려하기 위해서 규제를 통해 시장 시스템을 만들었다(Polanyi 2001, 69). 국가가 시장이라는 경제시스템을 만들어 갔지만, 이 시기에는 아직 시장경제라는 것이 자연법칙으로 받아들여지며 노동과 토지까지 상품화하여 사회관계까지 지배하는 것은 아니었다(Polanyi 2001, 73–74).

시장 시스템이 본격적으로 인간의 노동과 토지 등을 시장에서 가격을 통해 사고파는 상품처럼 만들게 된 것은 산업혁명으로 기계를 통한 대량 생산이 이루어지면서부터이다. 자신의 필요가 아니라 오직 시장에 내다 팔기 위해서 비싼 기계를 만들어서 대량 생산을 하기 위해서는 상품의 생산과 소비 모두에서 수시가 낮아야 한다. 생산에 들어가는 원료와 기계를 돌리기 위한 연료, 그리고 기계를 돌리는 노동력이 계속 공급이 되어야 하며, 생산된 제품에 대한 소비가 계속 이루어져야 한다. 그래서 노동과 토지(자원 및 연료를 품고 있는)가 마치 상품처럼 가격을 지불하면 안정적으로 살 수 있게 되어야 하고, 가격 이외의 다른 기제로 대량 소비가 방해를 받는 일이 없어야 한다. 이렇게 해서 시장경제는 단순히 경제시스템의 차원을 넘어서 사회를 이루고 지속시키는 인간의 활동과 생활 공간을 지배하는 사회의 원리가 된다. 즉, 시장경제를 위해서는 사회 자체가 시장 사회가 되어야 한다(Polanyi 2001, 74).

이렇게 중상주의 국가의 경제전략과 공장제 기계공업 발전으로 인하여 등장하고 발전한 자기 조정적 시장경제는 19세기가 되면 일련의 학자들에 의하여 사회를 살리기 위한 과학적 법칙으로서의 당위성을 부여받게 된다. 산업화가 진행되는데 빈민도 증가하는 현상에 대하여 맬서스의 인구론과 리카도의 임금의 철칙 등은 수확체감의 법칙에 의해 산업사회의 이윤의 증가는 한계에 이르고 인구의 증가로 인하여 오히려 빈곤이 늘어날 것이라고 예견했다(Polanyi 2001, 129). 그래서 경쟁과 적자생존과 같은 자연의 법칙이 일견 잔인해 보일지라도 사실은 인간이 모두 굶주림으로 고통받는 것을 피하게 하는 법칙이라고 받아들이게 되었다. 이렇게 해서 고전 경제학자들은 구빈법(poor law)과 같은 인위적인 빈민 구제책을 폐지하고 자기 조정적 시장의 경쟁 원리를 사회 경제를 지배하는 원리로 작동하게 하여 인구가 자연이 요구하는 균형을 이루도록 하고자 하였다(Polanyi 2001, 128–130).

2. 사회보호운동

자기 조정적 시장은 시장경제의 원리가 사회 전체를 지배하도록 하는 운동이었다. 그런데 이는 사회의 유지 자체를 어렵게 하는 것이었다. 왜냐하면, 노동과 토지라고 하는 것은 원래 시장에서 가격으로 거래할 수 있는 상품이 아니라, 사회 안에서 이루어지는 인간의 활동, 그리고 인간의 살림살이가 이루어지는 터전이기 때문이다. 이들을 상품화하는 것은 인간들이 사회적 관계에서 끊겨나가 뿌리 뽑힌 삶을 살게 만들며, 소득과 삶의 기반을 잃어 삶 자체를 영위하는 것이 어려워지게 할 수도 있는 것이었다(Polanyi 2001, 137). 그래서 사회가 자기 조정적 시장의 확대로부터 스스로의 생존을 지키기 위한 운동, 즉 사회보호운동(social protection movement)이 자기 조정적 시장의 확대와 함께 일어나면서 자기 조정적 시장과 충돌하게 되었다. 그리고 자기 조정적 시장뿐만 아니라 사회보호운동도 사회의 생존을 위해 필요한 것으로서 제도화가 되었다. 처음 자기 조정적 시장이 나타나서 확대되던 시기에는 빈민–노동자들(pauper–labourers)이 아직 노동자 계급(working class)으로서의 정체성을 가지고 조직되기 전이었다. 그래서 18세기 말에 잉글랜드 버크셔 지방에서 시작된 사회보호제도인 '스핀햄랜드(Speenhamland)' 제도는 노동자들이 아닌 지방의 명사들이 이끌었다. 명사들은 빈민에 대한 시혜적인 생각과 더불어 중세 농업사회의 질서가 새로운 산업사회에 의해 무너지는 것을 막기 위하여 농촌 지역의 거주자들에게 최저생계비를 보장해 주는 제도로서 스핀햄랜드 제도를 마련했다(Polanyi 2001, 83).

19세기에 들어서면 빈민-노동자들이 노동자 계급으로 조직이 되어 노동운동과 함께 민주화 운동을 일으켰다. 보통선거제도를 쟁취함으로써 정치권에서 노동자 계급이 대표될 수 있도록 하였다. 그래서 20세기에 들어서면 노동당이나 사회민주당과 같은 노동자 정당들이 의회에 진출하고 내각에도 진출하게 되었다. 이 정당들은 노동자들의 임금 상승과 사회서비스 제공 등 노동자 계급의 사회 보호를 제도화하는 입법과 정책들을 추진하였다.

이중운동에서 국가의 입장을 보면, 자기 조정적 시장을 추진하는 법과 정책들을 만들고 시행한 것도 맞지만, 사회보호운동을 수용하여 이중운동의 갈등과 모순 속에서 통치성을 유지하고자 하는 노력을 기울인 것도 사실이다. 중세에서 근대로 넘어가던 시기부터, 즉 일찍이 16-17세기부터 구빈법을 마련하고 산업화 시기에는 스핀햄랜드 제도를 잉글랜드 전국으로 확산시켰다. 그리고 중세를 이어받은 보수적 지배계급뿐만 아니라, 노동운동과 민주화 운동이 일어나던 19세기에는 노동자 계급이 형성되고, 국가는 보통선거를 받아들이고 노동자 계급의 목소리가 정치권에 반영이 되도록 하여 국가가 시민들의 복지를 담당하는, 어떤 면에서 더 깊어지고 더 확대된 통치성을 구현하고자 하였다. 그러나 폴라니는 국가의 일종의 이중전략(자기 조정적 시장을 추진하면서도 사회보호운동을 정치적으로 수용하려고 한 것)이 그 내적 갈등과 모순으로 인해 결국 성공하지 못했고, 전쟁과 경제위기로 인한 내적 갈등의 폭발로 인해 19세기적 자유주의식 통치성은 붕괴하고 파시즘과 사회주의의 발호, 그리고 제2차 세계대전으로 이어지게 되었다고 이야기한다.

3. 정치와 경제의 분열

정치와 경제의 분열은 자유시장운동과 사회보호운동이라는 이중운동이 19세기 자유주의의 물결에 투사되어 나타난 것이라고 볼 수 있다. 사기 조정적 시장의 유토피아를 이룩하고자 했던 고전 경제학자들과 자본가들은 사회보장을 바라는 민중들이 정치에 개입하여 자신들의 근시안적인 이익 추구로 인해 시장경제를 훼손하는 것을 막고자 하였다(Polanyi n.d.c). 정치적으로는 보통선거에 기반한 대의민주주의가 발전하였고 경제적으로는 자유시장경제가 발전하였다. 상대적으로 숫자가 많은 노동자 계급은 투표권을 통해 자신들이 지지하는 정당, 즉 사회주의 정당이 의회로 진출하고 다수당이 되게 할 수 있었다. 반면, 사적 소유권에 기반한 자본주의 시장경제가 발전하면서 시장은 자본가들의 손에 있었다(Polanyi 2001, 243-244). 결국, 자기 조정적 시장과 사회보호운동이라는 사회적인 분열은 대의민주주의하에서 좌파는 민주주의에 기반하게 되고 우파는 경제에 기반하게 되어 민주정치와 시장경제의 정치적 힘겨루기로 이어지게 된다(Polanyi 2002, 14; Polanyi 2018, 126). 앞에서 언급한 대로, 자기 조정적 시장은 정치와 사회의 영향력으로부터 시장을 분리시키는 것을 원칙으로 한다. 그러므로 사회주의 정당이 의회와 정부를 장악하고 사회정책을 확충하거나 임금을 올리는 등의 정책을 입안한다고 하더라도 자본가들이 생산수단을 장악하여 정부 사회정책 및 임금정책의 집행을 거부하고 방해할 수 있다.

정치영역에서는 민주주의로 노동자 계급이 우위를 점하여 사회주의 정당이 임금 인상과 사회서비스 증대를 추진하는 반면, 경제영역에서는 시장 자본주의로 자본가 계급이 자신들의 사업장을 무기로 삼아 정부에 대항하는 상황은 대개 극단적인 대립보다는 두 계급의 타협을 통해 해결되었다. 그리고 제1차 세계대전 이후 서구에서는 대의민주주의의 확대로 인해 사회주의 정당이 집권을 하는 나라들이 늘어남에도 불구하고, 19세기 유럽의 평화와 번영을 가져왔던 금본위제도와 자유무역체제를 회복시키고자 하는 노력이 이어졌다. 그러나 1920년대 말에 경제가 침체되고, 결국 경제 대공황으로 이어지면서 민주주의 정치와 자본주의 경제 사이의 대립은 결국 정치와 경제 둘 다를 마비시켰고, 둘 중 하나를 살리기 위해서는 나머지 하나를 죽여야 한다는 극단적인 생각들이 나타나게 되었다. 그 결과 민주주의 정치를 파괴함으로써 자본주의 경제를 지키고자 하는 '실질적인, 그러나 야만적인 해결책'으로서 파시즘이 등장하였다(Polanyi 2001, 245; Block and Somers 2014, 57). 또한, 19세기 유럽의 100년의 평화를 지탱하던 국제 자유무역과 금본위 체제가 무너지면서 제1차 세계대전과 제2차 세계대전의 전화에 휩싸이게 되었다.

결국, 민주주의 정치와 자본주의 경제의 대립이 해소되지 않은 대가는 파시스트의 집권과 세계대전의 발발이라는 비극으로 이어졌다. 그렇다면, 이 둘 사이의 대립을 극복하고 통치성을 유지할 수 있는 방법은 무엇이 있을까?

Ⅲ. 대안으로서의 사회민주주의

폴라니는 정치와 경제의 분열에 대하여 통찰력 있는 분석을 하였으나, 이 둘 사이의 분열을 막거나 이 둘을 화해시킬 수 있는 방법이 무엇인지에 대하여는 별로 논의하지 않는다. 민주주의 정치와 자본주의 경제는 애초에 양립 불가능한 것이라는 것이 그의 생각에 가까운 듯하다(Polanyi 2018, 126; Dale 2016b, 69–70). 그래서 둘을 화해시키기보다는 자본주의 시장경제의 종언을 기정사실화하고(Polanyi 2001, 148, 259), 자기 조정적 시장이 사라진 새로운 세계에서 자유와 평화를 지킬 방안을 논하고 있다(Polanyi 2001, 263).

반면에, 셰리 버만(Berman 2006), 리사 마틴(Martin 2013), 그리고 프레드 블록과 마가렛 소머즈(Block and Somers 2014) 등 현대 자본주의 경제와 정치의 문제점을 발견하고 해결하는 데 있어 폴라니의 시각을 활용하고자 하는 학자들은 민주주의와 자본주의 경제가 폴라니가 생각한 것만큼 양립 불가능한 것은 아니라고 본다. 리처드 샌드브룩(Sandbrook 2018, 84)이 말한 것처럼, 자본주의는 폴라니가 생각했던 것보다는 유연성이 있는 경제시스템이라는 데서 양립 가능성의 희망을 찾는다. 민주주의 정치와 자본주의 경제 중 하나가 없어져야 한다기보다는 전자가 후자보다 우위성을 가짐으로써 둘의 공존이 가능하다고 보고 있으며, 사회민주주의가 이를 가능하게 한다고 주장한다.

사회민주주의는 19세기에 생겨난 사회주의의 여러 사조들 중 자본주의에 의하여 생겨난 계급 간의 대립, 불평등 등의 문제를 실용적이고 타협적이며 민주적인 방식으로 풀어나가고자 했던 사조이다. 이러한 점에서 사회민주주의는 수정주의적인 성격을 가지며, 역사적 유물론과 계급투쟁, 프롤레타리아 독재 등을 강조하는 '정통 맑스주의(orthodox Marxism)'와는 다르며, 심지어 정통 맑스주의자들과 대립을 하는 관계이다. 버만(Berman 2006)은 사회민주주의가 현대 정치에 가장 크게 기여한 점으로 민주주의와 자본주의를 양립 가능하게 만든 것을 꼽는다. 이것은 폴라니가 지적한 정치와 경제의 분열 및 대립에 대한 해결책의 역할을 사회민주주의가 수행했다는 것을 지적하는 것으로서, 폴라니가 미처 제시하지 못했던 해결책을 폴라니의 후학임을 자임하는 학자들이 제시한 것으로 생각할 수 있다.

사회민주주의는 불평등이나 착취와 같은 자본주의의 폐해를 민주주의 정치과정을 통하여 개혁할 것을 주장한다(Berman 2006; Brandal et al. 2013). 역사적 유물론에 따라 자본주의는 필연적으로 무너질 것이고 혁명을 통해 프롤레타리아 독재를 이루어야 한다고 주장하는 정통 맑스주의자들과는 다른 주장이며, 심지어 이 두 사회주의 세력들 사이에 첨예한 대립이 생겨나기도 하였다. 사회민주주의는 역사적 필연성과 혁명을 믿기보다는 민주적 정치과정 참여를 통한 개혁을 추구하며 적어도 두 가지 성격을 가지게 된다. 계급 간의 타협과 민족주의가 그것이다.

먼저, 사회민주주의는 계급 간의 정치적 타협을 추구한다. 사회민주당은 노동자 계급뿐만 아니라 농민과 자영업자를 포함하여 자본주의의 폐해를 경험하는 모든 사람들을 대표하는 '민중의 정당'으로 자리매김하도록 한다. 대의민주주의 제도에서 선거에 승리하기 위해서는 선거 연합은 유용한 수단이 된다. 더 나아가, 책임 있는 수권정당으로서 자유당과 같은 부르주아 정당과도 선거연합을 하고 연정에 참여하여 임금 인상과 사회서비스 확대 등 개혁정책들을 실현한다. 처음 보통선거가 시행되던 20세기 초에 사회민주주의 정당들이 의회에 진출하기는 했지만, 의회의 다수당을 차지하지는 못하였다. 이때 중산층 중심의 자유주의 정당들은 선거 연합의 대상이 되기도 했지만, 연정의 대상이 되기도 하였다. 유럽에서 자유주의 정당들과 연정을 구성함으로써 사회민주주의 정당들은 정부에 진출하기 시작하였다. 비특권 계급들뿐만 아니라 중산층과도 정치적 연합을 하게 됨으로써 경제적으로도 계급 간 타협을 통하여 경제정책과 사회정책의 물꼬를 트고 더 나아가 복지국가로 이어지는 길을 연 것이다.

다음으로 사회민주주의는 세계시민사상에 천착하기보다는 민족주의를 현실로서 인정한다(Banting and Kymlicka 2017, 8). 한 편으로, 민족국가(nation-state)의 패러다임이 지배하는 상황에서 민주주의 정치는 민족국가의 경계 안에서 이루어지므로, 민주공화국을 지키는 것은 민주주의를 통한 사회개혁이라는 사회민주주의의 대의에 맞는 일이다. 독일 사회민주주의의 태두인 에두아르트 베른슈타인(Eduard Bernstein)의 발언에 따르면, "노동자가 국가와 지방 등에서 평등한 투표권을 가지고 민족국가(nation)의 공공선을 공유하며, 커뮤니티가 그의 아이들을 교육시켜주고 건강을 보호하며 상해에 대한 보험을 해 준다면, 그 노동자는 조국을 가진다. 조국을 가진다는 것이 세계시민이 되지 못하게 하는 것은 아니다"(Berman 2006, 61에서 재인용). 다른 한 편으로, 사회민주주의는 사회주의 이론을 대중들에게 강요하는 것보다는 대중의 이해관계와 요구를 받아들여 정책에 반영하는 편이므로(Brandal et al. 2013), 적어도 20세기 초의 상황에서는 대중들이 애국심을 가지는 것을 자연스러운 감정이라고 생각하였다(Berman 2006). 그래서 제1차 세계대전이 발발하였을 때 독일 사회민주당의 사회민주주의자들은 만국 노동자들의 연대보다는 조국인 독일에 충성하는 쪽을 택하였다. 이는 국제적인 자본주의 자유시장경제 질서를 그대로 받아들이기보다는 국내의 사회생활 보호를 우선적으로 고려한다는 측면에서 볼 때 경제와 정치의 갈등을 해소하기 위한 하나의 방식으로 생각할 수 있다. 그러므로 사회민주주의는 정통 맑스주의를 따르지 않는 수정주의로서 민주주의 정치과정에 참여하며, 계급 간의 정치적 타협을 이루며 민족주의를 거부하지 않는 성격을 가진다.

이데올로기에 천착하여 자본주의 시스템 자체의 붕괴를 기다리거나 프롤레타리아 혁명을 기획하기보다 그 당시 시대에 맞게, 노동자 계급의 요구를 받아들이고 또한 다른 계급들과 연대를 하며 유연하게 개혁을 추진하는 것은 사회민주주의의 장점이라고 볼 수 있다. 버만(Berman 2006, 16-17)은 교조적인 이데올로기보다 정치의 우위성을 인정하여 사회민주주의 정당을 민중의 정당으로 발전시키고 계급 간의 타협을 이끌어 낸 사회민주주의야말로 자본주의와 민주주의가 양립 가능하게 만든 일등공신이라고 평가한다.

그러나 이러한 정치의 우위성은 교조적인 사회주의뿐만 아니라 교조적인 자본주의에 대해서도 적용이 될 때 얻을 수 있는 장점이라는 주장 또한 존재한다. 낸시 프레이저(Fraser 2016)나 샌드브룩(Sandbrook 2018) 등은 폴라니의 이중운동을 분석의 틀로 하여 신자유주의의 물결 속에서 시장화와 민영화를 받아들이고 신자유주의적 세계화에 앞장서는 역할을 한 20세기 말 유럽의 '신'사회민주당 정부들, 예컨대 영국 토니 블레어의 신노동당이나 독일 게르하르트 슈뢰더의 사민당-녹색당 연합정부 등은 결과적으로 자기 조정적 시장이 복지국가를 뚫고 다시 등장하는 데 도움을 주었고, 이는 2008년 경제위기로 어려움을 겪게 된 노동자와 자영업자 등의 일부가 사회민주당을 떠나 극우정치를 지지하게 되는 결과를 가져왔다고 비판한다. 이를 극복하기 위하여 다시 민주주의를 살리고 복지와 재분배 정책 등 사회민주주의 정책을 되살릴 필요가 있다는 것이 이들의 주장이다. 정치와 경제를 둘 다 동일선상에 놓고 기계적으로 통합하는 것이 아니라, 민주주의 정치를 우위에 놓고 자본주의 경제는 민주주의 정치의 규제를 받도록 하는 사회민주주의적 통합의 정신을 되살릴 필요가 있다는 이들의 주장은 이중운동이라는 폴라니의 분석 틀의 영향을 받은 것이다.

그런데, 폴라니 자신은 사회민주주의를 통치성의 대안으로 생각했을까? 여기에 대해서는 분명한 답을 내리기 어려운 것으로 보인다.

Ⅳ. 칼 폴라니와 사회민주주의

1. 사회민주주의와의 친화성

우선, 폴라니와 사회민주주의 사이에는 어느 정도 친화성이 존재한다. 먼저, 폴라니는 대의민주주의를 중요하게 생각한다. 폴라니는 계급혁명을 통한 자본가 타도보다는 대의민주주의 선거를 통하여 상품화된 노동력이 아니라 한 인간이자 개인으로서, 그리고 사회의 구성원으로서의 노동자의 다양한 성격이 정치에 반영이 되게 하는 것을 사회주의의 구현, 즉 '영적 개인주의(spiritual individualism)'로서의 사회주의의 구현이라고 본다(Polanyi 1935, 363). 이러한 점에서 볼 때, 이른바 정통 맑스주의 식의 프롤레타리아 폭력혁명이 아니라 민주주의를 통한 개혁을 주장했다는 점에서 폴라니의 사회주의는 사회민주주의와 닿아있다.

또한, 폴라니는 노동자 계급과 자본가 계급의 대립이라는 단순 도식에서 벗어나 농민, 중하층 프티부르주아 등 다양한 계급들이 존재하는 것을 인정하며, 계급 간에 연대해야 한다는 점을 강조한다는 점에서도(Polanyi 2018, 126) 사회민주주의와 닿아있다. 노동자 계급은 단지 자신들의 직접적인 이익만을 대표하는 것이 아니라, 모든 비특권계급의 이익을 대표하여 투쟁해야 한다는 것이 폴라니의 생각이었다(Polanyi n.d.b, 6).[2] "실로 성공의 비결은 집단들이 자기 자신이 아닌 다른 집단들의 이익을-자기 자신의 이익에 끌어들여-대표하는 것에 있다"(Polanyi 2018, 133). 이러한 의미에서 폴라니는 자본가와 노동계급 사이의 계급투쟁이라는 도식보다는 자본주의 경제와 민주주의 정치의 대립이라는 도식을 선호하였다.

또한, 폴라니는 민족주의를 부정하지 않는다. 제1차 세계대전이 발발하고 사회주의 계열이 참전을 찬성하는 쪽과 반대하는 쪽으로 나뉘었을 때, 폴라니는 전쟁에 참전하는 쪽을 택한 적이 있다(Dale 2016a, 54-56). 폴라니는 민족주의를 시장 시스템의 확산으로 인해 나타난 국제적 분업 시스템으로부터 위협을 받는 국내의 노동자들과 농민들을 보호하는 사회보호운동의 하나로 보았다. "현대 민족주의는 상호의존적인 세계에 내재된 위험들에 대한 보호 대응이다"(Polanyi 2017, 24). 이런 점에서 폴라니는 역사적 유물론에 대한 믿음을 기반으로 '만국의 노동자 단결'과 프롤레타리아 혁명을 추구하는 사회주의 계열보다는 민족주의를 현실로 받아들이고 민족국가 안에서 대의민주주의 제도를 통한 개혁을 추구한 사회민주주의 계열에 더 가까운 것으로 보인다.

2. 사회민주주의와의 간극

그러나 사회민주주의에 대하여 긍정적으로 볼 수 있는 점이 폴라

2 원문인 "The Fascist Transformation"은 여러 버전의 초고들이 묶여있는 파일이다. 그래서 필자가 첫 페이지부터 순서대로 페이지 번호를 달았다.

니의 견해에 있었다고 해도, 그것이 폴라니가 민주주의 정치와 자본주의 경제의 분리와 대립을 해소하는 방식으로서 사회민주주의를 선호했다는 것을 곧바로 의미하는 것은 아니다. 일단, 사회주의자로서 폴라니는 민주주의 정치와 자본주의 경제의 대립을 해소시키는 것 자체에 관심을 가지고 있었다기보다는, 자본가 계급과 비자본가 계급(노동자 계급뿐만 아니라 농민, 중하층 계급을 포함하는) 사이의 대립에서 민주주의를 통해 비자본가 계급을 보호하는 데, 그리고 자본주의 시장경제의 침략으로부터 사회를 보호하는 데 궁극적인 관심을 가지고 있었다. 제2차 세계대전이 끝나갈 무렵 탈고한 『거대한 전환』에서 폴라니는 자유시장경제 체제는 막을 내린 것으로 확신하였다. "의심할 바 없이, 우리 시대는 자기 조정적 시장의 마지막을 목도하였다고 인정받을 것이다"(Polanyi 2001, 148). 그리고 폴라니는 사회주의자로서 대의민주주의를 사회주의를 실현하는 도구로 생각하였고, 민주주의 정치와 자본주의 경제를 정치의 우위로 화해시키기보다는 노동자 계급 등 비특권계급이 장악한 민주주의 정치가 경제를 압도하고 지배하는 것을 선호하는 것으로 보인다.

이러한 점에서 폴라니의 생각은 자본과 노동의 공존과 타협을 이야기하는 사회민주주의와는 차이가 있다. 먼저, 폴라니가 말하는 계급 간의 연대는 비자본가 계급 사이의 연대이며, 그 대표자는 노동자 계급이다. 그러므로 자본가 계급은 여전히 계급 간 연대의 대상에서 벗어나 있다. 그리고 자본가 계급을 포함하는 계급 간의 연대, 혹은 합의를 이루어내는 데 대해서는 언급이 없다. 자유주의 경제사상과 자본주의가 일종의 의도하지 않은 성과물로서 '자유'의 신장에 기여하였다는 것은 인정하면서도, 자본주의를 이끌었던, 그러면서도 동시에 경제를 정치로부터 분리함으로써 파국으로 가는 길을 닦은 자본가 계급이 제2차 세계대전 후 도래할 새로운 세계에서 어떠한 역할을 차지할 것인지, 노동자나 농민과 같은 비자본가 계급과는 어떻게 공존할 것인지는 언급하고 있지 않다. 사회주의자인 폴라니에게 자본가는 여전히 타도의 대상이었을는지도 모른다. 혹은, 제2차 세계대전의 혼란기에 이 책을 집필하면서 자본주의적 시장경제는 종말을 고했다는 것을 확신하고 있었으므로, 자본가 계급과의 타협의 필요성 자체를 느끼지 않아서였을 수도 있다. 어쨌든, 새로운 세상에서 자유를 '재분배'하는 데 있어서 상위 계층의 자유를 강제로 제한하여 전체적인 자유의 수준이 높아지도록 할 필요가 있다고 말하지만(Polanyi 2001, 263), 그리고 상위 계층이 이 때문에 불만을 가질 수 있다는 것도 인정하지만, 이들의 불만을 이떻게 달랠 것인지에 대해서는 별로 언급하지 않는다.

그리고 정치에 대한 견해에 있어서 폴라니는 어디까지나 국가보다 사회를 우선시하는 견해를 가지고 있다. 이러한 점에서 폴라니는 국가에 대하여 신뢰하고 있지 않은 듯하다. 국가는 시장경제를 탄생시킨 장본인이다. 폴라니는 중상주의 시기 시장 거래의 탄생 배경은 자유시장이라는 것이 자연스럽게 저절로 나타난 것이 아니라, 중앙정부가 중앙집권화를 이루면서 시장 경쟁이라는 것을 인위적으로 만들어 갔다는 것을 지적하며(Polanyi 2001, 69-70), 시장이라는 것은 고전주의 경제학자들이 생각하는 것처럼 자연적으로 생긴 것이 아니라 국가에 의해서 생긴 것이라는 점을 강조한다. "시장은 정부의 일부가 의도적으로, 그리고 종종 폭력적으로 개입을 해서 만들어진 결과물이다. 정부는 비경제적인 목적들을 달성하기 위해 사회에 시장조직을 강제하였다" (Polanyi 2001, 258). 그리고 폴라니는 19세기에 국가는 자본주의를 받아들여 구빈법을 개정하고 노동 상품화와 토지 상품화를 이끄는 제도들을 도입했다는 점을 지적한다.

물론, 폴라니는 국가가 자본가의 이익에만 복무하는 집행위원회라고 생각하지는 않았다. 18세기 말의 스핀햄랜드 제도나 1920년대의 사회보장 관련 제도들은 국가가 농촌 보수주의자들과 노동자 정당이 주도하는 사회보호운동에 관련된 제도들을 도입할 수도 있다는 것을 보여준다. 이러한 점에서 폴라니는 자유시장경제를 고수하는 미국의 국가에 비해 계획경제를 실시하는 소련이나 복지국가를 추진하는 애틀리 정부 시기의 영국의 국가에 더 애착을 가지는 것으로 보인다(Polanyi n.d.a, 4–5).[3]

그럼에도 불구하고, 폴라니는 국가에 대하여 경계의 눈길을 거두지 않는다. 무엇보다도 폴라니는 중앙 집중화된 권력은 자유를 훼손한다는 것을 강조한다(Polanyi 2001, 264). 폴라니는 제2차 세계대전이 끝나고 새로운 세상이 열릴 때, 이 세계에서 개인의 자유를 지키기 위하여 고민해야 할 사항으로서 행정 권력의 남용으로부터 개인의 자유를 어떻게 지킬 것인가 하는 점을 꼽았다. 심지어, 노조에 대해서도 그 조직의 거대함으로 인해 개별 멤버들이 제대로 자유함을 누릴 수 없을 것이라 우려하였다. 또한, 국가의 더 큰 위험은 개별 국가의 주권, 그리

---

3 원문인 "Friends of Democratic Hungary"에는 페이지 번호가 매겨져 있지 않다. 이 문헌의 페이지 번호는 필자가 첫 페이지부터 순서대로 매긴 것이다.

고 자국 우선주의가 국가 간의 무정부적인 대립과 식민지 확장을 가져온다는 점을 강조한다. 그리고 결국 이러한 국가 간 대립은 세계대전이라는 비극을 가져왔다.

이러한 점에서 폴라니는 국제질서의 재편과 경제변화로부터 구성원들을 보호하는 사회보장의 주체로서 국가보다 '능동적 공동체'를 지목하였고, 국가 간의 관계에 있어 개별 국가들 위에 이들을 묶는 더 큰 기구인 '길들여진 제국' 혹은 '자유로운 국가들간의 연합'을 둘 것을 제안한다(Polanyi 1938).[4] 시장경제라는 것을 태어나게 만든 장본인으로서, 그리고 세계 평화를 깬 '무정부적' 폭력기관으로서 국가는 폴라니의 신임을 얻지 못하고 있다. 이러한 점에서 볼 때, 사회민주주의에 기반한 복지 '국가'는 폴라니의 관점에서 보면 불완전한 해결책이라고 할 수 있다. 이보다는 유럽과 같은 지역 수준의 국제기구가 들어서기를 희망하고 있다(Polanyi n.d.a, 3). 그러나 폴라니는 여기에서도 지역 수준에서 민주주의와 자본주의가 화해할 수 있는 길을 구체적으로 제

4 제2차 세계대전의 전운이 감돌던 1930년대 말부터 전후(戰後) 새로운 국제질서가 구상되던 1940년대까지 폴라니는 미국을 중심으로 하는 자본주의 연합, 영국을 중심으로 하는 사회민주주의 연합, 그리고 소련을 중심으로 하는 사회주의 연합 등 세 개의 연합으로 개별 국가들을 묶을 것을 제안한다. 파시스트 국가를 자유를 위협하는 가장 큰 적으로 본 만큼, 제2차 세계대전 후 적어도 파시스트는 포함이 되지 않는 세 개의 서로 다른 정치경제 체제로 세계의 개별 국가들을 묶어, 개별 주권국가들 간 무정부적 대립 상태를 피하고자 하였다. 이런 점에서 폴라니는 자본주의와 사회민주주의를 타도해야 할 적으로 보지는 않았고, 제2차 세계대전 후 새로운 세계를 만들어 나아갈 가능한 체제들로 보았다(Dale 2016c, 418-420).

시하지는 않는다. 그리고 결과적으로 유럽연합은 폴라니식으로 민주정치가 경제를 지배하기보다는 프리드리히 하이에크가 제시한 시장자유주의식으로 통합이 되었다는 비판을 받는다(Dale 2016c, 423).

마지막으로, 폴라니는 복지가 정치의 중심 이슈가 되는 것에 대하여 찬성하지 않는다. 폴라니는 사회를 개인들 간의 관계망으로, 그리고 개인들의 정신적인 정체성의 근원이 되는 것으로 파악한다(Polanyi 2001, 242; Polanyi 1935, 370). 기독교 개인주의에 대한 설명에서 폴라니는 이렇게 말한다. "형제애의 교리가 함의하는 것은 공동체의 바깥에 있는 인성(personality)이라는 것은 실제의 인성이 아니라는 것이다. 공동체의 실제란 바로 개개 사람들(persons)의 관계이다. 공동체가 실제의 것이 되는 것이 하나님의 뜻이다"(Polanyi 1935, 370). 그리고 사회가 경제에 지배당한다는 것은 경제의 논리가 사회의 관계를 규정하는 잣대가 된다는 것을 의미한다. 이는 자본주의 시장경제에만 적용이 되는 것이 아니라, 임금이나 사회서비스와 같은 복지 이슈가 계급 간 분쟁이나 합의의 중심이 되는 것도 해당이 된다. 폴라니가 생각하는 사회주의는 이러한 식의 영적인 의미에서의 개인주의를 기독교와 공유한다(Polanyi 1935, 368). 그리고 "민주주의는 사회주의와 개인주의를 연결하는 제도적 연결고리이다"(Polanyi 1935, 366). 그러므로 민주주의의 가치를 볼 때 중점을 두어야 하는 것은 단지 노동자 계급의 복지를 높인다는 것을 넘어 더 근본적인 가치인 개인의 자유와 세계의 평화를 지키는 것이다. 폴라니가 시장경제를 비판하는 점 중에 하나는 시장경제의 목적은 이윤과 복지일 뿐, 자유와 평화의 수호와 증진은 시장경제의 관심사가 아니라는 점이다. "자유도 평화도 경제하에서는 제도화될 수 없다. 왜냐하면 경제의 목적은 수익과 복지를 창출하는 것이지 평화와 자유를 창출하는 것이 아니기 때문이다"(Polanyi 2001, 262). 이런 점에서 볼 때 사회민주주의와 복지국가 또한 사회의 위상과 기능을 회복하는 것을 저해하는 요인이 될 수 있다. 그리고 물질적인 복지에만 초점을 맞춰서 정치와 경제의 화해를 이끄는 것 자체가 경제적인 아이디어에 지배를 받는 것이라 비판을 받을 수 있다.

V. 논의 및 결론

1945년 제2차 세계대전이 끝난 뒤 서구에서는 약 30년간의 '복지국가 황금기'가 이어졌다. 브래튼우즈 체제하에서 국제적으로는 자유무역이 다시 발전하면서도 국내적으로는 복지가 시민의 사회적 시민권으로 인정받고 국가가 책임을 지고 사회정책을 시행하였다(Rodrik 2011, 69–70). 민주주의는 자본주의와 대립하기보다는 오히려 민주주의 국가는 자본주의 경제체제를 가지는 것이 당연한 것으로 생각이 되기에 이르렀다(Dale 2016b, 71). 그리고 복지국가를 통해 정치와 경제의 화해를 이끌어냄으로써 국가의 통치성을 살려낸 사회민주주의는 20세기의 진정한 승리자(Berman 2006, 2)라고 불리는 데 손색이 없는 성과를 이루어냈다.

그럼에도 불구하고 20세기가 끝나갈 무렵 자기 조정적 시장을 향한 자본주의 시장경제의 운동은 신자유주의라는 이름으로 다시 돌아왔고, 국가 관료제의 경직성은 복지국가에 대한 비판의 목소리가 자본가로부터 뿐만이 아니라 소비자와 수급자로부터도 들리게 하는 데 기여하였다. 2008년 국제적 경제위기 이후 다시 한 번 자본주의 시장경제에 대한 비판이 일고 있기는 하지만, 지금 나타나고 있는 정치와 경제통합의 대인들은 주로 자본주의 시장경제의 용어들을 많이 차용하고 있다. 생산적 복지나 워크페어(workfare)와 같은 단어는 물론, 사회적 투자나 사회적 혁신가와 같은 단어들도 자본주의 시장경제의 패러다임을 사회정책에 끌어들이려는 노력의 일환으로 보인다. 폴라니로부터 영감을 받은 많은 학자들이 사회민주주의에 대한 호의적인 태도를 가지지만, 어떤 면에서 사회민주주의에 대한 폴라니의 떠름한 태도는 21세기에 폴라니가 다시 주목을 받게 된 이유가 되기도 하는 듯하다. 20세기에 사회민주주의의 '정치의 우위성'은 이념적 유연성과 대중정치, 계급 간 타협을 의미하였지만, 21세기 신자유주의 시기 '진보적 신자유주의자'의 등장은 사회민주주의의 이념적 유연성에 한계는 없는지, 그리고 교조적 맑스주의에 적용이 된 정치의 우위성이 교조적 자유시장주의에는 얼마나 적용이 될 수 있는지에 대한 의문과 비판을 일으키고 있다.

그럼에도 불구하고 폴라니가 현재 일어나고 있는 민주주의와 신자유주의의 대립, 그리고 그에 따른 통치성의 위기상황에 대하여 어떠한 대안을 제시하고 있는지, 정치와 경제 간 대립에 대한 어떠한 해소책을 가지고 있는지에 대하여 생각해 보면 그 답이 쉽지 않은 것으로 보인다. 폴라니는 비자본가 계급의 연대를 통해 자본가의 경제를 사회주의적 정치에 종속시키기를 바랐겠지만, 노동조합을 중심으로 한 2

차 산업 노동자의 규모나 조직력이 20세기 초반만큼이나 강한 것도 아니고, 서비스 산업이 발전하고 플랫폼 노동이나 비정규직, 그리고 자영업이 증가하는 상황에서 민주주의 제도가 비자본가 계급의 도구가 될 수 있을 만큼 비자본가 계급이 스스로를 조직하고 정치적으로 동원할 수 있는 구심점을 마련할 수 있을까에 대해서는 의문을 가질 수 있다.

혹은, 정치와 경제 모두를 뛰어넘는 사회의 우위를 통한 통치성이 제시가 될 수 있을 것이다. 사회적 경제나 공유경제를 이야기하는 데에도 폴라니의 이름은 자주 등장한다. 특히 기술 및 경제 발전으로 인한 고령화와 쓸 만한 일자리 감소가 동시에 일어날 것으로 예상이 되는 오늘날에 있어 이익사회(Gesellschaft)의 시대에 공동사회(Gemeinschaft)를 통치성의 일원으로 끌어들이는 대안이 단순히 낭만적인 복고 트렌드를 넘어 실실적인 대안으로 제시가 된다. 협동조합이나 마을공동체를 정부 정책의 하나로 추진하는 것은 그 예라고 할 수 있다. 그리고 이 정책은 지방자치의 활성화와 맞물려서 진행된다. 즉, 중앙 차원의 민주주의 정치와 국가적 혹은 세계적 규모의 시장경제가 아닌 제3의 방식으로서 사회를 우위에 둔 사회적 경제를 추진하는 것이 또 하나의 대안으로 제시가 되고 있다. 그러나 이 대안이 어느 정도의 수준으로 정치와 경제의 갈등을 봉합할 수 있을지에 대해서 의문을 제기할 수 있다. 사회적 경제나 공유경제가 기존 자본주의 시장경제를 대체할 수 있을 것인지, 그리고 지방 차원에서 이루어지는 마을공동체나 협동조합 운동이 중앙정부가 입안하고 추진하는 복지국가를 대체할 수 있을 것인지에 해답을 제시하기에는 사회적 경제나 공유경제는 아직 대부분의 나라나 지역에서 실험 단계에 있다고 볼 수 있다.

19세기 말과 20세기 초의 상황에 기반하여 연구한 폴라니의 아이디어들이 현재 상황을 이해하고 해결책을 찾는 데 있어 얼마나 유용할 것인가를 생각한다면 한계가 있을 수밖에 없을 것이다. 폴라니가 말하는 민주주의와 자본주의의 개념은 현재의 민주주의 및 자본주의와 똑같은 개념이라고 보기도 어려울 것이다. 그리고 당시와 지금의 정치와 경제의 개념들을 서로 달라지게 만드는 데, 그래서 민주주의와 자본주의가 서로 공존하고 화해하는 통치성의 형태를 개발하고 발전시키는 데 크게 기여한 것이 사회민주주의였음을 부정할 수는 없다. 그러나 사회민주주의적인 갈등 해소와 통합도 과거의 이야기가 되어가는 지금에는 오히려 폴라니의 비판들이 시대를 뛰어넘는 적실성을 가지는 면이 나타난다. 그러나 비자본가 계급의 연대를 통한 사회주의 실현이나 적극적 공동체를 중심으로 한 사회 우위적 통합은 시대에 뒤처져서든 혹은 현재의 시대에도 감당하기 어려울 정도로 시대를 앞선 것이어서든 간에 민주주의 정치와 자본주의 경제의 갈등과 대립을 해소하는 방안으로 내세우기에는 아직 이른 감이 있다.

폴라니의 이름은 자본주의적 세계화에 의해 개별 복지국가들의 사회보장정책들이 간섭을 받는 신자유주의 시대에 사회민주주의적 복지국가를 지키는 깃발이라 여겨진다. 그러나 국가와 복지에 대한 폴라니의 비판적 견해는 사회민주주의를 정치와 경제의 대립과 마비에 대한 해결책으로 제시하는 것을 어렵게 만든다. 폴라니는 '복지'가 핵심 이슈가 되는 것이나 국가가 핵심 행위자가 되는 것보다 개인의 자유 수호, 사회의 회복을 우선시한다. 또한, 개별 국가의 주권을 강화하는 것보다 국제관계의 질서를 구축하여 평화를 유지하는 것을 선호한다. 사실, 복지국가의 발전에는 자국 내 서로 다른 사회계급에 속해 있는 국민들 간의 연대성을 높이고자 하는 의도가 있었다. 요즘 논의되는 주제 중 '진보의 딜레마'가 있다. 세계화 시대에 진보는 자국 노동자에 대한 연대(그리고 그 부작용인 복지 쇼비니즘과 외국인 이민자들과의 연대그리고 그 부작용인 진보적 신자유주의) 사이에서 딜레마를 겪는다는 것이다(Banting and Kymlicka 2017; Fraser 2016). 폴라니의 글에서 이러한 우려의 흔적을 찾을 수 있다.

다시금 극우정당들이 나타나고 있고 복지에 대한 요구가 계급 간 합의와 타협으로 이루어지기 어려운 지금 상황에서, 그리고 비정규직과 자영업자들처럼 노조에 의하여 대표되지 않는 사람들이 늘어나는 상황에서 정치와 경제 사이에 분열과 대립은 다시 커지고 있다. 폴라니는 사신의 후학들이 제시하는 '정치의 우위'에도 만족하지 않고 이보다 더 나아가 '사회의 우위'(Polanyi 2001, 259)를 언급하고 있다. 오늘날 사회적 경제나 공유경제, 커뮤니티의 회복을 향한 운동에서 폴라니의 이름이 자주 등장하는 것은 이러한 이유 때문일 것이다. 그러나 신자유주의의 발전으로 세계화가 많이 이루어진 시장경제, 그리고 팬데믹 상황에서 강화된 중앙정부의 '생명관리정치'(Foucault 2016)를 생각해 볼 때, 소규모 공동체의 회복이 통치성이라는 측면에서 어떠한 의미를 가질 것인가에 대해서는 더 많은 논의가 필요할 것으로 보인다. 폴라니는 이 문제에 대하여 답을 주기보다는 질문을 던지고 있는 것으로 보인다. 그리고 21세기의 사회정책도 여전히 그 답을 찾고 있는 것으로 보인다.

참고문헌

Banting, Keith and Will Kymlicka. 2017. "Introduction: The Political Sources of Solidarity in Diverse Societies." In *The Strains of Commitment: The Political Sources of Solidarity in Diverse Societies*, edited by Keith Banting and Will Kymlicka, 1–58. Oxford: Oxford University Press.

Berman, Sheri. 2006. *The Primacy of Politics: Social Democracy and the Making of Europe's Twentieth Century*. Cambridge: Cambridge University Press.

Berman, Sheri. 2016. "Populism Is Not Fascism: But It Could Be a Harbinger." *Foreign Affairs* 95(6): 39–44.

Block, Fred and Margaret R. Somers. 2014. *The Power of Market Fundamentalism: Karl Polanyi's Critique*. Cambridge: Cambridge University Press.

Brandal, Nik, Øivind Bratberg, and Dag Einar Thorsen 저·홍기빈 역. 2014. 『북유럽 사회민주주의 모델』. 서울: 책세상.

Dale, Gareth. 2016a. *Karl Polanyi: A Life on the Left*. New York: Columbia University Press.

Dale, Gareth. 2016b. *Reconstructing Karl Polanyi: Excavation and Critique*. London: Pluto Press.

Dale, Gareth. 2016c. "In Search of Karl Polanyi's International Relations Theory." *Review of International Studies* 42(3): 401–424.

Foucault, Michel 저·심세광·전혜리·조성은 역. 2011. 『안전, 영토, 인구: 콜레주드프랑스 강의 1977–78년』. 서울: 난장.

Foucault, Michel 저·심세광·전혜리·조성은 역. 2012. 『생명관리정치의 탄

생: 콜레주드프랑스 강의 1978–79년』. 서울: 난장.

Fraser, Nancy. 2016. "Progressive Neoliberalism versus Reactionary Populism: A Choice that Feminists Should Refuse." *NORA: Nordic journal of women's studies* 24(4): 281–284.

Martin, Lisa L. 2013. "Polanyi's Revenge." *Perspectives on Politics* 11(1): 177–186.

Polanyi, Karl. 1935. "The Essence of Fascism." Karl Polanyi Archive, Con_13_Fol_06.

Polanyi, Karl. 1938. "Tame Empires." Karl Polanyi Archive, Con_20_Fol_02.

Polanyi, Karl. 2001[1957]. *The Great Transformation: The Political and Economic Origins of Our Time* (2nd ed.). Boston: Beacon Press.

Polanyi, Karl. 2002[1932]. "Wirtschaft und Demokratie." In *Chronik der großen Transformation: Artikel und Aufsätze (1920-1945), Band 1: Wirtschaftliche Transformation, Gegenbewegungen und der Kampf um die Demokratie*, edited by Michele Cangiani and Claus Thomasberger, 149–154. Marburg: Metropolis–Verlag.

Polanyi, Karl. 2017[1940]. "Lecture 3: The Breakdown of the International System." In *The Present Age of Transformation: Five Lectures by Karl Polanyi Bennington College, 1940*, edited by Jeremy Smith and Ann Pettifor, 22–26. London: Prime.

Polanyi, Karl. 2018[1934]. "Fascism and Marxism." In *Economy and Society: Selected Writings*, edited by Karl Polanyi, Michele Cangiani and Claus Thomasberger, 125–135. Cambridge: Polity.

Polanyi, Karl. n.d.a "Friends of Democratic Hungary: America 1943." Karl Polanyi Archive, Con_18_Fol_25.

Polanyi, Karl. n.d.b "The Fascist Transformation." Karl Polanyi Archive,

Con_20_Fol_08.

Polanyi, Karl. n.d.c "The Fascist Virus." Karl Polanyi Archive. Con_18_Fol_08.

Rodrik, Dani. 2011. *The Globalization Paradox: Democracy and the Future of the World Economy*. New York: W. W. Norton & Company.

Sandbrook, Richard. 2018. "Karl Polanyi and the Formation of This Generation's New Left." *IPPR Progressive Review* 25(1): 76–103.

8장 기본소득과 분배: 윤리적 관점에서

조석주

I. 서론

정치체제와 통치형태의 지속성은 국가의 분배 능력과 밀접한 관계를 가진다. Przeworski(2019)에 의하면, 1788년 미국연방정부가 선거를 통해 탄생한 이후부터 2008년까지 지니계수의 데이터를 알 수 있는 전 세계 국가-연도 기준 민주정의 사례는 1,212개에 달하는데, 그중 1,148개의 경우에 민주정은 당해 연도에 유지되었고, 64개의 경우에서 민주정은 붕괴하였다. 지속된 민주정과 무너진 민주정의 세전소득 기준 지니계수의 평균을 비교하면, 각각 42.6과 44.6으로 큰 차이를 보이지 않는다. 그러나 세후소득을 기준으로 지니계수를 비교하면, 유지된 민주정의 평균은 33.8인데 비해, 붕괴된 민주정의 평균은 44.6이다. 비록 엄밀하지 않은 간단한 관찰의 수준이지만, 경제적 재분배를 하는 민주정이 살아남는 경향이 있음을 볼 수 있다.

이러한 관찰은 Acemoglu와 Robinson(2005)의 저작으로 대표되는 정치체제에 대한 경제이론과도 일관성을 갖는다. 이 저자들에 의하면, 현대 민주정 이전의 권위주의 정치체제는 정치적 권력이 경제적 엘리트에 의하여 독점되고 있는 체제이다. 이런 체제에서 대체로 만연된 경제적 불평등은 우연한 상황을 만나 체제의 위기를 가져올 수 있는데, 그 위기가 해결되는 타협의 정치체제로 등장한 것이 현대 민주정이다. 이 이론에서 민주적 정치체제가 권위주의 체제와 구분되는 것은 결국 일인일표 다수결 원리의 적용이다. 보편적 투표권으로 인해 민주정에서는 평균 이하의 경제적 지위를 가진 행위자가 사회 내 권위적 결정의 행방을 좌우하게 된다. 따라서 민주정으로의 이행은 경제적 분배에 대한 정치적 결정권을 상당 부분 경제적 중하층에게 이양하는 것이기에, 상대적으로 더 평등한 분배에 대한 신빙성 있는 공언(credible commitment)의 역할을 할 수 있다. 이에 따라 민주정이 계급 타협의 체제로 등장하게 된다는 것이다.

이러한 원리는 민주정을 유지하는 데에도 마찬가지로 작동한다. 한 정치체제 내에서 경제적 자원과 정치적 자원의 교환이나 상호 전환을 완전히 막는 것은 불가능하므로 일인일표의 참정권을 가진 현대 민주정에서도 정치과정에서의 실질적 영향력은 부자와 빈자 간에 완전히 동등하지 않다. 민주주의 이념을 정치적 평등으로 이해할 때, 현실의 민주적 정치체제는 정치적 영향력의 불평등 정도가 과도하지 않고 일정한 범위 내에 머무는 정치경제적 균형이라고 할 수 있을 것이다. 만약 경제적 불평등의 악화가 정치적 불평등의 악화를 초래하고 다시 부자의 강한 정치적 영향력이 경제적 불평등을 강화하는 순환이 반복된다면, 민주주의의 균형은 결국 붕괴한다. 따라서 특정한 역사적 시점의 민주정에서 경제적 상호작용의 결과가 불평등을 재생산한다면 상대적으로 평등한 정치의 영역에서의 재분배를 통해 그 불평등의 정도가 일정 수준에서 제어될 때, 민주정은 지속될 수 있을 것이다.

2차 세계대전 이후 1970년대 중반까지, 유럽의 민주정들은 재분배를 통한 경제적 평등의 달성에 괄목할 만한 성과를 보였다. 그 체제들에서 경제적 평등을 달성한 주요 수단은 전통적 고용 관계에 기반한 사회보험과 조세를 통한 공공부조를 두 축으로 하는 복지국가 전략이었다. 그러나 기술의 발전과 그로 인한 경제활동의 지구화, 또 한편에서 복지국가의 관료주의적 비효율이라는 세 가지 요소가 작용하며 복지국가 전략의 위기가 대동하였고 증폭되었다. 현시점에 이르러서는 복지국가의 이상인 완전고용은 먼 이야기로 보이고, 기존의 사회보험으로 포괄되지 않는 고용 관계에 있는 노동자가 증가하고 있으며, 고용되어 있음에도 불구하고 빈곤을 벗어나지 못하는 경우도 우연한 예외가 아니게 되었다. 기술의 발전 속도는 생애 전반기의 교육을 통해 습득한 노동 능력이 생애 주기 안에 도태될 확률을 점점 높이고 있고, 이에 따라 납부금에 의존하는 사회보험의 실효성을 하락시키고 있다. 이러한 복지국가의 쇠퇴는 경제적 불평등에 대한 정치의 제어 능력을 떨어뜨려 결국 민주적 통치의 위기를 불러올 가능성이 높다.

이러한 배경에서 대안 프로그램으로 주목받는 것이 기본소득(universal basic income)이다. 최소 몇 세기 이전까지 그 연원이 올라가는 오랜 아이디어인 기본소득이 정치적 실천의 영역에서 본격적으로 등장하고 있다. 일자리 없는 경제성장 시대의 구매력 유지 방법으로 기본소득을 제안하는 실리콘밸리의 기업가, 저개발국가의 빈곤 해결책으로 기본소득을 옹호하는 빈곤경제학자, 플랫폼 경제의 발전으로 증가하는 불안성 노동자의 소득보상책으로서의 기본소득을 지지하는 활동가, 복지국가 관료주의의 비효율성을 극복하는 보편적 현금 복지로서의 기본소득을 주장하는 자유주의 경제학자 등, 다양한 영역과 이념적 입장에서 기본소득은 하나의 대안으로 떠오르고 있다. 또한 기본소득에 대한 논쟁은 여러 가능한 정책 중 하나에 대한 단순한 찬반을 넘어서, 논자들의 정치와 경제에 대한 깊은 신념의 차이가 드러나는, 대안적 정치경제 체제에 대한 논쟁의 성격을 띠게 되었다.

기본소득에 대한 논쟁을 첨예하게 만드는 한 요소는 그 정책 또는 제도의 규범적, 윤리적 정당성에 대한 의구심이다. 기본소득을 정의하는 특징에는 여러 가지가 있으나, 이 제도가 다른 복지 또는 분배제도와 결정적으로 구분되는 것은 그 수급 자격의 무조건성 때문이다. 특히, 노동 능력을 소유한 사회성원이 노동을 하지 않고 또 노동할 의사조차 증명할 필요 없이 혜택을 받을 수 있다는 측면에서, 기본소득 제도는 기여에 비례하는 분배, 노고에 비례하는 분배, 노동 생산물에 대한 자기소유권이라는 오랜 시간 동안 상당히 널리 받아들여지고 있는 분배정의에 대한 윤리적 관념과 충돌할 수 있다. 그에 따라, 규범 정치이론과 분배정의에 대한 도덕철학의 영역에서 기본소득에 대한 논쟁이 일어나고 있는 것도 당연하다고 하겠다.

이 장의 목적은 기본소득 제도의 정당성에 대한 규범적 정치이론,

윤리학적 논쟁에 기여하는 것이다. 새로운 대안적 분배 정책으로 고려되는 기본소득 프로그램의 윤리적 정당성의 문제는 첫째, 그 자체로 중요한 학술적, 실천적 주제이고 둘째, 그에 대한 논의가 여러 가지 다른 분배정의에 대한 입장 간의 윤리학, 정치철학적 논쟁을 더 심화시키는데 기여를 할 수 있다. 또한 정인경(2020)이 적절히 지적하듯이 정책의 정당성에 대한 행위자의 신념 자체가 정치적 동원과 세력 형성에 영향을 미친다는 점에서, 기본소득의 윤리적 근거에 대한 논의는 그 성공 전망이나 전략과도 관련되어 있다고 할 수 있다.

기본소득을 정당화하는 규범적 이론에는 여러 가지가 있는데, 최근 광범위하게 논의되는 주장은 기본소득을 '공유부(common wealth)'가 산출하는 수익의 배당으로 바라보는 관점이다. 이 이론은 사회에 존재하는 특정한 자산은 사회성원 모두가 동등한 권리를 갖는다고 보고, 그에 따라 그러한 사원으로부터 나온 수익은 모든 개인에게 균등하게 분배되어야 하며, 그 방법으로 동일한 급여인 기본소득이 필요하며 타당하다는 것이다. 이 장에서는 이러한 입장을 폭넓게 '공유부 이론'이라고 지칭한다. 앞서 이야기한 것처럼 기본소득의 정당성에 대한 비판은 정당한 기여 없는 혜택이라는 판단에서 나올 수 있는데, 공유부 이론은 애초에 모두가 권리를 갖고 있는 자원의 영역을 설정하여 그와 같은 비판에 대응하는 가장 간명한 형태의 기본소득 정당화 이론이며, 이로 인해 더욱 주목받고 있다. 그래서, 이 글에서는 기본소득에 대한 정치철학적 지지입장 중 공유부 이론을 집중적으로 다룬다. 공유부 이론을 면밀히 검토·비판하는 것을 통해 기본소득 제도를 윤리적 관점에서 조명해 보고자 한다.

이 글의 핵심 주장은 다음과 같다. 공유부 이론은 사전적 권리와 과정 변수로 분배정의의 문제를 환원하는 이론이며, 그 이론에서 공유자산과 사적 소유가 인정되는 자산을 구분하는 기준은 결국 생산에의 기여이다. 이런 점에서 공유부 이론은 Locke식 노동 소유권에 기반해 있으며, 그 측면에서 자유지상주의와 철학적 입장을 공유한다. 그에 따라 공유부 이론은 노동 생산성의 차이에 따른 불평등을 교정하는 정책이나 제도의 정당성을 제공할 수 없다. 노동 생산성이 선천적 재능을 비롯한 개인이 선택할 수 없는 기회 집합적 요인에 의해 상당 부분 결정된다고 볼 때, 이런 요인들을 개인이 책임질 필요가 없는 도덕적으로 임의적인(morally arbitrary) 요소로 보는 분배정의론의 입장에 선다면, 노동 기여의 차이에 따른 불평등을 온전히 인정하는 분배는 윤리적으로 정당하지 않다. 또한, 실천적으로 미래의 경제 구조에서 경제적 불평등의 많은 부분이 노동 생산성의 차이로 기인할 경우, 공유부를 재원으로 하는 기본소득은 불평등에 대한 실질적 해결책이 될 수 있는 규모가 되기 어려울 것이다. 결국, 기본소득이라는 새로운 프로그램의 근본적 혁신점이 어떤 수준에서건 노동과 분배의 분리에 있다고 볼 때, 노동 소유권 관념에 기반한 정치철학은 기본소득의 윤리적 근거가 되기에 한계가 있는 것으로 보인다.

이 장의 이후 구성은 다음과 같다. 먼저 다음 절에서 기본소득의 일반적 개념을 소개한다. 이어 제3절에서 공유부 이론을 일반적으로 설명하고, 공유부 이론에 기반한 분배론의 고전적 논리를 소개·해석하며, 그에 기반하여 공유부 이론의 논리를 비판적으로 검토한다. 제4절에서는 결론이 제시될 것이다.

II. 기본소득의 정의

현재까지의 문헌에서 가장 흔히 사용되는 기본소득에 대한 정의는 기본소득지구 네트워크(Basic Income Earth Network)[1]가 사용하는 개념으로 기본소득을 다음의 다섯 가지 요소를 충족시키는 급여로 정의하고 있다. 첫째, (현물이 아닌) 현금으로 지급되고, 둘째, (가구가 아닌) 개인에게 지급되고, 셋째, 정기적으로 지급되고, 넷째, 자산조사를(means test) 하지 않고 보편적으로(universal) 지급되며, 다섯째, 노동 여부나 노동 의사와 별개로 무조건적으로(unconditional) 지급되어야 한다. 이 정의는 현실에 존재하는 정책의 공통적 특징을 취합하여 규정한 것이 아니라, 경제적 분배를 위한 대안적 프로그램으로 기본소득을 제기하기 위해 바람직하다고 생각되는 속성들을 기본소득의 개념에 포함한 것이다. 따라서 이 정의를 구성하는 다섯 가지 요소는 각기 그 규범적 근거에 따라 도출된 것이다. 각 요소들의 근거를 간략히 살펴보도록 하자.

먼저 기본소득은 현금으로 지급된다는 점에서 필수적인 재화나 서비스를 직접적으로 제공하거나 용도가 제약된 바우처를 지급하는 정책과 구분된다. 현물 지급에 비해 현금 지급을 선호하는 것은 수급자의 자유로운 선택을 중시한다는 점에서 온정주의(paternalism)와 구

1 https://basicincome.org/about-basic-income/

분되는 기본소득의 자유주의적 성격을 보여준다. 즉, 현금을 지급받은 개인이 필요한 음식과 주거서비스에 그 돈을 사용하건, 혹은 음주와 유흥에 사용하건 그것은 존중되어야 할 개인의 선택이며, 국가가 기본소득을 통해 제공하는 것은 특정한 형태의 소비형태가 아니라 자유로운 선택권이라는 생각이 그 바탕에 있는 것이다. 덧붙여, 기본소득이 아니더라도 현금 지급은 현물 지급에 비해 경쟁시장에서 배분되는 재화의 상대가격에 영향을 덜 주므로 소비자의 욕망과 자원의 희소성을 연결하는 경제적 효율성 측면에서 장점을 갖고 있기도 하다.

다음으로, 기본소득은 가구가 아닌 개인에게 지급해야 한다고 주장된다. 현존하는 복지국가의 많은 소득 보장 정책은 가구 단위 자산조사를 기반으로 하여 가구 단위로 지급되고 있다. 이러한 정책들은 가족이라는 전통적 경제공동체를 정책의 단위로 설정하므로, 상당한 경우에 실질적 경제력에 따른 필요에 부응하여 희소한 자원을 사용한다는 장점이 있었다. 그러나 분배의 단위를 가구로 삼는 것은 가구 내에 존재할 수 있는 균열을 반영하지 못한다. 예컨대, 높은 자산이나 소득을 가진 배우자를 가진 시장 소득이 없는 개인은 복지수급의 대상자에서 제외되는데, 가족 내에 갈등과 지배가 있을 경우 이런 수급 방식이 그 지배를 강화시키고 시장 소득이 없는 개인의 선택권을 제약하게 된다. 관련하여, 가구 단위 수급방식이 결과적으로 가사·돌봄 노동 등 많은 경우에 가격기구를 통하지 않고 가구 내에서 공급되는 노동을 시장에서 교환되는 노동해 비해 차별한다고 볼 수도 있다. 이에 비해 기본소득제도는 각 개인을 국가의 경제적 분배의 단위로 본다는 점에서, 개인주의적 평등관에 기반하고 있다. 기본소득이 가구 구성원의 소득이나 자산에 제약받지 않고 지급된다는 점 때문에 시장에서 거래되지 않는 노동의 대가라는 근거로 지지되기도 한다. 무급 가사 노동은 많은 경우 여성에 의해 수행되었기에 기본소득이 성평등을 위한 정책으로 평가받기도 한다.[2] 또한 가족 형태의 항상성과 보편성이 사라져 가고 있다는 측면에서도 개인을 분배로 삼는 접근에 대한 지지는 확대될 여지가 있을 것이다.

셋째, 기본소득은 보통 정기적으로 지급되는 급여로 이해된다. 주간, 월간, 연간 지급 등 다양한 형태의 정책이 가능하겠으나, 기본적으로 정기적 지급을 주장하는 데에는 기본소득으로 주어지는 급여가 수급자의 일생 동안 항상적인 최저생활 보장의 수단으로 기능해야 한다는 목적과 관련이 있다. 반면, 기본소득과 유사한 정책이라 할 수 있지만, 정기적 급여가 아니라 목돈을 한 번에 지급하자는 제안도 있다. 예컨대, Ackerman과 Alstott(2006)의 경우 범죄 기록이 없고, 의무교육을 이수한 미국의 모든 시민이 21세가 될 때 80,000달러(2001년 화폐가치 기준)를 받게 하자고 제안한다. 사회적 지분급여(stakeholder grant)라고 불리는 이러한 방식의 옹호자들은 상대적으로 소액을 정기적으로 지급하는 방식에 비해 목돈을 한번 지급하는 정책이 수급자들에게 청년기 인생 계획을 위한 투자의 기회를 준다는 장점을 부각시킨다. 사회

2 여성의 무급 노동이 시장 노동과 마찬가지로 평가받는다는 점에서 기본소득의 개인적 수급이 성평등에 기여할 수 있는 반면, 여성의 노동시장 진출 유인을 줄임으로써, 전통적인 성별 간의 노동 분업을 고착화시킬 수 있다는 우려도 있다. 이에 대한 논의는 Bidadanure(2019, 492–494) 참조.

적 지분급여는 새로운 지식이나 기술 습득을 위한 교육비로 쓰일 수도 있고, 혹은 주택을 마련하는 비용으로 쓰일 수도 있다. 또 수급자들이 원한다면 목돈을 금융기관에 예치하고 정기적으로 일정한 금액을 받아 쓸 수 있다는 점에서, 개인의 선택 범위를 더 넓힌다고 본다. 그런데 국가에 의해 매월 일정한 액수의 급여 지급이 보장되어 있고, 신용시장이 발달되어 있다면 거꾸로 그 급여를 담보로 목돈을 빌리는 것도 가능하다. 이렇게 본다면, 상대적 소액의 정기적인 지급과 인생의 특정 시기에 한 차례 혹은 몇 차례 큰 액수의 지급하는 방식의 차이는 정책들의 근거가 되는 정치철학에 있다고 보기 어렵고, 구체적 실행 방식에서의 차이라고 할 수 있을 것이다.[3]

넷째, 기본소득은 자산 또는 소득에 대한 심사가 없이 지급된다. 현 복지국가 정책의 한 축을 이루는 공공부조는 소득과 자산 기준 하위 계층에 지급된다. 즉, 수혜자격이 필요에 의해 결정된다고 할 수 있다. 이와 달리 기본소득은 부자에게도 동일하게 지급되는 혜택으로 이해되고 있다. 기본소득의 이러한 측면이 종종 희소한 재정으로 부자를

---

3 그러나 기본소득을 평생 지급되는 정기적인 급여로 할 때, 그를 담보로 대출을 할 수 있도록 허용할 것인가는 논쟁적인 문제이다. 대출에 의한 투자가 실패하여 기본소득이 차압될 경우, 일정 수준의 소득을 보장한다는 취지는 실현되지 못한다. 따라서 최저소득을 보장하기 위한 국가의 급여로 빚을 내어 탕진하여 최저 생활 미만이 된 경우의 소득을 다시 보장해야 한다는 무한 반복의 논리에 빠지지 않으려면, 기본소득 급여의 차압 금지 등의 대출 규제가 필요할 것이다. 반면, 그러한 경우 현물지급과 비교해서 논의했던 개인의 자유 존중이라는 취지는 어느 정도 퇴색한다고 할 수 있다.

돕기 위해 진짜 필요한 사회성원들을 돕지 못하는 정책이라고 비판받는 근거가 되고 있다. 반면, 보편 지급을 옹호하는 측에서는 선별 지급이 야기하는 낙인효과의 문제점을 강조한다. 신청과 자산심사의 과정에는 낙인효과가 발생하게 되는데, 낙인효과 그 자체의 폐해도 클뿐더러, 실제로 수급 자격이 있는 사람들 중 낙인효과를 우려하여 신청을 하지 않는 경우도 발생하므로 결과적으로 복지 혜택의 사각지대가 생긴다는 것이다. 한편, 신청과 심사의 과정에 수반되는 행정비용 또한 선별적 공공부조의 단점으로 종종 지적된다. 여기에 선별 과정에 생길 수 있는 부정 수급 등의 비용까지 고려한다면 보편적 지급이 선별 지급보다 관료의 영향력을 줄이는 만큼 효율적이라고 주장된다.

끝으로 기본소득을 정의하는 특징 중 가장 논쟁적인 요소로 지급의 무조건성(unconditionality)이 있다. 현대 복지국가의 실업 수당은 일을 할 의사가 있음에도 불구하고 일을 할 수 없는 사람에게 지급하는 것을 원칙으로 한다. 즉, 실업으로 인한 소득의 하락을 국가로부터 보전받고자 하는 사람은 노동 의지가 있으나 일을 할 수 없다는 것을 증명해야 한다. 구체적으로 취업하고자 하는 노력, 취업을 위한 재교육이나 훈련의 참여, 적절한 일자리가 제공되었을 때 거부하지 않을 것 등이 실업급여를 받기 위한 조건이 된다. 이와 달리 기본소득은 노동여부, 노동의사를 조건으로 하지 않고 지급된다. 즉, 직장이 있건 없건, 일을 하지 않는 이유가 상황 때문이건, 자신의 선택이건 관계없이 지급된다. 이러한 지급을 정당화하는 주장은 기본소득의 취지가 개인이 어떤 선택을 하건 최저소득이 보장되어야 한다는 것인데, 여기서 선택할 수 있는 옵션에는 일을 하지 않는 것도 포함되어야 한다는 것이다.

기본소득과 같은 형태로 소득이 보장될 때, 개인은 자신에게 상대적으로 잘 맞지 않거나, 조건이 극히 나쁜 노동을 거부할 수 있는 선택권이 생기며 이런 조건이 보장되어야 개인이 진정한 자유를 갖는다고 보는 입장이다.[4]

논자에 따라 기본소득을 정의하는 조건 중 한 두 가지를 빼거나 더할 수 있겠지만, 기본소득을 다른 정책과 구분 짓게 하는 가장 큰 특징은 바로 앞 문단에서 소개한 무조건성, 즉 노동의 의무와 소득을 얻을 권리의 연결을 끊는다는 데에 있다. 이러한 급진적인 대안이 고려되는 현실적 이유는 서론에서 언급한 바와 같이 현대 경제가 점차 완전 고용이 불가능하거나 혹은 가능하더라도 비효율적이 되는 단계로 나아가고 있고 그에 따라 노동의 기회가 애초에 모두에게 주어지지 않는다는 점, 균일한 임금노동자가 경제에서 상당한 다수를 차지하고 있던 환경에서 효과를 발휘했던 사회보험 위주의 복지 정책이 불평등을 타개하지 못하고 있다는 점 등이다.

그러나 이러한 현실적 필요에 대한 진단과 별도로, 인류사회의 경제생활과 자원배분은 오랫동안 노동과 같은 생산에 대한 기여를 생산물을 소비할 자격으로 간주하는 윤리적 의식에 근거하여 왔기 때문에, 일할 능력이 있음에도 불구하고 일하지 않는 사회성원에게 소득을

---

4 Van Parijs(1995)는 실질적 자유(real freedom)의 보장을 기본소득이 필요한 근거로 삼는다. 실질적 자유의 여부는 자신이 원하는 좋은 삶의 계획을 실행할 수 있는 기회의 존재 여부에 상당부분 달려 있다. 따라서 원하는 일을 선택할 기회가 실질적 자유를 구성하는 중요한 요소가 되고, 원하지 않는 일을 선택할 수밖에 없는 경제적 결핍은 이러한 자유에 대한 제약으로 해석될 수 있다.

보장하는 정책은 한편에서 윤리적 반감을 불러일으키게 된다. 또한 어떠한 의무도 요청되지 않는 소득은 호혜성(reciprocity)의 원리와도 상충함을 알 수 있다(Bidadanure 2019). 이렇게 기본소득은 일견 기존의 경제사회에서 주류적 윤리관과 대립하는 것처럼 보이는 대안이라는 점에서, 그 윤리학적 근거에 대한 심도 있는 연구가 필요한 제도이다. 다음 절에서는 기본소득의 윤리적 정당성을 주장하는 대표적 이론인 공유부 이론에 대해 논의할 것이다.

III. 공유부 이론에 대한 비판적 검토

널리 받아들여지는 정의에 대한 한 가지 관념은 각자가 합당한 몫을 받도록 해야 한다는 것이다. 이러한 응분(desert)의 원리가 자원이나 생산물의 분배에 적용될 때, 응분의 근거로 여겨지는 것은 생산에 대한 기여, 노력, 수고 등이다. 기본소득 정책의 핵심적 특징인 무조건적 소득 보장에 대한 반감은 상당 부분 이러한 윤리관에 기인한다. 노동을 할 수 있지만 노동하지 않는 사람에게 지급되는 혜택은 결국 게으른 사람들을 위하여 근면한 사람들에게 더 일을 시키는 것과 마찬가지라는 주장이 그러한 비판을 대표한다. 기본소득을 옹호하는 입장에서 이러한 비판에 반박하려면, 논리적으로 첫째, (노동) 기여에 따른 응분의 몫 분배의 원리를 반박하고 그와 다른 독자적 분배정의의 원리로 기본소득을 정당화하거나, 둘째, 기본소득이 응분의 원리를 위배하는 약점에도 불구하고 결과주의적 입장에서 다른 장점들(예컨대 빈곤 감소, 불평등 해소 등)이 그 약점을 상쇄한다고 주장하거나, 셋째, 기본소득도 응분의 원리에 부합한다고 주장할 수가 있다.

공유부[5] 이론은 이 중 세 번째에 해당한다. 구체적으로 공유부 이론은 누구도 기여했다고 볼 수 없거나 모두가 기여했다고 볼 수 있는 부 또는 자산의 존재를 주장한다. 이러한 종류의 자산은 인류 모두가 사용권을 가지므로 그로부터 발생하는 수익의 동등한 배당은 정당하다는 것이다. 즉 기본소득은 각자에게 응분의 몫을 지급하는 한 가지 방식으로 간주되며, 기본소득이 없는 상황이 공유부로부터의 이익을 특정인들만 독점하고 있는 부정의한 상태가 된다.

공유부 이론의 특징은 그 이론이 기본소득을 정당화하는 논리에 의해 기본소득 지급의 재원이 직접적으로 결정된다는 것이다. 논자에 따라 공유부에 해당하는 자산은 다를 수 있으나, 대체로 토지 등의 천연자원, 과거로부터 축적된 지식과 기술, 많은 사람들의 복잡한 상호작용에 의해 만들어지는 데이터 등이 공유부의 사례로 제시되고 있다.[6] 천연자원은 원래 주어졌다는 점, 지식은 과거 인류의 유산으로 특정한 개인이 독점적 권리를 주장하기 어렵다는 점, 빅데이터 등은 특

5 논자에 따라 공유자산 혹은 공통부라는 단어를 사용하기도 한다. 이 글에서는 이 용어들 간 외연의 세밀한 차이와 규범적 함의의 차이를 구분하지 않는다.

6 백승호(2020)는 이 세 종류의 자산을 자연적 공유자산, 역사적 공유자산, 인공적 공유자산으로 구분한다.

정하기 어려운 많은 사람들의 행위로 창조된다는 점이, 현세대의 모든 이가 권리를 갖는 자산[7]으로 간주할 근거가 된다. 석유자원 기반 펀드의 수익을 주민에게 균등하게 배당하는 알래스카의 기본소득이 공유자산 재원을 통한 기본소득의 실례로 종종 언급된다.

지식과 정보가 수익 창출의 중요한 원천이 된 것은 상대적으로 최근의 일이지만, 토지와 같은 천연자원이 생산과 소비의 필수조건이 된 것은 인류의 역사만큼이나 오래된 일이다. 따라서 공유부 이론이 토지와 천연자원에서 시작한 것은 전혀 이상한 일이 아니다. 기본소득의 오래된 주창자로 알려진 Thomas Paine의 이론이 토지 공유에 기반한 기본소득론이고, Henry George의 이론도 공유부 이론과 가깝다고 할 수 있다. 먼저 이들의 고전적 공유부 이론을 살펴보도록 하자.

1. Thomas Paine과 Henry George의 공유부 이론

Paine(1797)은 자신이 주장하는 일괄적 급여의 근거를 토지에 대

7 이 글에서는 자산, 부, 자원, 자본 등의 용어를 생산 활동과 결합하여 소비의 효용을 증가시킬 수 있는 저량(stock)을 지칭하는 말로 세밀한 구분 없이 사용한다. 기본소득의 문헌에는 종종 공유부가 자산으로부터의 수익인 유량(flow)으로 취급되는 경우가 있으나, 여기서는 통상적 경제학의 용어에 맞게 부(wealth)를 축적된 저량으로 본다. 이는 '공유부의 분배'와 '공유부로부터의 수익의 분배' 등 표현의 차이만 날 뿐, 분석에서 아무런 실질적 차이를 만들지는 않는다.

한 모두의 권리로부터 찾았다. 그에게는 개발되지 않은 천연상태에서의 토지가 어떤 특정한 개인에게도 귀속되지 않는다는 것은 자명한 진리였다. 따라서 현실에서 토지를 사적 재산으로 보유하고 있는 개인들이 갖는 권리는 오직 스스로 개발한 가치에만 있을 뿐, 토지 전부에 대해 정당한 소유권을 갖고 있는 것은 아니다. 그러므로 개량된 토지를 소유하며 그로부터 경제적 수익을 얻는 모든 이들은 공동체에게 지대를 지불할 의무를 갖는다. 국가가 그 지대 수입을 통해 기금을 만들어 기본소득을 지급한다는 것이 Paine의 구상이었다.

Paine과 마찬가지로 토지를 공유부로 보고 그에 대한 과세 이론을 체계화한 사람은 잘 알려진 대로 Henry George(1879)이다. George는 토지의 배타적 소유권이 소득 불평등을 야기할 뿐 아니라, 경제 공황과 같은 비효율적 자원배분의 주요 원인이라고 진단하였다. 그는 토지에 대한 평등한 권리를 도입해야 한다고 믿었고, 그에 따라 토지가치세(land value tax)를 토지 소유자들에게 징수하는 것을 통해 토지로부터의 혜택을 공유해야 한다고 주장했다.

George의 이론에서 주목해야 할 한 가지는 그가 토지가치세를 높은 세율로 징수할 것을 주장하는 반면, 다른 세금에 대해서는 극히 부정적이었다는 점이다. 예컨대, 노동 소득인 임금과 자본 소득인 이자는 경제활동에서 부를 창출하는 대가라고 주장했고, 그에 따라 임금과 이자에 대한 과세는 생산적인 활동에 대한 징벌로 정당하지 못하고, 또 결과적으로 생산활동을 위축시킨다고 보았다. 또한 George는 간접세 또한 조세의 부담을 불명확하게 하여 도덕적 책임성을 낮추는 부적절한 세금으로 보았다.

이러한 George의 부당한 세금과 정당한 세금(토지세)에 대한 구분은 공유부 이론이 대체로 기반하고 있는 논리에 대한 시사점을 준다. 토지와 같은 특정한 자원은 모두의 것이기 때문에 과세 가능하고 그렇지 않은 자산은 과세 불가능하다는 주장은 결국 공유물과 정당한 사유물의 구분으로부터 나온다. 즉, George의 이론 구조에는 개인이 배타적으로 영유할 수 있는 생산물 또는 자원을 판단하는 기준이 존재하고 그 기준에 해당하지 않는 공유자산이 존재한다. 이렇게 볼 때, 공유부의 개념은 정당한 사적 소유라는 개념을 통해서만 정의된다. 즉, 공유할 필요가 없는 자기소유권에 대한 정의가 공유부 개념의 철학적 근저에 있다고 할 수 있다.

George의 경우에 정당한 사적 소유와 그렇지 않은 사적 소유의 경계는 생산 활동에 대한 자기 기여의 여부에 달려 있다. 즉 배타적인 소유권 혹은 징세될 수 없는 소유물은 생산 활동에 대한 기여를 통해 만들어진 경우의 소유이다. Paine이 토지의 원래 가치와 개발로 추가된 가치를 구분하는 기준도 이와 대동소이한데, 결국 생산에 본인이 기여한 부분은 배타적 영유가 가능하고, 그렇지 않은 부분은 사적 소유권을 갖지 못한다는 논리로 환원된다. 이를 보면, 고전적 공유부 이론은 생산에서의 노동 기여를 응분의 근거로 보는 윤리학의 연장선상에 있음을 알 수 있다. 따라서 이런 논리에 입각하여 기본소득을 주장한다면, 노동 또는 기여와 소득의 연결이 약해지는 것이 아니라 노동과 기여에 기반한 소유권을 근거로 기본소득을 주장하는 것이다. 역으로 말하면 George와 Paine과 같은 이론의 철학적 핵심이 놓여 있는 곳은 기본소득 그 자체가 아니라, 기본소득 또는 분배정책의 재원이 될 수 없는 것이 무엇인지에 대한 입장인 것이다. 예컨대 이들과 같이 공유부와 배타적 소유를 인정해야 할 부 사이에 윤리적 경계를 긋고, 공유부로 인한 수익에 대한 과세로 기본소득을 창출한다는 입장에 선다면, 노동 소득에 대한 과세를 통해 기본소득을 마련하는 것은 설사 그로 인한 불평등의 개선효과가 다른 재원에 비해 높고 경제적 효율의 손실이 더 작다고 하더라도 정당화되기 어렵다.

이상의 논의로부터 공유부 이론의 타당성에 대한 면밀한 검토를 위해서는 정당한 소유권 개념으로부터 도출되는 분배정의에 대한 이론을 분석할 필요가 있음을 알 수 있다. 공리주의(utilitarianism)를 비롯한 후생주의(welfarism), Rawls(1971)의 차등 원칙, Dworkin(1981a; 1981b)의 운평등주의(luck egalitarianism) 등, 여러 분배정의에 대한 이론은 결국 생산과 소비에서의 자원배분 결과의 패턴들을 공정한 분배와 부당한 분배로 구분하려고 한다. 공유부 이론의 경우, 이와 달리 생산물의 원천이나 소득의 형성과정에서의 정당성이 분배정의를 규정하는 구조를 갖고 있다. 가령, 토지와 노동이라는 두 가지 생산요소만 있고 토지와 그로 인한 수익은 완전히 평등하게 분배되어 있는 상황에서 노동 소득에 따라 극단적인 불평등이 있는 경제는 George와 Paine의 이론에서는 별다른 문제가 없다. 반면, 예컨대 Rawls의 이론을 적용한다면 노동 소득의 불평등한 분배가 균등한 분배에 비해 그 사회에서 경제적 지위가 가장 낮은 성원의 이익을 증가시키지 못하였다면, 그 불평등은 해결해야 할 문제가 된다.

Paine과 George의 이론처럼 자원배분 결과의 패턴이 아니라, 사전적 권리와 분배에 이르기까지의 과정을 기준으로 분배정의를 판단하는 대표적인 이론은 자유지상주의(libertarianism)이다. 자유지상주의자들의 소유권과 기본소득에 대한 이론을 살펴보도록 하자.

2. 자유지상주의와 Locke의 노동 소유권 이론

자유지상주의에서 어떠한 분배가 정의로운가 그렇지 않은가는 분배의 결과가 갖는 특징으로부터 나오는 것이 아니라, 분배에 이르기까지의 과정에 의해 결정된다. 즉, 재화의 획득과 교환의 과정이 온전히 정당하다면, 그 분배의 결과는 정당하다.[8] 여기서, 정당한 사적 소유가 시작되는 획득의 권리는 자연권으로 인정되는 자기소유(self-ownership)로부터 나온다. 그러나 물질적 소비의 객체는 결국 자기 외부에 객관적으로 존재하는 사물이기 때문에 자기소유권에서부터 신외지물에 대한 소유를 연결하는 것이 이론적 난제가 된다. 이에 대한 직관적 정당화의 기초는 잘 알려져 있듯이 John Locke에 의해 제공되었다. Locke는 천연자원은 애초에 누구의 소유도 아니지만, 인간이 노동을 투여한다면 자원을 전유(appropriate)할 수 있다고 주장했다. 즉, 노동이 사물에 대한 최초의 소유권을 정당화하고, 그렇게 획득된 정당한 소유물에 대한 자발적인 소유 이전이 또한 새로운 소유권을 정당화한다.

---

8 예컨대 Nozick(1974)의 경우, 정당한 획득(acquisition)의 원리와 정당한 이전(transfer)의 원리를 충족하는 소유는 모두 정당하며, 오직 그런 소유만이 정당하다고 보았다.

그런데 노동을 통해 개발 또는 개량된 모든 자원에 대한 전유권을 가진다는 주장, 예컨대 토지를 앞서 개발한 개인이 모두 전유할 수 있다는 주장은 사실상 무한의 축적을 정당화할 가능성이 있다. Locke 역시 그런 주장의 무리함을 익히 알았고 그에 따라 전유의 정당화를 위한 조건을 덧붙였다. 노동 투여를 통한 자원의 전유는 오직 "타인들에게 충분하고 양질의 것이 남아있을 때(enough and as good in common for others)"만이 정당하다는 언술이 그 제약조건이다. 이 조건은 Locke식 단서조항(Lockean proviso)이라는 이름으로 잘 알려져 있으며, 재산권과 분배정의론의 영역에서 수많은 논쟁을 불러일으켰다.

Locke식 단서조항은 그 자체로 추상적이어서 여러 가지 다양한 독해가 가능하다. 통상적으로 분배적 정의의 이슈가 되는 자원은 그 자원에 대한 사람들의 욕망에 비해 희소하다는 점에서, 이 조항이 자원의 전유가 가능한 경우를 좁게 제한한 것으로 해석할 수도 있는 반면, '충분히'라는 단어의 기준을 낮춘다면 아직 소유되지 않은 자원이 더 남아있는 지점까지 폭넓게 전유가 가능하다고 볼 수도 있다.

살 알려져 있듯이 Nozick은 Locke의 단서조항에 대한 재해석을 기반으로 자신의 자유지상주의적 분배정의론을 확립하였다. Nozick의 정당한 획득의 원리(principle of justice in acquisition)는 소유자가 없는 자연물에 노동을 투여하여 전유하는 것은 그러한 전유 행위가 일어나지 않고 해당 자연물이 소유자 없이 남아있는 상태에 비해 누구도 더 나빠지지 않는다면 정당하다고 본다. 즉, 각 개인은 자신의 전유행위가 과거에 비해 파레토 개선(Pareto improvement)을 가져오는 모든 경우에 전유할 수 있는 권리를 갖는다.

Roemer(1996)가 적절히 지적하듯이 이 원리는 Locke의 원래 단서조항에 비해 최초 개발자의 전유권을 훨씬 더 쉽게 인정하는 것이다. 다음과 같은 사고실험을 해 보자. 갑과 을이라는 두 명이 살고있는 세상에서 유일한 생산수단이 될 수 있는 토지 한 필지가 있다. 토지가 경작되지 않은 상태일 때는 이 토지를 이용하여 아무것도 생산할 수 없다. 두 사람은 모두 이 토지 전체를 독자적으로 경작할 능력이 있고 이 토지를 나누기는 힘들다고 하자. 누가 경작을 하건 간에 경작이 된 토지는 경작의 비용과 매년 농사의 비용을 제하고도 순이익으로 연간 100단위의 소비를 위한 재화(작물)를 생산한다고 가정하자.

이때, 갑이 먼저 토지를 발견하여 경작을 하고 땅을 전유한 후, 매년 0보다 조금 큰 양의 작물을 을에게 줄 경우, 토지가 경작되지 않았을 때에 비해 명백히 파레토 개선이 일어난다. 따라서 이러한 전유는 100단위의 소비가 현실에서 아무리 크더라도 또 갑이 을에게 주는 작물의 크기가 아무리 작더라도 Nozick의 정당한 획득의 원리에 부합한다. 여기서 갑과 을 중 누가 먼저 토지를 발견하는가가 순전히 우연에 의해 결정된다고 한다면, 우연한 선착순에 의해 항구적으로 극심한 불평등이 고착화되는 것이 이 원리로 정당화된다.[9] 그러나 이는 Locke의 단서조항의 본래 의도와는 거리가 멀다고 할 수 있다.

그렇다면, 토지를 공유물로 본 Paine과 George 등의 기본소득론은 이러한 Nozick의 원리로부터 얼마나 멀어질 수 있을까? Paine과 George 공히 토지에서 노동을 통해 생산되는 생산물의 소유는 정당하다고 보았고, 토지의 공유를 실현하는 방식으로 이미 경작된 토지를 재분배하는 것이 아니라, 경작되지 않은 토지의 가치를 토지 소유자로부터 징세하여 사회성원에게 나누어주는 것으로 정의를 실현할 수 있다고 보았다. 따라서 토지의 실질적 사적 소유와 비소유자에 대한 보상의 방식은 그들에게도 정당하게 받아들여진다. 그렇다면, 이들과 Nozick의 차이는 결국 토지 전유의 보상으로 걷어져야 할 지대 혹은 세금의 크기가 얼마여야 하는가의 문제로 좁혀진다. 따라서 사적으로 소유될 수 없고, 공유되어야 할 가치를 산정하는 이론이 중요하다.

3. 공유가치 해석과 좌파 자유지상주의

자유지상주의자들은 자기소유권에 기반한 자유를 침범할 수 없는 권리로 보는 공통점을 갖고 있지만, 정당한 재산권의 범위에 대한 견해에 따라 자유지상주의자들 간 평등한 분배를 지향하는 성향은 상당히 다르게 된다. Nozick처럼 노동이 투여된 자원의 전유권을 사실상 거의 모두 인정하는 우파 자유지상주의자가 있는 반면, Locke식 단서조항을 엄격하게 해석하여, 천연자원의 공유를 중시하는 좌파 자유지상주의자(left libertarians)들도 있다. Paine의 논리구조도 좌파 자유지상주의에 가깝다고 할 수 있다.

---

9 Nozick의 정당한 이전의 원리(principle of justice in transfer)에 따르면 정당한 소유권을 가진 사람들의 자유로운 의사에 따른 소유이전은 모두 정당하며, 이는 특히 상속과 증여를 정당하다고 본다. 따라서 위의 예에서 갑이 토지를 자손에게 상속한다면, 불평등의 세습 또한 이러한 정의의 원리로 정당화된다.

Paine의 이론에서는 개간·경작되지 않은 토지의 가치는 모두가 공유하지만, 개발로 추가된 가치는 경작자에게 온전히 귀속된다. 따라서 개발을 통해 토지를 전유하였을 때, 가치의 추가분과 경작되기 이전의 가치를 구분하는 원리가 중요하다. 토지에서 작물이 생산되는 것은 경작 이후에만 가능하기 때문에, 경작 이전 토지의 가치에 대한 탐색은 결코 단순하지 않다. 앞의 예에서 경작되지 않은 토지는 0을 생산하고 경작된 이후에는 연간 100단위의 작물을 생산한다고 하였다. 이때, 연간 100단위의 작물을 생산하기 위해 경작(최초 개량)이 필연적임을 강조한다면, 경작하기 전의 토지의 가치를 0으로 볼 수 있다. 그리고, 그렇게 가치를 상정했을 때의 분배적 결론은 Nozick의 파레토 개선의 원리와 동일함을 알 수 있다. 즉, 개발의 노동이 투여되지 않은 반사실적(counterfactual) 상황에서의 가치를 개발되지 않은 자원의 가치로 규정한 공유자원의 원리와 자원을 무소유로 보고 노동이 투여되지 않은 상황보다 파레토 개선이 일어나는 모든 사적 소유를 정당화하는 원리는 동일한 함의를 갖는다.

이와는 정반대로 경작을 통한 연간 100단위의 생산은 토지가 없으면 애초에 불가능했다는 측면에 주목할 수도 있다. 즉, 토지의 가치는 경작이 이루어질 때 생산을 가져오는 잠재력에 있다고 본다면, 경작 후 생산된 가치의 전부가 경작하는 행위에 귀속된다고 볼 수는 없다. 이 경우, 경작되기 이전의 가치를 결정하는 사고실험을 설계해 볼 수 있는데, 여기서 그중 두 가지를 소개하고자 한다.

먼저, 경작되기 이전의 토지에 대해 가상의 경매 시장이 존재한다고 보고, 그 경매에서 결정될 가격을 토지의 가치로 보는 방식이 있다.

앞에서 토지의 생산물의 가치를 연간 단위로 기술하였으므로, 편의를 위해 토지의 가격도 연간 지불할 지대의 크기로 표현하기로 하자. 이 때, 갑이나 을이 토지를 사유하기 위해 지불할 용의가 있는 최대가격은 토지를 사유하지 못했을 때의 후생과 소유했을 때의 후생의 차이에 의해 결정될 것이다. 먼저 경작 이후 소유자가 생산물을 온전히 다 전유할 수 있다고 본다면, 토지를 경매에서 획득했을 때, 소비의 후생 증가량은 연간 100이다. 반면, 토지를 사지 못했을 경우는 생산수단이 없으므로 소비의 후생은 연간 0이다. 따라서 갑과 을 두 사람이 경매에서 토지를 구매한다면 경매에서의 균형 가격은 연간 지대 100이 된다. 즉, 모든 가치가 경작 이전의 토지의 가치로 결정된다. 이 결론은 Ricardo의 차액지대 이론이 토지가 오직 한 필지밖에 없을 경우에 적용된 것과 다르지 않다. 이때, Paine의 이론을 적용하면 경작의 비용과 농사의 비용을 제외한 연간 생산물 순이익 전부가 공동체에 귀속되며, 이를 기본소득으로 동일하게 공급할 경우, 갑과 을이 각기 50씩을 갖게 될 것이다.

그러나 이런 방식의 가치 결정에는 중요한 비일관성이 있다. 기본소득이 Paine의 방식대로 결정된다면, 토지에 대한 소유권을 갖지 못한 사람은 기본소득으로 연간 50을 얻는다. 토지에 대한 소유권을 가진 사람은 생산물 100을 얻지만, 지대로 100을 지불하고 다시 기본소득 50을 받아서 결국 연간 50의 후생을 얻게 된다. 즉, 이러한 제도가 실행된다면 토지를 소유하는 것과 소유하지 않는 것에 각 개인은 무차별하고, 따라서 각 개인이 토지에 대해 지불할 용의가 있는 가격은 0이므로 경매의 균형가격이 100이라는 것과 일관되지 않다. 즉, 공동체가 부과하는 지대와 그로 인한 기본소득 지급이 예상된다면 누구도 경매에서 0을 초과하는 가격을 지불하려 하지 않을 것이다. 반면, 앞의 논리에서 보듯이 만약 경매의 가격이 0이라고 보면 각자는 100까지 지불할 용의가 있으므로 이 또한 일관적인 답을 주지 않는다.

이로부터 우리가 알 수 있는 것은 자연 자원의 생산물이 분배되는 메커니즘에 대한 결정이 없이 경작되기 이전 토지의 가치가 자연적으로 정의되지 않는다는 것이다. 노동 소유권을 주장하는 학자들의 경우, 개량되기 이전의 천연자원의 가치와 노동으로 개발된 천연자원의 가치가 노동의 기술적 특징으로부터 객관적으로 규정되고, 그로부터 천연자원 또는 생산물의 정당한 분배를 도출할 수 있다고 전제하는 경향이 있다. 그러나 앞의 예는 개량되기 이전의 가치와 노동으로 개량되어 더해진 가치의 구분이 역으로 생산물의 추후 분배제도에 규정받음을 보여 준다.

이 사고실험의 예에서 경매와 Paine의 기본소득 방식을 전제했을 때, 일관된 토지의 가치를 구하는 방식은 다음과 같다. 연간 지대로서의 토지의 가격을 x라고 하면, 기본소득의 급여로 각 개인이 받을 수당은 $\frac{1}{2}x$가 된다. 그럼, 토지를 소유했을 때의 최종 소득은 생산물에서 지대를 차감하고 기본소득 급여를 합친 것이므로 $100-x+\frac{1}{2}x$ 이다. 반면, 토지를 소유하지 못했을 때의 소득의 크기는 단순히 기본소득 수당인 $\frac{1}{2}x$이다. 두 효용의 차이가 경매에서 지불할 용의가 있는 최대의 액수, 즉 토지의 가격이므로 우리는 다음의 단순한 식을 얻는다.

$$x=100-x+\frac{1}{2}x-\frac{1}{2}x \tag{1}$$

따라서 Paine식의 기본소득 메커니즘이 전제되었을 때, 토지의 경작 이전 가치는 50이라고 할 수 있고, 실질적 분배는 갑이 토지를 전유하였다면 갑에게 75가 을에게 25가 돌아가게 된다. 이러한 사고실험은 공유부의 가치를 무소유 자원의 취득기회가 공정하게 주어진 상황으로부터 도출하는 방식이다. 여기서, 사전적으로 두 사람은 평등한 관계이나, 사후적으로는 불평등이 발생함을 알 수 있다.

앞서 본 Nozick의 전유 정당화의 근거를 파레토 개선에서 찾는 이론의 경우 갑이 100을 거의 다 가지는 분배를 정당화할 수 있었다. 이에 비해 불평등의 크기는 줄어들었다고 할 수 있으나, Paine이나 George의 이론도 여전히 우연한 선착순에 의한 불평등을 정당화함을 알 수 있다. 이 사고실험에서 공동체의 인구가 두 명이 아니라 n명이라고 가정해보자. 그 경우 경작 이전의 가치 x가 지대로 환수되었을 때, 각 개인이 기본소득으로 지급받게 되는 급여의 크기는 $\frac{x}{n}$가 된다. 그럼, 경작 이전의 토지가치를 정하는 방정식이 이번에는 다음과 같다.

$$x = 100 - x + \frac{x}{n} - \frac{x}{n}. \qquad (2)$$

식(2)는 식(1)과 완전히 동일하다. 따라서 사람의 수에 상관없이 이 토지의 경작 이전 가치는 50이 된다. 따라서 최종적 소득은 토지 소유자의 경우, $50 + \frac{50}{n}$ 이고 나머지 모든 비소유자는 각자 $\frac{50}{n}$이다. 그럼 여기서 n이 충분히 크다면, 토지소유자는 50에 가까운 소비후생을 누리고, 다수의 비소유자는 0에 가까운 후생을 누리게 된다. 즉, 토지의 개량 이전의 가치를 Paine의 지대와 기본소득제도를 전제한 경매가로 가정할 때, 매우 불평등한 분배가 정당화됨을 알 수 있다.

여태까지는 개발되기 전 공유된 가치를 가상의 경매 가격으로 설정했는데, 이는 공유자원의 가치를 산정하는 한 가지 방식이고 다른 이론적 주장도 가능할 것이다. 또 다른 유력한 방식으로 갑, 을 두 사람이 가상의 협상을 통해 도달할 분배의 결과를 정당한 소유 또는 분배로 보는 방식 또한 가능하다. 먼저 경작되기 이전의 토지를 모두가 동일한 권리를 가지는 공유물이라고 가정한다. 여기서 공유물에 대한 동일한 권리를 각 개인이 이 토지 또는 천연자원의 사용방식에 대해 반대할 수 있는 권리라고 해석할 수 있다. 그 경우, 토지의 특정한 사용은 모두의 합의가 이루어질 때에만 정당할 것이다. 이 관점에서는 토지의 사용과 분배 결과는 공동소유의 가상적 상황에서 협상력의 차이가 없는 자유로운 개인들의 합의로 이루어진 분배 결과와 동일할 때에만 윤리적으로 정의롭다고 할 수 있다. 이러한 논리 역시 천연자원을 공유물로 보는 좌파 자유지상주의의 취지와 부합할 수 있다.

천연자원에 대한 공유를 사용에 대한 동의권으로 정의한 대표적인 학자는 Gibbard(1976)이다. 그는 Nozick의 이론은 후생과 권리를 혼동한 것이라고 비판하였다. Gibbard에 의하면 토지와 같은 자연자원에 대한 전유는 단순히 물질적 환경을 변화시키는 것이 아니라 타인의 권리에 대한 변동을 가져온다. 즉, 공유물로 간주되는 토지를 누가 전유한다는 것은 타인의 그 토지에 대한 권리가 그 행위로 인해 사라짐을 의미한다. 앞의 예에서 Locke의 논리처럼 갑과 을이 애초에 모든 경작을 통해 토지를 전유할 수 있는 권리가 있다고 본다면, 갑의 전유는 을이 전유할 권리를 사라지게 하는 것이다. Gibbard는 개인의 권리가 동의 없이 박탈될 수 없다고 보며, 이에 따라 갑의 전유는 을의 동의가 없는 한 정당하지 않다고 본다.

이러한 관점은 평등한 개인들이 가상적 협상에서 합의될 수 있는 내용만이 합당한 전유의 방식이라고 주장하므로, 가상적 협상이 어떤 결과를 낳을 것인가에 대한 이론이 필요하다. 사회과학에서 개인들 간의 협상을 예측하는 이론으로 가장 빈번히 사용되는 것은 Nash(1950)의 이론이다. Nash는 협상력이 동일한 행위자 간의 협상을 공리적(axiomatic) 접근으로 연구하였는데, 그가 논문에서 증명한 것은 파레토 효율적이고 효용의 측정 단위에 따라 변동이 없으며 선택 가능 집합의 변화에도 일관된 예측을 가지는 협상의 해는 단 한 가지 밖에 없다는 것이다. 이 해는 추후 Nash 협상 해(Nash bargaining solution)라고 불리게 되었는데, 그 정의는 다음과 같다. 먼저 협상에 임하는 한 당사자가 협상의 결과로부터 얻은 효용에서 협상에 실패했을 때 얻는 효용을 뺀 값을 그 개인의 협상이익이라고 하자. 이때, Nash 협상 해는 모든 개인의 협상이익의 곱을 최대화하는 대안이다.

Nash는 자신의 이 이론이 현실에서 일어나는 협상을 예측하는 모형이라고 생각한 반면, Thomson과 Lensberg(1989)와 같은 후속 연구자들은 Nash의 개념을 규범적으로 바람직한 문제 해결점을 가르쳐주는 이론으로 받아들였다. 현재 우리의 목적에는 어느 쪽으로 해석해도 상관없다고 할 수 있겠다.

Nash 협상 해를 통해 예측을 할 경우, 협상이 결렬되었을 때의 결과, 즉 당사자들 간의 합의가 불발되었을 경우의 결과를 무엇으로 보는가가 중요한 변수가 된다. 현재 다루고 있는 갑, 을 두 사람의 토지 전유 문제의 경우, 두 가지 가정을 사용해 볼 수 있다. 첫째, Roemer(1996, 211)가 적용하는 가정으로 합의가 불발된 경우는 토지의 개발이 이루어지지 않는다고 전제할 수 있다. 이 경우 협상이 결렬될 때 각 행위자가 얻을 소비 효용은 0이다. 그리고 협상되는 대안을 한 사람이 경작을 통해 토지를 소유하고 비소유자에게 생산물을 y단위만큼 나누어 주는 것으로 본다면, 소유자의 협상이익은 $100-y$, 비소유자의 협상이익은 y가 된다. 양자의 협상이익의 곱인 $(100-y)y$를 극대화하는 값은 50이므로 Nash 협상 해는 두 사람 중 한 사람이 전유를 하고 순이익의 반을 다른 사람에게 보상하는 것이 된다.

그러나 이 가정은 협상의 결렬이 일어날 경우 각 개인들이 일방적 행동을 취하지 않는다고 전제하는데, 일방적 전유의 위협이 협상에서 작동하지 않을 것이라는 예측은 설득력이 약하다. 좀 더 유력한 대안 가정은 협상이 불발할 경우, 각자가 일방적으로 토지를 점령할 수 있다고 보는 것이다. 모형에서 행위자들이 대칭적일 경우를 살펴보므로, 각자가 점령할 확률이 $\frac{1}{2}$이라고 하는 것이 자연스럽다. 그 경우 협상이 결렬될 때의 각자의 기대소비는 자신이 점령할 경우의 효용인 100과 상대가 점령할 경우인 0의 평균인 50이 될 것이다. 그런데 이때는 합의를 거치지 않은 일방적 점유이므로 상대의 반발로부터 경작지를 지킬 일정한 비용이 든다고 할 수 있다. 그 비용을 $2c$라고 하면, 협상 결렬에서 각자가 얻을 기대효용은 $50-c$가 된다. 이에 따라, 소유자의 협상이익은 $(100-y-(50-c))$이고 비소유자의 협상이익은 $(y-(50-c))$이다. 그러므로 두 협상이익의 곱인 $(50-y+c)(y-50+c)$를 극대화하는 Nash 협상해의 값은 앞의 경우와 마찬가지로 50이 된다. 즉, Gibbard의 공유권에 대한 해석을 받아들이면, 이 모형에서의 결론은 순수익에 대한 균등한 분배가 정당한 대안이 되고, 앞의 경매의 경우보다 공유된 경작 이전의 토지가치를 높게 평가하게 된다.

우리의 논의에서 수익 100은 토지 개량, 경작, 생산비용을 제외한 순수익으로 가정되었음을 기억할 필요가 있다. 따라서 Gibbard의 공유 모형을 적용한다면 천연자원의 개량과 생산의 비용을 제외한 모든 이익은 지대로 간주된다. 기본소득을 통해 이 분배를 실행한다면, 순수익 100을 모두 세금으로 걷고 50의 급여를 지급하게 된다. 총소득은 갑이 생산비용만큼 더 많겠지만, 두 사람의 후생은 동일하게 된다.

여러 좌파 자유지상주의자들의 분배정의에 대한 견해는 대체로 여기서 다룬 두 개의 모형의 범위 내에 포함될 수 있다. Vallentyne(2011)은 좌파 자유지상주의를 균등 몫 좌파 자유지상주의(equal share left-libertarianism)와 균등기회 좌파 자유지상주의로 구분하는데, 이 두 입장을 나누는 기준은 Locke식 단서조항에 대한 해석이다. Steiner(1994)와 같은 경우를 균등 몫 좌파 자유지상주의자로 분류할 수 있는데, 그의 경우는 Lock의 충분하고 좋은 상태로 타인의 몫을 남겨 놓아야 한다는 단서 조항을 각 개인 일인당 최소한 동일한 몫이 돌아가야 한다고 해석한다. 이에 따르면, 현 사회에서의 토지 소유자들은 경작되지 않은 토지의 가치에 대해 동일한 몫을 비소유자에게 나누어줄 의무를 갖는다. 이는 앞서 말한 경매를 통한 토지 가치 설정과 Paine식의 기본소득과 대동소이한 입장이라 할 수 있을 것이다. Moseley(2011) 또한 전유권에 대한 이러한 이론이 천연자원에 대한 과다한 소유를 타인의 권리침해로 해석하고, 그 보상으로서의 기본소득을 정당화한다고 보았다.

반면, Otsuka(2003)는 Locke식 단서 조항이 자원에 대한 전유를 하는 각 개인에게 그가 전유를 통해 얻는 후생의 증가를 얻을 기회를 다른 이들에게도 최소한 동일한 수준으로 남겨 놓을 것을 요구한다고 본다. 이러한 균등기회 좌파 자유지상주의에 의하면, 결국 공유부로 보아야 할 경작되지 않은 토지의 가치는 전유를 통해 타인이 잃게 된 기회의 크기로 정해진다고 볼 수 있다. 이 주장은 Gibbard의 공유에 대한 해석의 함의를 Nash 협상 해로 해석하는 것과 유사하다고 할 수 있다.

앞에서 공유자원의 가치를 가상적 경매의 방식과 가상적 협상의 방식으로 다룬 결과, 비소유자들의 자원 전유의 기회 손실을 온전히 보상해야 하는 후자의 방식이 더 평등한 분배(기본소득 중심으로 본다면, 더 큰 규모의 과세와 기본소득 지급)를 처방한다는 것을 보았다. 그런데 여태까지 우리는 개인의 노동 생산성이 완전히 동일하다고 가정하였다. 즉, 우리의 예에서는 가상적 개간·경작·생산을 갑과 을 중 누가 담당하더라도 생산량이 동일하다. 이 경우 궁극적으로 전유하지 않는 기회비용이 동일하므로 평등한 분배가 공유권에 의해 보장될 것이라는 건, 어떤 의미에서 당연한 것이다. 그러나 현실에서 노동 생산성은 재능을 비롯한 여러 요소에 의해 달라지기 마련이므로, 생산성의 차이가 있을 때 공유부의 가치가 어떻게 산정될 것인지를 살펴보자.

먼저 단순한 예로, 갑이 토지 경작을 담당하고 전유할 경우 앞서와 마찬가지로 연간 100의 순수익을 내고, 을은 그보다 경작과 생산 기술 수준이 낮아서 10의 순수익만을 낸다고 가정해 보자. 앞서와 마찬가지로 협상이 결렬되었을 때 갑과 을은 각기 $\frac{1}{2}$의 확률로 토지를 점유하고 점유 비용으로 연간 $2c$의 비용을 지불한다고 하자. 그렇다면 합의가 이루어지지 않을 경우, 갑의 기대효용은 $50-c$이고 을의 기대효용은 $5-c$이다. 이때 Nash 협상 해는 반드시 파레토 효율적이므로, 토지는 갑이 경작하여야 한다. 갑이 을에게 보상하는 연간 금액을 y라고 하면, 갑의 협상이익은 $100-y-(50-c)$이고 을의 협상이익은 $y-(5-c)$이다. 따라서 이 둘의 곱인 $(50-y+c)(y-5+c)$를 극대화하는 값은 27.5가 된다. 이 분배에서 갑의 후생수준은 72.5이고 을의 후생수준은 27.5이다. 여기서 과세된 수익은 연간 55이므로 상당 부분의 가치가 생산성이 높은 갑이 기여한 개발의 가치로 인정되고 결과 측면에서 불평등한 분배가 인정됨을 알 수 있다.

이 예는 공유부 이론의 실천적 귀결을 잘 보여 주는데, 만약 불평등이 토지와 같은 천연자원의 소유 여부보다는 투여되는 노동의 질에 의해 주로 결정된다면 공유부 이론은 그러한 불평등을 해소할 분배의 정당성을 제공해주지 못한다. 기본소득은 미래에 다가올 경제적 불평등의 유력한 해결방안으로 검토되고 있다. 하지만, 만약 미래 경제에서의 불평등이 공유부로 간주될 수 있는 자원의 배타적 소유 여부보다는, 노동 생산성의 차이와 축적된 기여분이 지불된 자본의 소유 차이에 주로 기인할 경우, 공유부 이론을 통해 정당화되는 기본소득의 크기는 그러한 불평등의 문제를 해결하는 것과는 거리가 멀게 될 것이다.

4. 현대 경제의 공유부

Paine이나 George는 당대 경제의 핵심적 생산수단이었던 토지를 대표적 공유부로 보았지만, 현대의 기본소득론자들이 공유부로 간주하는 자산은 토지, 광물 등의 천연자원에만 머무르지 않는다. 앞에서 말했듯이 지식 및 기술, 빅데이터 등의 정보도 공유부로 간주되며, 논자에 따라 지구환경, 좋은 일자리 등도 배타적 사적 소유의 정당성이 없는 자원으로 보기도 한다. 그에 따라 이런 자원이 생산하는 수익에 대한 조세가 기본소득의 유력한 재원으로 주장된다. 백승호(2020)의 평가대로 공유부의 개념이 부각된 데에는 현대자본주의의 생산에서 지식, 빅데이터 등이 중요한 역할을 하고 이로부터의 수익이 부의 편중을 가져올 우려가 있기 때문이다.

그런데 공유부의 개념을 이런 자원으로 확대하여 기본소득의 재원으로 쓰자는 현재까지의 주장들을 보면, 이런 자원이 공유부에 해당할 수 있는 일반적 특징들은 적절히 지적하고 있으나, 실제로 이런 자원의 사용에 의한 수익 중 어느 정도가 공유될 가치인지를 산정하거나 그를 위한 이론적 틀을 개발하려는 엄밀한 시도는 부족하다. 앞에서 본 토지의 경우도 애초에 누구의 기여도 없이 주어진 것이므로 규범적으로 공유자원으로 볼 수 있다는 것은 상대적으로 자명한 명제이다. 하지만, 그 자명한 명제가 현실에서 토지를 개발하였고, 개발된 토지에서 생산을 하는 사회성원과 그렇지 않은 성원 간에 어느 정도 비율로 생산물을 나누어야 하는지에 대한 답을 제공하지는 않는다. 앞의 모형에서 보듯이 개발되기 이전의 토지의 가치는 상대적으로 작아서 그 부분의 독점이 현실적 불평등에서 차지할 비중은 미미할 가능성도 배제할 수 없다.

먼저, 지식의 경우를 살펴보자. 과거 세대의 탐구와 발견으로 축적된 지식이 누구의 독점적 소유로도 귀속되지 않는다는 것은 자명한 명제이다. 현재의 인류 일반이 누리고 있는 풍요의 많은 부분이 과거 지식의 효과임도 쉽게 인정될 수 있다. 만약 현세대 이전에 축적된 지식이 전혀 없다는 반사실적 가정하에 동일한 노동시간 기준 인류의 평균 소득수준과 현재의 소득수준을 비교하여 그 차이를 과거 지식의 기여라고 측정한다면 절대적으로 높은 비중이 과거 지식의 기여로 간주될 것이다. 그러나 현재 경제 전체의 생산성에 과거의 지식이 어느 정도 비중으로 기여했는가라는 질문과 과거의 지식을 물려받은 현세대의 개인들 간에 그 지식을 습득하고 활용한 노동과 자본이용을 통해 창출된 가치의 분배를 어떻게 할 것인가의 질문은 다른 것이며 후자에 대한 대답이 전자의 대답으로 환원되지 않는다.

예컨대, 많은 종류의 통증을 혁신적으로 완화시켜주는 진통제의 개발에 어떤 연구팀이 성공하였고 진통제가 알약으로 상용화되어 판매된다고 하자. 이 약의 개발이 과거 세대로부터의 축적된 지식이 없었다면 불가능했을 것이라는 것은 누구나 쉽게 인정할 수 있다. 그러나 이 명제가 약의 가치 중 어느 정도가 인류 전체에게 귀속되어 분배되어야 할 공유부로부터의 수익이고, 어느 정도가 개발자와 생산자가 창출한 가치인지에 대한 답을 주지는 않는다. 축적된 지식에 새롭게 자본이 사용되고 노동이 투여되어 발명된 이 약으로부터 혜택을 보는 사회성원은 단순히 약의 생산 측면에 관련된 경제행위자들만이 아니라 무엇보다 이 약을 통해 통증을 치료하는 소비자이기도 하다. 진통제의 가치가 투자 자본 소유자, 개발자, 알약을 생산하는 노동자에게 현재의 경제에서 어떻게 분배되는지는 이 상품의 시장, 관련된 자본과 노동시장의 상황에 따라 다를 것이다. 그러나 통상적으로 이 진통제로 인한 수익이나 생산요소에 과세하여 보편적 급여를 지급한다면, 이들 모두로부터 일정한 이익을 덜어내어 이 약의 생산과 소비에 전혀 관련 없는 성원들에게 분배하는 효과를 낳을 것이다. 그런데 과거 지식의 축적 없이는 개발될 수 없었던 재화와 서비스가 이 진통제뿐 아니라, 사실상 경제 내의 모든 재화와 서비스일 것이라는 점을 고려한다면, 과거 지식의 공유적 성격을 분배의 기준으로 도입한다는 것이 어떤 실질적 효과를 나타낼 수 있을지는 불투명하다. 특히 가치 생산에 대한 기여를 기준으로 공유부와 사적 영유의 권리를 구분하는 분배정의론을 따른다면, 과거로부터의 지식 습득의 기회가 모두에게 동등하게 주어져야 한다는 독자적으로 중요한 정책의 필요를 제외하고는, 왜 그리고 어떻게 과거 세대 기여의 비중이 크다는 것이 현존하는 사회성원들 중 기여자와 비기여자 간의 분배를 결정하는지가 불명확하다.

물론 현대 경제, 특히 기술발전과 정보화가 더 진행될 미래에 특허, 저작권 등의 지적 재산권이 창출하는 독점이 심각한 경제적 불평등을 야기할 가능성은 충분히 우려할 만하다. 그러나 이러한 독점의 문제와 해결점은 기여에 따른 권리와 과정에 기반한 분배이론보다는 결과주의적인 후생주의(welfarism) 입장에 설 때, 훨씬 더 명확히 진단될 수 있다. 예컨대, 다수가 걸릴 확률이 높고 치명률 높은 병을 치료

할 수 있는 주사약을 개발한 제약회사가 특허권을 갖고 주사 1회에 1억원의 독점가격에 판매한다고 하자. 여기에 더해 특허권의 기간이 아주 길다면 많은 사람들이 제약회사의 이익이 정당하지 않다고 생각할 것이다. 그러나 이런 독점이익이 부당하다고 생각하는 이유는 무엇인가? 이는 개발된 약에 대한 지식이 비경합성을 갖기 때문이다. 즉, 주사약의 화학적 성분이 공개된다면, 실제 주사제의 생산비용은 예컨대 1만원에 불과하고 1만원의 추가적 사회자원을 통해 죽어가는 사람을 살릴 수 있음에도 불구하고 살리지 못한다는 것이 지나치게 강한 특허권에 대한 윤리적 반감의 뿌리인 것이다. 이 문제제기는 개발자들의 신약 개발 성공에 과거 지식의 기여 비중이 얼마인지와는 관련이 없다. 실제로 주사 1회분 약을 물리적으로 만드는 한계생산비가 1억원이라서, 한 사람을 살리는데 필요한 자원이 1억원이 맞다면, 그 지불의 주체가 환자 개인이 되었건 보험회사가 되었건 혹은 국가가 되었건 그 가격을 부당하다고 판단할 수 없을 것이다.

결국 여기서 우리가 제약회사의 독점이익을 부당하다고 보는 근거는 개발된 지식을 사용해서 생명을 살릴 필요로부터 나오는 결과주의적 윤리이고, 이러한 필요는 과거 세대로부터 주어진 지식의 기여 정도와 독립적임을 알 수 있다. 오히려, 기여를 기준으로 사적으로 영유할 수 있는 이익과 공유부를 나누는 분배정의론으로 이 문제를 다룬다면, 개발자가 기여한 가치만큼은 개발자의 수익에 반영되어야 할 것이다. 그렇다면 우리는 앞서 토지의 원래가치와 개발 이후 가치를 구분했던 것처럼, 제약회사의 연구 이전 지식의 가치와 연구로 추가된 가치를 구분해야 하는 입장에 서게 된다. 어떠한 이론 모형을 적용하건,

이때 연구로 추가된 가치가 주사 1회분을 물리적으로 생산하는 한계 비용보다 큰 것은 당연하고, 이는 일정 수준에서 독점이익을 정당화하는 논거가 될 것이다.[10]

또, 공유부의 논리로 기본소득을 옹호하는 논자들은 현재의 정보 산업혁명으로 인해 데이터가 기업들의 주요한 수익원이 된다는 점을 지적한다. 그런데 여러 종류의 빅데이터는 다수 사람들의 활동에 의해 복합적으로 만들어지므로, 그 소유를 특정한 경제행위자에게 속한다 볼 수 없으므로 공유부라 할 수 있다. 따라서 데이터세와 같은 조세를 데이터를 사용하여 수익을 올리는 기업에게 징수하여 기본소득의 재원으로 삼는다는 방안이 주장된다.

그러나 과연 이 경우 공유부 이론으로 정당화될 수 있는 데이터에 부과되는 조세는 어느 정도일까? 축적된 데이터도 그 자체로 무언가 가치를 생산하지는 않고, 그것이 가공됨으로써 즉 노동이 추가될 때 가치를 창출한다. 앞서 토지에 적용되었던 Paine의 논리를 그대로 적용하면, 데이터 자체는 데이터를 활용하는 개인들의 소유가 아니지만 데이터를 가공하여 만들어진 데이터는 혹은 그 가공으로 추가된 가치는 가공자의 정당한 소유다. 그렇다면 가공되기 전의 데이터의 가치는

10 물론, 후생주의의 입장에서도 특허권은 개발의 인센티브 측면에서 정당화된다. 치료약이 애초에 개발되지 못한다면 아무도 치료받지 못할 것이다. 다만 후생주의는 사전적으로 개발 가능성을 높이는 것과 사후적으로 치료약을 필요한 사람에게 작은 비용으로 사용할 수 있는 두 목적 사이의 트레이드오프에 대한 판단으로 적정한 수준의 특허권을 판단하므로, 지식 생산 기여에 대한 응분 몫의 분배라는 윤리관과는 완전히 구분된다.

결국 앞의 토지의 경우와 마찬가지로 가공되었을 때 생산할 잠재적 가치에 따라 결정된다. 결국 토지에 적용된 논리는 데이터에 대해서도 동일하게 적용될 수 있다. 데이터로 인한 수익이 데이터에서 적절한 정보를 처리하고 활용하는 프로그램을 개발하는 노동 능력에 따라 좌우되고, 그러한 능력이 실리콘밸리의 어느 천재 개발자와 다른 사람들은 엄청난 차이가 난다고 가정해보자. 그리고, 이러한 차이가 불평등한 소득의 결정적인 원인이라면, 공유부로 인정되는 데이터의 가치를 재원으로 하는 기본소득은 이런 불평등에 개입하지 못한다. 그러나 이 천재 개발자의 압도적 노동 능력은 재능, 가정환경, 교육기회 등 개인이 선택할 수 없었던 영역의 변수에 영향 받은 측면이 있을 것이다. Rawls나 Dworkin처럼 이러한 변수들을 도덕적으로 임의적인 요인으로 본다면, 이러한 불평등은 온전히 정당화될 수 없을 것이다.

청정한 환경을 공유자산으로 보는 관점, Van Parijs처럼 고임금 일자리의 한계생산을 초과하는 임금을 공유해야 할 지대로 보는 관점 등에도 비슷한 논리가 적용될 수 있다. 앞서 말했듯이 이러한 주장들은 단순히 이런 자산이 갖고 있는 공유부적 속성을 지적하는 것 이상을 넘지 못하여서, 자기소유권에 기반한 이론이 함의하는 공유 가치에 대한 엄밀한 연구가 더 필요할 것으로 보인다.

IV. 결론

공유부의 존재로부터 기본소득을 옹호하는 이론은 근본적으로 사전적 권리와 과정의 정당성이라는 관념으로부터 기본소득의 정당성을 도출한다. 따라서 결과적으로 도달한 경제적 분배의 상황이 극단적으로 불평등하거나, 혹은 절대적 빈곤이 만연한 상황이라 할지라도 그 자체가 직접적으로 기본소득의 정당성과 재원, 적절한 규모에 대한 판단에 영향을 주지 않는 분배정의론이다.

이렇게 소비의 필요 자체가 일정한 자원을 얻을 윤리적 권리를 형성한다는 필요차원의 근거를 배제하고, 부의 형성과정(즉 누구도 기여하지 않았거나 모두가 기여한 부는 공유부가 된다)을 분배의 정당성을 판단하는 기준으로 삼게 되면, 결국 그 최초의 근거는 자기소유로 돌아갈 수밖에 없다. 이런 면에서 공유부 이론은 자유지상주의와 철학적 공통점을 가진다.

또한, 자기소유로부터 외적 사물에 대한 권리를 정당화하는 고리에는 결국 노동이 있게 된다. 따라서 공유부를 통한 기본소득의 정당화는 노동과 소득의 연계를 끊는 것이 아니라, 특정한 개인이 독자적으로 창출하지 않은 부의 존재로부터 기본소득을 옹호한다. 결국, 이는 거꾸로 개인의 노동이 창출한 가치는 노동한 이에게 귀속되어야 한다는 노동 소유권에 기반한 이론이다. 예컨대 금민(2017, 44)은 공유부 이론의 특징을 "자신의 노동에 근거한 소득이라는 이념을 훼손하지 않으면서도 사적 전유된 공유부를 정치공동체가 환수하여 평등하게 분배하는 제도, 곧 기본소득배당에 대한 충분한 정당성을 제공한다"고 하여, 공유부 배당론이 노동 소유권과 양립하는 이론임을 명확히 하였다.

이러한 특징으로 말미암아 공유부 이론이 기본소득을 정당화하는 논리는 그대로 기본소득을 위한 정당한 재원의 범위도 규정한다. 따라서 기본소득의 규모도 공유부로 간주되는 것들의 가치의 크기에 의해 제약받는다. 예컨대, 좌파 자유시장주의자들이 기본소득의 정당한 재원이 토지세 등에 국한되어야 하고, 노동 소득에 대한 과세를 반대하는 것도 그러한 제약이라고 할 수 있다. 따라서 공유부 이론이 정당하다고 주장하는 기본소득이 실제로 불평등 해결에서 중요한 역할을 할 수 있는지는 노동생산성의 차이로 인한 불평등의 크기가 어느 정도인지에 달려 있을 것이고, 그로 인해 해결되지 않고 남아있는 불평등을 정당하게 볼 것인가는 노동의 질과 양의 격차를 결정하는 요인들에 개인의 책임이 어느 정도인지에 달려 있을 것이다.

경제적 평등을 추구하는 입장은 다양하다. 그중 하나는 희소한 자원을 놓고 경쟁하는 사회에서 일정한 수준의 경제적 평등은 각 개인에게 좋은 삶을 위한 최소한의 기회를 제공하기 위해 필요하다는 것이다. 관련하여 기본소득은 필요의 관점에서 누구에게나 보장되어야 할 최저소득을 공급하는 프로그램으로 이해될 수 있다. 노동 기회의 주기적이고 안정적 보장이 어려운 경제에서 기본소득을 노동여부와 무관하게 일정한 출발선을 보장받을 보편적 권리로 보는 것과 공유부 수익을 배당받을 보편적 권리로 보는 것은 철학적으로 또 실천적으로 완전히 다르다. 전자의 입장에 선다면, 기본소득의 지속 가능한 규모와 재원에 대한 판단은 경제적 상황, 자원배분에 미칠 영향 등 여러 요인을 후생주의적 입장에서 선택할 수 있다. 반면 후자의 입장에 선다면, 실제로 노동한 사회성원이 생산한 가치와 노동할 기회를 얻지 못한 성원이 애초에 공유할 권리를 가지는 가치 사이에서 정당한 권리와 착취의 경계를 구분해야 한다. 노동이 소유나 소비의 권리를 정당하게 만드는 유일한 원천인가라는 질문에 대한 대답은 그 자체로 논쟁적이겠지만, 적어도 노동을 소유의 근거로 보는 철학적 입장을 노동 여부에 무조건적으로 지급되는 기본소득의 주된 근거로 삼는 프로젝트의 한계는 뚜렷한 것으로 보인다.

참고문헌

곽노완. 2015. "좋은 삶과 기본소득: 기본소득을 향한 드워킨 분배정의론의 재구성." 『도시인문학연구』 7권 1호, 63–94.

금민. 2017. "공유부 배당의 논변 구조와 기본소득론의 사회상." 『좌파』 48호, 42–67.

김교성·백승호·서정희·이승윤. 2018. 『기본소득이 온다: 분배에 대한 새로운 상상』. 서울: 사회평론아카데미.

백승호. 2020. "더 나은 기본소득 논쟁을 할 권리: 사회정책 분야의 논쟁 분석." 『경제와 사회』 128호, 12–57.

양재진 외. 2015. 『복지국가의 조세와 정치』. 서울: 집문당.

양재진. 2018. "기본소득은 미래 사회보장의 대안인가?." 『한국사회정책』 25권 1호, 45–70.

유종성. 2018. "기본소득의 재정적 실현가능성과 재분배효과에 대한 고찰." 『한국사회정책』 25권 3호, 3–35.

이명현. 2014. 『복지국가와 기본소득: 논쟁과 전략의 탐색』. 대구: 경북대학교 출판부

전강수. 2019. "기본소득 사상의 세 흐름에 대한 비교 검토와 그 함의: 재원 정당성을 중심으로." 『시민과 세계』 35호, 177–215.

정인경. 2020. "좋은 삶과 노동: 기본소득 논의의 윤리적 가정 검토." 『문화와 정치』 7권 4호, 25–52.

Acemoglu, Daron and James A. Robinson. 2005. *Economic Origins of Dictatorship and Democracy*. Cambridge University Press.

Ackerman, Bruce and Anne Alstott. 2006. "Why Stake Holding?." In *Redesigning Distribution: Basic Income and Stakeholder Grants as Alterna-*

tive Cornerstones for a More Egalitarian Capitalism, edited by Bruce Ackerman, Anne Alstott, and Philippe van Parijis. New York: Verso.

Atkinson, Anthony B., Thomas Picketty, and Emmanuel Saez. 2011. "Top Incomes in the Long Run of History." *Journal of Economic Literature* 49(1): 3–71.

Bidadanure, Juliana Uhuru. 2019. "The Political Theory of Universal Basic Income." *Annual Review of Political Science* 22(1): 481–501.

Dworkin, Ronald. 1981a. "What is Equality? Part 1: Equality of Welfare." *Philosophy & Public Affairs* 10(3): 185–246.

Dworkin, Ronald. 1981b. "What is Equality? Part 2: Equality of Resources." *Philosophy & Public Affairs* 10(4): 283–345.

George, Henry 저·김윤상 역. 1879[2016]. 『진보와 빈곤: 산업불황의 원인과 부의 증가에 따라 빈곤도 증가하는 원인에 대한 탐구 및 해결책』. 서울: 비봉.

Gibbard, Allan. 1976. "Natural Property Rights." *Noûs* 10(1): 77—86.

Layman, Daniel. 2011. "Locke on Basic Income." *Basic Income Studies* 6(2): 1–12.

Moseley, Daniel D. 2011. "A Lockean Argument for Basic Income." *Basic Income Studies* 6(2): 1–11.

Nash, Jr., John F. 1950. "The Bargaining Problem." *Econometrica* 18(2): 155–162.

Nozick, Robert. 1974. *Anarchy, State, and Utopia*. New York: Basic Book.

Otsuka, Michael. 2003. *Libertarianism without Inequality*. Clarendon Press.

Paine, Thomas. 1797[2006]. *Agrarian Justice*. Lulu Publishing.

Przeworski, Adam. 2019. *Crises of Democracy*. New York: Cambridge University Press.

Rawls, John. 1971. *A Theory of Justice*. Cambridge: Belknap Press of Harvard University Press.

Roemer, John E. 1996. *Theories of Distributive Justice*. Cambridge, Mass: Harvard University Press.

Steiner, Hillel. 1994. *An Essay on Rights*. Cambridge: Blackwell.

Thomson, William and Terje Lensberg. 1989. *Axiomatic Theory of Bargaining with a Variable Number of Agents*. Cambridge University Press.

Vallentyne, Peter. 2011. "Libertarianism and the Justice of a Basic Income." *Basic Income Studies* 6(2): 1–11.

Van Parijs, Philippe and Yannick Vanderborght 저·홍기빈 역. 2017. 『21세기 기본소득』. 서울: 흐름.

Van Parijs, Philippe 저·조현진 역. 1995. 『모두에게 실질적 자유를』. 서울: 후마니타스.

저자 소개

이동수

서울대학교 정치학과에서 학사와 석사학위를 받았고, 미국 밴더빌트대학교(Vanderbilt University)에서 정치학 박사학위를 취득하였다. 대통령직속 녹색성장위원회 위원, 대통령실 정책자문위원, 경희대학교 공공대학원장과 교무처장을 역임했으며, 현재 경희대학교 공공대학원 교수로 재직 중이다. 주요 저서와 논문으로는 『시민은 누구인가』(편저), 『한국의 정치와 정치이념』(공저), *Political Phenomenology*(공저), "지구시민의 정체성과 횡단성", "민주주의의 이중성", "고대 그리스 비극에 나타난 민주주의 정신" 등이 있다.

이화용

이화여자대학교 정치외교학과를 졸업하고, 캠브리지대학교에서 정치학 석박사학위를 받았다. 한국정치학회 부회장 및 한국정치사상학회 편집위원장을 역임했으며, 현재 경희대학교 공공대학원 교수로 재직 중이다. 주요 저서와 논문으로는 *Political Representation in the Later Middle Ages*, 『유토피아』(공저), "네그리와 하트의 '제국'론에 대한 재성찰", "국제기구와 시민사회" 등이 있다.

김태영

경희대학교 정치외교학과를 졸업하고, 서울대학교에서 정책학 전공 행정학 석사학위를, 시라큐스 대학교에서 행정학 석사학위를, 코넬대학교에서 도시행정학 박사학위를 받았다. 경희대학교 공공대학원 원장을 역임했으며, 현재 대통령소속자치분권위원회 위원 및 한국지방계약학회 회장을 맡고 있고, 경희대학교 행정학과 교수로 재직 중이다. 주요 저서와 논문으로는 『정책학의 주요 이론』(공저), 『한국 행정학의 한국화론』(공저), "재정분권에 대한 이해와 오해", "자치권의 주체에 대한 이해와 오해" 등이 있다.

채진원

경희대학교 일반대학원에서 정치학 박사학위를 받았다. 경희대 후마니타스 칼리지에서 〈시민교육〉 및 〈세계시민교육〉 전담교수를 역임했으며, 현재 (사)한국정치평론학회 연구이사와 경희대학교 공공거버넌스연구소 교수로 재직 중이다. 주요 저서와 논문으로는 『무엇이 우리정치를 위협하는가』, 『공화주의와 경쟁하는 적들』, "586 운동권그룹의 유교적 습속에 대한 시론적 연구", "주민자치의 정치학적 고찰과 함의" 등이 있다.

김정부

서울대학교 정치학과를 졸업하고, 서울대학교에서 행정학 석사학위를, Georgia Institute of Technology 및 Georgia State University에서 정책학 박사학위를 받았다. 산업통상자원부 지방투자촉진보조금심의위원회 위원, 인사혁신처 국가공무원시험문제출제·선정위원 등을 역임했으며, 현재 경희대학교 행정학과 교수로 재직 중이다. 주요 저서와 논문으로는 『지속가능한 개발과 공공행정』(공저), "주민참여예산제도가 재정결과에 미치는 영향에 관한 연구: 재정투명성의 관점에서"(공저), "Local elected administrators' career characteristics and revenue diversification as a managerial strategy" 등이 있다.

이경민

고려대학교 정치외교학과를 졸업하고, 서울대학교에서 정치학 석사학위를, 케임브리지 대학교(University of Cambridge)에서 정치학 박사학위를 받았다.

현재 (사)한국정치평론학회 편집이사와 경희대학교 공공거버넌스연구소 교수로 재직 중이다. 주요 논문으로는 "헌법의 정치적인 의미" 등이 있다.

임상헌

연세대학교 독어독문학과를 졸업하고, 서울대학교에서 정치학 석사학위를, 옥스퍼드 대학교에서 사회정책학 박사학위를 받았다. 현재 경희대학교 공공대학원 교수로 재직 중이다. 주요 저서와 논문으로는 『복지국가 쟁점 2』(공저), 『시민사회 파트너십과 공공성』(공저), "Look Up Rather Than Down: Karl Polanyi's Fascism and Radical Right-Wing 'Populism'", "Policy Entrepreneurship within the Advocacy Coalition Framework"(공저) 등이 있다.

조석주

서울대학교 정치학과를 졸업하고, 동 대학원에서 정치학 석사학위를, 로체스터대학교에서 정치학 박사학위를 받았다. 예일대학교 정치학과 조교수 및 성균관대학교 경제학과 부교수를 역임했으며, 현재 경희대학교 경제학과 교수로 재직 중이다. 주요 논문으로는 "Voting Equilibria Under Proportional Representation", "Retrospective Voting and Political Representation", "Bargaining Foundations of the Median Voter Theorem"(공저) 등이 있다.

지배에서 통치로 : 근대적 통치성의 탄생

발행일 1쇄 2021년 7월 30일
지은이 이동수 편
펴낸이 여국동

펴낸곳 도서출판 인간사랑
출판등록 1983. 1. 26. 제일 - 3호
주소 경기도 고양시 일산동구 백석로 108번길 60 - 5 2층
물류센타 경기도 고양시 일산동구 문원길 13 - 34(문봉동)
전화 031)901 - 8144(대표) | 031)907 - 2003(영업부)
팩스 031)905 - 5815
전자우편 igsr@naver.com
페이스북 http://www.facebook.com/igsrpub
블로그 http://blog.naver.com/igsr
인쇄 인성인쇄 **출력** 현대미디어 **종이** 세원지업사

ISBN 978 - 89 - 7418 - 419 - 3 93340

* 책값은 뒤표지에 있습니다. * 잘못된 책은 바꿔드립니다.